与天为敌
一部人类风险探索史
|典藏版|

AGAINST THE GODS
The Remarkable Story of Risk

[美] 彼得·L. 伯恩斯坦（Peter L. Bernstein）著
吴翌 童伟华 译

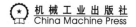
机械工业出版社
China Machine Press

图书在版编目（CIP）数据

与天为敌：一部人类风险探索史（典藏版）/（美）彼得·L.伯恩斯坦（Peter L. Bernstein）著；吴翌，童伟华译.—北京：机械工业出版社，2020.5（2025.1重印）

书名原文：Against the Gods: The Remarkable Story of Risk

ISBN 978-7-111-65413-1

I.与… II.①彼… ②吴… ③童… III.金融风险–风险管理 IV. F830.9

中国版本图书馆 CIP 数据核字（2020）第 066658 号

北京市版权局著作权合同登记　图字：01-2011-4435 号。

Peter L. Bernstein. Against the Gods: The Remarkable Story of Risk.

ISBN 978-0-471-12104-6

Copyright © 1996 by John Wiley & Sons, Inc.

This translation published under license. Authorized translation from the English language edition, Published by John Wiley & Sons. Simplified Chinese translation copyright © 2020 by China Machine Press.

No part of this book may be reproduced or transmitted in any form or by any means, electronic or mechanical, including photocopying, recording or any information storage and retrieval system,without permission, in writing, from the publisher. Copies of this book sold without a Wiley sticker on the cover are unauthorized and illegal.

All rights reserved.

本书中文简体字版由 John Wiley & Sons 公司授权机械工业出版社在全球独家出版发行。未经出版者书面许可，不得以任何方式抄袭、复制或节录本书中的任何部分。

本书封底贴有 John Wiley & Sons 公司防伪标签，无标签者不得销售。

与天为敌：一部人类风险探索史（典藏版）

出版发行：机械工业出版社（北京市西城区百万庄大街22号　邮政编码：100037）

责任编辑：冯小妹

责任校对：李秋荣

印　　刷：三河市宏达印刷有限公司

版　　次：2025年1月第1版第7次印刷

开　　本：147mm×210mm　1/32

印　　张：11.75

书　　号：ISBN 978-7-111-65413-1

定　　价：89.00元

客服电话：（010）88361066　68326294

版权所有·侵权必究
封底无防伪标均为盗版

推荐序
管理风险就是管理未来

我们先做个词源考据。无论是中文"风险"还是英文 risk，都是一个舶来词，大致经历从古希腊语 ριζα，到拉丁语 resicum，再到意大利语 risco、法语 risque，最后到英语 risk 的演化史。古希腊词源 ριζα 指"根"或"石头"，而拉丁语指"悬崖"或"礁石"，最后引申为"大海上难避免之事"——恶海行舟，风来险生。而现代语言对风险的定义，一般都是"出现损失或伤害的可能"。

那风险是不是本身就是件大坏事？从朴素的对"风险"的定义出发——坏事发生的可能性——"风险"至少不可爱。但作为金融投资者，风险其实是养活我们的生产资料。因为金融的本质是资源在时空维度上的逾越，而没有风险，就没有对此逾越交易的风险定价，于是整个银行业都要枯萎，证券业都要吃灰，保险业都要崩溃。所以我们从来不谈"消灭"风险——消灭了生产资料，金融从业者就要全部失业了——我们只会说"管理"风险，而管理风险就是管理未来。

管理未来不是预测未来。比如 2020 年伊始经济休克之下，大家都在预测大盘会怎么走以及"大盘的大盘"——整体宏观经济会怎么走。是 V 型，还是 U 型，还是 W 型，还是 L 型？要我说，你不要被英文字母限制了想象力，反弹也可能是耐克型。但如霍华德·马克斯在最新的备忘录里所言：数据都是之于过往的，而决定都是之于未来的，在一个极端复杂的系统里，用经验来预测未来无异于刻舟求剑。相比于预测未来，管理未来或许更接近实际，我们要做的是根据VUWL耐克型各种走法，对最坏的结果（最大的风险）给出力所能及的保护与救济。

而风险（risk）也不同于不确定性（uncertainty）。最大的区别在于风险强调坏结果的发生，而不确定性模棱两可。比如下个月的天气如何，或晴或雨，对我而言不确定，但反正坐在办公室里，暴晒或洪水伤不到我，对我而言仅是不确定性。但如果我是古代农民，那下个月的天气对我就是风险，因为或晴或雨，我有可能颗粒无收。同样是天气，前者是不确定性，后者是风险。而我也自创了一个区分风险与不确定性的粗暴的拇指法则——会不会有人为这种不确定性买保险？如果有，那就是风险。

另外，完全在预期之中的坏结果，也不是风险。在股票市场里这是所谓的"有效性"（price in），如果大家都知道某公司注定破产，那最后它真破产了就不算风险，因为此事实已经反映到股价里，坏事（股价崩盘）已经发生过了。而我们对于未来的管理，最重要的还是管理不确定的坏事，确定的坏事我们不能管理，只能硬扛。

为了管理未来不确定的坏事，我们的祖先曾走过一条很长的路。《与天为敌》讲述了一部人类尝试驯服风险、管理未来的迷你史。而我们的祖先具体的做法，就是将非数字的变成数字的，将不可量化的变成量化的，将不能建模的建成模型，以各种理论与玄学对抗风险的飘忽不定，以盼水晶球的预言能与未来的实现一拍即合。诸如：

从古代的骰子赌局，到卡尔达诺的《论赌博游戏》；从帕斯卡与费马的鸿雁传书萌芽了概率论的情愫，到贝叶斯（Thomas Bayes）定理已知条件下的概率理论，再到拉普拉斯，到高斯，到马尔可夫，概率论最终衍生为管理风险、管理未来的趁手工具。

从雅各布·伯努利钻研大数定律，到一个叫墨菲的工程师说，如果他有可能做一件事，那么他就会做坏；从哈雷（哈雷彗星那个哈雷）受皇家学会之托钻研人口死亡与期望寿命，到棣莫弗出版《生存者年金》，再到伦敦的咖啡馆里诞生了史上最负盛名的保险公司，大数定律衍生出了保险行业。

从另一个伯努利——丹尼尔·伯努利（雅各布的侄子）将人性效用加入数学模型，到另一个丹尼尔——丹尼尔·卡尼曼以"前景理论"将心理学的小战旗插上了经济学的领土，对人性的探索衍生出了行为金融学（或行为经济学）。

从中世纪的威尼斯商人分散"舱位"，到商品衍生品交易，再到马科维茨的现代组合理论，"鸡蛋分篮子装"的朴素思想又衍生出了现代金融组合的基本模型。

我们充满智慧的祖先非常会玩。但直到今天，在投资这件事上，风险的本质仍然莫衷一是。简单来说，有传统派与学术派的分歧。

传统派的观点——或者我们可以叫"巴菲特观点"——认为风险就是"损失或伤害的可能性"，而降低投资风险的方法是在有"安全边际的便宜价格"或者至少是一个"合理价格"的水平，去买入优秀的公司。

但提出现代金融理论的学术派就要追问传统派：我要量化建模，你提出的"可能性"如太虚幻境一般，我要怎么量化？比如，要如何比较踢球和跳伞之间风险的大小：踢球很可能被铲飞，但最多就是断腿；跳伞出黑天鹅的可能性极小，但一旦出事，下场就是付出生命的代价。此两者相比较，谁的风险更高？

学术派的做法，是从经验主义入手，从大量的历史数据中发现一个大致规律：风险高的资产，一般价格走势的波动就比较大。

于是他们给心目中的风险找了一个代理，叫作波动，波动大的风险就高，波动小的风险就低；而波动本身也有一个代理数字，叫标准差。接着他们又把风险分为系统性风险（systematic risk）和非系统性风险（non-systematic risk）。按照现代组合管理的说法，非系统性风险（又称为公司特定风险，比如公司总部楼塌了）是可以被充分的多样化（diversification）给剔除掉的。所以，在他们的眼里风险就只有系统性风险，而非系统性风险可以通过构建相关性极低的投资组合来去除。

但反过来传统派也凶猛批判学术派对于风险的认知。对于将风险量化为标准差，巴菲特说这是个啥玩意儿。比如有 A 和 B 两个股票，A 的股价，过去六年的最后一个交易日收盘价分别为 1、3、2、4、5、6（元），而 B 的股价过去六年分别为 2、2、2、2、2、1（元）。你用数据分析，A 的波动会远大于 B，于是得出结论，翻了六番的 A 股票比惨遭腰斩的 B 股票风险要大。

这个结论说明了学术派那一套实务上很多时候其实玩不转。所以在真实风险管理世界里，我们还需要一些其他的实用工具。比较常见的就是 J.P. 摩根搞出的 VaR 模型，可翻译为"价值 at 风险"模型，来衡量某一金融产品或组合最大的可能损失。

VaR 可以测量某一时期内的潜在损失，以及产生该损失的可能性。比如 10% monthly VaR=5%，读成——在这段时间内，10% 的情况下该资产（组合）市值会下跌至少 5%。我无意于深入介绍此模型，但总之其思想核心还是要追溯到风险的本意：去求索产生最大损失的可能。

当然，有人认为仅理解为"损失的可能性"还不够。比如纽约大学的达摩达兰教授就说，谁对风险的定义最高明？中国人啊。中文里的"危机"一词，潜台词是有危之处必有机。其他人只看到了风险的损害，或者仅看到不受欢迎的波动，却不像中国人一样看到了风险所带来的机会。

确实，投资是需要抓风险中的机会的。如前所述，对于投资而言，风险其实是养活我们的生产资料，我们是不能消灭它的。但我们通过管理风险来兜底未来的噩耗，比如，给自己买上一身的保险——无论是消费型保险还是资产组合的金融保险——则是对命运的扑朔迷离最大的敬畏。

再比如，你做一件事多少都有可能会出错。你可能会焦虑，但是在尝试足够多次后你会发现，即使误差存在，你做这件事的回报也大致是稳定的。投资也是如此，一笔投资可能会因为黑天鹅而损失殆尽，但足够多的理性而分散的长期投资，最终会给你一个合理的投资回报，这几乎如宿命般必然发生。这就是大数定律，通晓此定律实际上会让你有更多的幸福感。

一路走来，我们的先人所有的创见也在让我们的生活变得更好，使未来具有更大的"可管理性"。我们对于未来，虽仍然敬畏，但不再惧怕。恶海行舟，大船破浪。

陈达美股投资

知乎、雪球影响力博主

2020 年 5 月 20 日

译者序

投资是什么？有人把它当成科学，有人把它当成艺术，甚至还有人把它演变成某种哲学思想。本书中也举一个类似的事例，把投资比作工程，投资经理的工作之一就是"工程化金融投资的风险"。而在译者看来，投资更像是一种信仰，如果把市场比作神，那么你是信仰这个神，认为一切都已安排妥当，只需要理解神谕并按照神谕投资，还是质疑这个神，认为神也会犯错，并不断寻找神的错误，以求发现获利机会？

与此相应的问题是，风险是什么？对于与投资休戚相关的重要事物，我们如何去发现它、测量它、规避它甚至是利用它？

本书可以帮助读者寻找答案。这是一本关于风险特别是金融风险的书，讲述了人类洞察风险、测量风险、管理风险，从而努力驾驭现在、把握未来的发展史。它勾画了过去450年来人类进步的发展轨迹，让读者看到人们如何在日常生活的各个领域，一步一步从简单地凭直觉行事，发展到通过各种严谨的程序进行决策。它不是一本简单的历史书或者金融专业书，而是要引导读者去思考：我们究竟该如何认知风险，又应该如何应对风险。

在本书中出现的人物，有的聪慧敏捷，有的迟钝木讷；有的涉猎广泛，有的严谨专注；有的笃信上帝，有的怀疑一切。他们出生于不同的年代，生活在不同的社会环境中，因此看待事物的观念和态度也各有千秋，进而对于风险的研究方法和研究成果也迥然不同。但是，不管他们之间有多少不同，他们总是归属于贯穿本书始终的两大截然对立的派别：一派相信，最好的决策必须基于量化和数据，根据过往事实所反映的规律来制定；另一派则认为，最好的决策必须更多地依赖对不确定未来的主观判断。虽然两派观点的分歧从未得到弥合，但他们却在彼此的否定和竞争中，不断推动着人类社会的进步。

因此，译者不得不说，也许风险管理也是一种信仰，要么信仰过去的事实和人类的理性，要么信仰人类主观意志的重要性和不确定性的不可预测性。但无论是哪种，只要能够心存那样的信仰，就不会在面临风险时畏缩不前。未来并不完全取决于上天的意志，人在自然面前并非只能逆来顺受。上帝掷不掷骰子，这个问题已经不重要。当我们站在伟大的风险探索先行者肩膀上时，我们知道，面对不确定性，我们无须求助于祭司或者占卜师，而是可以自主地进行决策，因为我们能够知道将要承担什么样的后果。在风险的选择上，我们是自由的。人之所以为人，难道不就是因为我们生而自由吗？

有意思的是，不管是早在古希腊时代，还是在真正以数字进行计算分析的文艺复兴时代，我们的天才学者们对于风险的探索，竟然有很多都发端于对不同类型的赌局或者运气型游戏的观察与计算。不管你是个赌徒还是个投资者，或者两者都不是，你都不可否认赌局和投资所能够揭示的关于风险的一切。事实上，不仅是资本市场，现如今我们生活的方方面面都可能与金融风险相关。书中举了个例子：购房者贷款合同中的提前还贷条款，其实也隐含了一个可能对银行形成不利结果的选择权，因此必然也将有相应的对价由购房者支付。但大多数人可能对此并不清楚。所以，本书不仅仅只针对投资者或者对金融和风险感兴趣的读者，也同样可帮助更多普通读者了解金融与风险。

书中有意思的事例还有很多。作者虽然是在投资行业占有重要地位的专家和颇有影响的研究金融史的学者，但他并没有使用复杂的金融术语或者计算推导来彰显自己的权威性，而是力求以翔实、风趣的笔触，描述风险探索历史进程中的人与事。所以，即便是不熟悉金融和风险管理的读者，阅读此书时也不会觉得太过艰涩或者乏味。与此同时，即便是从事金融投资的老手，通过阅读此书，也能够对风险以及如何进行理性决策有重新的认识和感悟，对于提升投资理念、改进投资方式，也是不无裨益的。

本书英文版出版于 20 世纪 90 年代末期。当时作者对于新千年可能到来的动荡和风险，并非没有充足的认识，但对人们战胜动荡和风险充满了信心。20 世纪 20 年代末期股市崩溃及其后的大萧条和世界大战，以及动荡不堪、风险事件层出不穷的 20 世纪 70 年代，都被作者评价为金融的至暗时刻。但相比之下，始于 2008 年的全球金融危机，以及近些年来不断升级的国家间、民族间、社群间冲突甚至于局部战争，其实令我们处于一个前所未有的更为危险的境地之中。也因此，我们更需要有大决心和大智慧来管理风险、化解风险，战胜不确定性去赢得胜利。回顾本书中人类孜孜以求探索风险的光辉历史，我们完全有理由相信，在对于风险管理的信仰之下，人类将能够继续这样的探索和实践而永不停息。这也许是本书最大的意义所在吧。我们无惧上天的安排，我们也必能战胜自己。

祝您阅读愉快，收获新知！

致 谢

写作本书的提议源于已故的埃尔文·格利科斯（Erwin Glickes），他当时担任自由媒体（The Free Press）的主席。埃尔文是一个精力充沛、能言善辩、极具魅力的人。尽管他认为我作为一个专业投资人，拥有足够丰富的工作经验来胜任他所提议的这项任务，但我自己很快就发现，正如我所担心的那样，风险不是发端于纽约证券交易所，也不会在那里终结。

这个主题所包含的巨量内容着实令人生畏。风险涉及心理学、数学、统计学和历史学中最深奥的方面。关于风险的著作汗牛充栋，而每天的报章头条都会为这个主题加入新的内容。正因为如此，我必须有选择性地进行写作。如果本书缺少某些重要内容的话，那是我个人取舍而非粗心遗漏的结果。

比起我过往尝试写书，在本次写作过程中，我更多地依靠了其他人的帮助。有很多老朋友，以及各个领域里的众多陌生人，为我提供了宝贵的意见、中肯的批评和创造性的建议，让我受益匪浅。对于他们，我无比感激。没有他们，就不会有这本书。

按照惯例，对于配偶和编辑的感谢应该放在致谢名单的最后，但此时此刻我想先感谢我的妻子和编辑。

我的妻子芭芭拉（Barbara）也是我的事业伙伴。她提供了无数创造性的想法、理念性的贡献以及建设性的批评。所有这些对于完成本书写作都是不可或缺的，本书几乎每一页都受到了她的影响。此外，在整个写作过程中，她把我们的生活安排得井井有条。若非如此，就不会有任何进展，而只能混乱不堪。

约翰·威利出版公司（John Wiley）的迈尔斯·汤普森（Myles Thompson）对于本书的问世至关重要。我有幸获得了他的专家级编辑建议，感受到了他激情洋溢的领导力，并受益于他的专业化管理。自始至终，迈尔斯的同事们尽其所能地配合我。埃弗里特·西姆斯（Everett Sims）为我做了文字编辑工作，将含糊不清的地方一一修改清楚，并大刀阔斧地删除了冗文，而无损本书宏旨。

还有一些朋友为我提供了远超所求的帮助。我欠彼得·多尔蒂（Peter Dougherty）一个特别大的人情，他给了我无数宝贵的评论和建议。马克·克里茨曼（Mark Kritzman）像一位不知疲倦的领航员，引领我穿行于数学和统计学的海洋。理查德·罗加尔斯基（Richard Rogalski）以及他在达特茅斯大学贝克图书馆（Baker Library at Dartmouth）的同事让我远程使用他们的设施，我因此省下了很多时间。理查德的幽默感和热心肠让我在享受他的慷慨帮助时倍感欢乐。马丁·莱博维茨（Martin Leibowitz）提供了大量珍贵的资料，从而大大充实了本书的内容。理查德和伊迪斯·西拉夫妇（Richard and Edith Sylla）在我写作遇到难点时，不知疲倦地做了大量调查工作。斯坦利·科格尔曼（Stanley Kogelman）在概率分析方面向我提供了极有价值的辅导。利奥拉·克拉伯（Leora Klapper）不知疲倦，充满热忱，

XIII

心思缜密，反应灵敏，是一名理想的研究助手。

莫莉·贝克（Molly Baker）、彼得·布罗茨基（Peter Brodsky）、罗伯特·弗格森（Robert Ferguson）、理查德·盖斯特（Richard Geist）以及威廉·李（William Lee），这几位朋友拨冗阅读了部分早期手稿，给了我许多宝贵建议，并使我有动力坚持下来，将草稿转化为最终成果。

我还要向下列人士致以最深的谢意，他们对本书做出了非常重要的贡献：Kenneth Arrow、Gilbert Bassett、William Baumol、Zalmon Bernstein、Doris Bullard、Paul Davidson、Donald Dewey、David Durand、Barbara Fotinatos、James Fraser、Greg Hayt、Roger Hertog、Victor Howe、Bertrand Jacquillat、Daniel kahneman、Mary Kentouris、Mario Laserna、Dean LeBaron、Michelle Lee、Harry Markowitz、Morton Meyers、James Norris、Todd Petzel、Paul Samuelson、Robert Shiller、Charles Smithson、Robert Solow、Meir Statman、Marta Steele、Richard Thaler、James Tinsley、Frank Trainer、Amos Tversky[一]以及 Marina von N. Whitman。

有八位人士花费大量时间阅读了全部手稿，并给了我专业的评论和建议，为本书做出了贡献。本书在质量和风格方面获得的赞誉大都应归功于他们，而本书中的任何缺陷都不能算作他们的责任。这八位人士是：Theodore Aronson、Peter Brodsky、Jay Eliasberg、Robert Heilbroner、Peter Kinder、Charles Kindleberger、Mark Kritzman 以及 Stephen Stigler。

[一] 阿莫斯·特沃斯基（Amos Tversky）在本书第 16 章和第 17 章中扮演了重要角色，却在本书付梓前意外去世了。

最后我要感谢我已故的双亲：艾伦·M. 伯恩斯坦（Allen M. Bernstein）和艾尔玛·L. 戴维斯（Irma L. Davis）。正是在他们的激励下，我燃起并保持了创作本书的热情。

彼得·L. 伯恩斯坦

目 录

推荐序　管理风险就是管理未来
译者序
致谢

引言 / 1

远古～1200 年
发端

第 1 章　希腊人的风气和骰子的作用 / 10

第 2 章　从简单数字说起 / 22

1200～1700 年
1000 个事实

第 3 章　文艺复兴时期的赌徒们 / 38

第 4 章　法国人接力 / 56

第 5 章　杰出人士的伟大理念 / 72

1700～1900年
四处度量

第 6 章　考量人性 / 96

第 7 章　寻找确实可靠性 / 113

第 8 章　非理性世界的至高法则 / 133

第 9 章　头脑古怪的人 / 150

第 10 章　豆荚与危险 / 171

第 11 章　幸福的构成 / 186

1900～1960年
模糊之云与对精确的要求

第 12 章　对人类无知的度量 / 194

第 13 章　卓尔不群的理念 / 213

第 14 章　除了卡路里以外什么都算计的人 / 232

第 15 章　匿名股票经纪人的奇异案例 / 251

置信程度
对不确定性的探究

第 16 章　**不变性的失效** / 274

第 17 章　**理论警察** / 292

第 18 章　**单边下注的奇妙机制** / 316

第 19 章　**等待野性发作** / 345

引　言

到底是什么，将现代与以往数千年历史区别开来？答案远远不限于科学、技术、资本主义、民主等方面的进步。

在遥远的古代，人类社会其实不乏聪明的科学家、数学家、发明家、技术专家、政治哲学家等。早在耶稣基督（Christ）诞生的数百年前，人们就已开始观测天象，建造了宏伟的亚历山大（Alexandria）图书馆，还发展出了欧几里得（Euclid）几何学。那时战争对科技创新的需求不亚于今日。人类利用煤炭、石油、铜铁的历史已达数千年，而旅行和通信的历史与有记载的文明一样漫长。

横亘在现代与过去之间的一条分界线，就是关于如何把握风险的这样一种革命性理念：未来并不完全取决于神的意志，人在自然面前并非只能逆来顺受。在找到突破这一分界线的路径之前，人们只能想当然地认为过去会在未来重演，或者向所谓的先知及预言家求教。

本书讲述了一群思想家的故事，他们用自己的深邃见解揭示了如何驾驭现在、把握未来。通过向世人展示怎样理解风险的本质、衡量风险的大小、评估风险的后果，这群思想家将冒险活动转化成推动现代西方社会进步的主要力量之一。如同普罗米修斯（Prometheus）那样，他们与天为敌，在黑暗中寻觅亮光；依靠那一缕亮光，人类得以将未来从难以对付的敌手转变成可以把握的机会。这些思想家的成就促使人们改变了对风险管理的态度，将人们对赌局和博弈的迷恋引导到了发展经济、改善生活、推动技术进步上。

通过明确一整套理性的冒险过程，这些创新家为科学和企业提供了关键的工具，助其发展出了当今世界的快速交通、巨大产能、即时通信和复杂金融体系。他们对风险本质的发现，以及关于选择的艺术和科学，已成为现代市场经济的核心。以自由选择为核心的自由经济，即使有着种种问题和缺陷，也给人类带来了无与伦比的福祉。

当代社会的核心特征是，人们有能力确定未来可能发生什么，并在不同备选方案间做出选择。风险管理学指引我们做出众多决策，从配置财富到管理公共卫生，从发动战争到规划家庭事务，从支付保费到系好座椅安全带，从种植玉米到营销玉米片。

过去，用于农垦、制造、企业管理、通信的工具很简单。那些工具常出故障，但容易修理，无须请管道工、电工、计算机科学家、会计师、投资顾问等。一个领域内的故障很少对另一个领域产生直接影响。而今天，我们使用的工具相当复杂，故障可能造成影响广泛的灾难性后果。我们必须持续关注工具失灵和误操作的可能性。如果没有概率论及其他风险管理工具，工程师可能永远设计不出横跨大河的巨桥，家庭取暖可能还依靠壁炉，供电设施可能不存在，小儿麻痹症还在危害儿童，天上没有飞机，太空旅行只是梦想。㊀如果没有各种各样的保险，家庭"顶梁柱"的身故会导致家人面临饥饿或不得不求助于慈善机构，更多的人会没有医疗保障，只有最富的人买得起房。如果农民不能在收割前锁定作物的出售价格，那么他们也许会大幅减产。

如果没有活跃的资本市场可供储蓄者分散风险，如果投资者只能持有一只股票（在资本主义早期就是这样），那么微软（Microsoft）、默克（Merck）、杜邦（DuPont）、美国铝业（Alcoa）、波音（Boeing）、麦当劳（McDonald's）等代表着我们这个时代的伟大创新企业可能永远不会出现。管理风险的能力，以及冒险做出前瞻性决策的意愿，是带动经济大车滚滚向前的巨轮。

::

当今人们对于风险的看法起源于七八百年前传入西方的印度—阿拉伯记数系统。但是，关于风险的学术研究肇始于文艺复兴（Renaissance）时期，那时的人们奋力挣脱过往的束缚，公开质疑长期以来被奉为圭臬的信条。在文艺复兴时期，全世界大片的土地与资源有待西方人去发现和利用。那是一个宗教面临挑战、资本主义萌芽、科学和艺术大发展的时代。

在文艺复兴处于全盛阶段的 1654 年，德·梅尔骑士（Chevalier de Méré），一名热衷于赌博和数学的法国贵族，向著名的法国数学家布莱士·帕斯卡（Blaise Pascal）发起挑战，给他出了一个难题：当两个玩家中有一个领先时，怎样在他俩之间分配一场未结束赌局的赌

㊀ 那位设计出承载首次阿波罗（Apollo）登月计划的土星 5 号（Saturn 5）火箭的科学家如是说："你想要一个绝对不泄漏的阀门，你想方设法要做出一个。但是，现实世界只会给你一个泄漏的阀门。你只能问自己能接受多大程度的泄漏。"（Obituary of Arthur Rudolph, in *The New York Times*, January 3, 1996.）

注。这个难题其实已困扰数学家多年,是由15世纪的卢卡·帕乔利(Luca Paccioli)修士最早提出的。这位修士向当时的工商界人士推荐了复式记账法,还向达·芬奇(Leonardo da Vinci)传授了乘法表。帕斯卡向律师兼数学家皮埃尔·德·费马(Pierre de Fermat)求助。他俩的合作产生了爆炸性的结果。他俩"打破砂锅问到底",最终发现了风险概念的数学核心——概率论。

他俩对帕乔利问题的解答意味着,人类首次能借助数字来制定决策并预测未来。在古代和中世纪,甚至在无文字社会和乡民社会(peasant society),人们也制定决策,追求利益,开展贸易,却不曾真正了解风险或决策的本质。今天我们不再像过去那样依赖迷信和教条,这并非因为我们变得更理性了,而是因为我们对风险的了解使得我们能以理性的方式决策。

当帕斯卡和费马首次闯入概率的迷人世界时,人类社会正在经历一波不同寻常的创新与探索浪潮。到1654年,"地球是一个球体"的事实已得到证明,广袤的新土地已被发现,火药令中世纪的城堡灰飞烟灭,活字印刷技术已发展成熟,艺术家娴熟地运用透视法,财富涌入欧洲,阿姆斯特丹(Amsterdam)股票交易所欣欣向荣。在若干年前的17世纪30年代,期权的大量发行导致荷兰郁金香泡沫破灭,当时那些期权的基本特征和今天流行的复杂金融工具并无二致。

这些发展产生了深远的影响,导致神秘主义备受质疑。那时,马丁·路德(Martin Luther)已登上历史舞台,圣三一(Holy Trinity)和圣人头上的光环已从大多数画作上消失。威廉·哈维(William Harvey)已发现血液循环,从而推翻了先人的医学教条。伦勃朗(Rembrandt)已创作名画《解剖课》,将那具冰冷、苍白的人体赤裸裸地陈列在观者面前。在那样一个环境里，就算德·梅尔骑士不向帕斯卡提出那个难题，也很快会有人研究出概率论。

随着岁月流逝，数学家们逐步将概率论从赌徒的玩具转化成了组织、解读、应用信息的强大工具。众多天才的想法日积月累，最终孕育出量化风险管理技术，这些技术参与塑造了我们这个时代的面貌。

到1725年，数学家们争相设计生命期望表，英国政府通过出售终身年金筹资。到18世纪中期，海上保险已在伦敦兴起，发展成一种相当复杂的业务。

1703年，戈特弗里德·冯·莱布尼茨（Gottfried von Leibniz）对瑞士科学家兼数学家雅各布·伯努利（Jacob Bernoulli）说："大自然已经制定了规律，这些规律通过事件的循环往复体现出来，但这只适用于大部分情况。"[1]此言启发伯努利提出了大数定律（Law of Large Numbers）和各种统计抽样法。现在，这些定律和方法已是民意调查、品酒、选股、新药检测等诸多活动的基础。㊀莱布尼茨的告诫"这只适用于大部分情况"具有他自己也可能没认识到的深远意义，因为这一论断首先回答了为何存在风险这个问题；若没有这一条，则一切都可预知，任何事都和以前一模一样，变化永远不会发生。

1730年，亚伯拉罕·棣莫弗（Abraham de Moivre）提出了正态分布（又称为"钟形曲线"），并且提出了标准差的概念。这两个概念组成了平均数定律（Law of Averages），是现代风险量化技术的基本元素。8年后，雅各布的侄子——一名和他同样出色的科学家兼数学家丹尼尔·伯努利（Daniel Bernoulli）首次系统性地阐述了大多数人做

㊀ 第7章详细介绍了雅各布·伯努利的成就。大数定律的基本内容是：样本观测值与真值之间的差随着样本观测次数的增加而变小。

选择、定决策的过程。更重要的是，他提出了这样一个观点：由财富的任何微小增量带来的满足感"与先前拥有的财富数量成反比"。基于这一看似简单的论断，丹尼尔·伯努利解释了为什么希腊神话中指物成金的迈达斯国王（King Midas）不快乐，为什么人们往往厌恶风险，为什么卖家能通过降价扩大商品销量。他的这一论断成为后来250年里理性行为的典范，奠定了现代投资管理学的基础。

在帕斯卡和费马合作的100年后，一位特立独行的英国大臣托马斯·贝叶斯（Thomas Bayes）论述了怎样运用数学方法将新旧信息组合起来用于决策，此举大大推动了统计学的发展。贝叶斯定理聚焦于此类常见情形：我们对某件事的概率已有可靠的直觉判断，希望知道怎样随着事态发展修正这些判断。

我们今天在风险管理和决策分析中使用的所有工具，从博弈论到混沌理论，大都源自1654年至1760年间的这些发展，只有以下两个例外：

1875年，查尔斯·达尔文（Charles Darwin）的大表弟、业余数学家弗朗西斯·高尔顿（Francis Galton）发现了均值回归原理，这一原理解释了为何"月有阴晴圆缺，人有旦夕祸福"。每当我们根据事物会恢复"常态"的预期制定决策时，我们就是在运用均值回归原理。

1952年，当时还是芝加哥大学研究生、后来荣获诺贝尔经济学奖的哈里·马科维茨（Harry Markowitz）用数学方法证明了，为什么将所有鸡蛋放在一个篮子里是不可接受的高风险策略，为什么分散化是投资者或企业家可采用的离免费午餐最近的方案。马科维茨的这一发现引发了华尔街、公司金融、全世界企业决策的重大变革，其影响一直延续至今。

我要说的故事中，始终可见以下两派观点的分歧：一派相信，最好的决策必须基于量化和数据，根据过往事实所反映的规律来制定；另一派则认为，最好的决策必须更依赖对不确定未来的主观判断。这两派观点的分歧从未得到弥合。

此分歧归根结底在于人们对这一问题的看法：过去到底在多大程度上决定未来？我们无法对未来进行量化，因为它是未知数，但我们已学会通过数据来检视过去发生的事。可是，在做预测时，我们应在多大程度上依赖过去？当我们面临风险时，什么更重要——是我们所见的事实，还是我们对藏在冥冥之中的未来的主观信念？风险管理究竟是一门科学，还是一门艺术？我们能否精确地指出两种方法的分界线在哪里？

我们固然能建立一个似乎能解释一切的模型，但当我们面对日常生活的挑战和反反复复的试错时，难测的现实和执着的人性能迅速推翻这个模型。已故的现代金融理论开创者费希尔·布莱克（Fischer Black）曾说："世界在查尔斯河畔的麻省理工人眼里，比在哈德逊河畔的华尔街人眼里更井井有条。"[2]

随着时间推移，上述分歧变得越发深刻。基于数学方法的现代风险管理手段包含着无视人性、误入歧途的种子。诺贝尔经济学奖得主肯尼斯·阿罗（Kenneth Arrow）曾告诫说："我们对社会和自然界中万事万物运行规律的了解，始终伴随着相当程度的模糊性。对于确定性的执着已导致无数祸害。"[3] 在挣脱以往束缚的过程中，我们也许陷入了一个新的牢笼，即与过去的教条同样顽固、专横、压制人性的盲信。

如今我们的生活充斥着数字，但有时我们会忘记：数字只是工具。数字没有灵魂，还可能成为迷恋的对象。现在我们许多至关重要的决策是由计算机制定的，那些计算机犹如饕餮一般，贪得无厌地索要并吞食数据、消化数据，然后给出反馈。

∴

为了判断当今应对风险的方法在何种程度上是福还是祸，我们必须追根溯源了解风险管理学的整体发展历程。我们必须知道，为什么过去的人们试图或不试图控制风险，他们怎样管理风险，他们的经验孕育出了怎样的思想和语言模式，他们的活动怎样和其他大小事件一起影响文明的进程。通过了解这些，我们能更好地知道自己身处何地、去向何方。

我们在回顾风险管理学的发展历程时，常会提到概率游戏，其影响远不止于轮盘赌的输赢。关于风险管理和决策的诸多复杂想法源于对赌局的分析。就算你不是赌徒，甚至不是投资者，你也能明白赌博和投资所揭示的关于风险的一切。

骰子和轮盘，股市和债市，都是可供研究风险的天然实验室，因为其表现易于量化，其信息呈现为数字。此外，它们还能深刻揭示人性的特点。当我们屏息凝视跳动在轮盘上的小白球，或向经纪人下达股票买卖指令时，我们的心脏和数字一同跳动。对于所有取决于概率的重要结果，都是如此。

英语中的"风险"（risk）一词源于早期意大利语里的 risicare，其义为"敢于"。就此意义而言，风险是选择而非命运。我们敢于采取的行动取决于我们做选择时享有的自由，而风险的故事就是这些行动的故事，亦是人性的故事。

远古～1200年
发 端

AGAINST THE GODS

第 1 章

希腊人的风气和骰子的作用

为什么风险管理这个概念具有如此独特的现代性?人类为什么等待了几千年,直到文艺复兴时期,才开始扫除风险衡量与控制之路上的障碍?

这些问题不容易回答,但我们可从一条线索开始探究。自有文字记载以来,赌博这种纯粹的冒险活动就是一项颇为流行的消遣甚至嗜好。启发帕斯卡和费马革命性地开创概率论的,正是一个对赌游戏,而非某个关于资本主义或未来世界的高深问题。但在概率论诞生前的整个历史中,人们冒险时没有风险管理理论做指导,不像今天这样系统性地计算输赢概率。

一直以来有许多人热衷于赌博,原因是这项活动让我们直接和命运对阵。我们之所以投身于赌场,是因为相信自己有一个强大的盟友:幸运女神。我们相信幸运女神会在命运(或概率)面前偏袒我们。深谙人性的亚当·斯密(Adam Smith)曾对参赌者的动机下过这样一个定义:"大部分人对自己能力的过高估计和对自己运气的荒谬信心"。¹ 虽然斯密明白人类的冒险天性推动了经济发展，但是他担心一旦这种天性失控，会给社会造成危害。所以他既主张自由市场，也强调道德情感，小心翼翼地在两者之间取得平衡。160年后，另一位伟大的英国经济学家约翰·梅纳德·凯恩斯（John Maynard Keynes）表示了类似的观点："当一国的资本发展沦为赌场活动的副产品时，结果可能很糟。"²

但如果人人都有自知之明，对自己的运气缺乏信心，那么世界会无比乏味。凯恩斯指出："如果人性对冒险一搏毫无兴趣……那么冷静的算计可能导致投资过低。"³ 没有人会在预期必败的情况下冒风险。

∷

几千年来，赌博令无数人着迷。从社会底层到深宫大内，处处有人聚赌。

当耶稣基督在十字架上受难时，罗马总督彼拉多（Pontius Pilate）的士兵抓阄决定谁赢得耶稣基督的袍子。罗马皇帝马可·奥勒留（Marcus Aurelius）总是将自己的荷官带在身边。三明治伯爵（Earl of Sandwich）不想为了就餐而下赌桌，从而发明了以自己名字命名的食品。美国独立战争期间，乔治·华盛顿（George Washington）在自己的军帐中主持赌局。⁴ 放手一"博"几乎是"蛮荒西部"（Wild West）的同义词。《今晚遇到幸运女神》（Luck Be a Lady Tonight）是影片《红男绿女》（Guys and Dolls）中最脍炙人口的歌曲之一，而这部音乐剧讲述的就是一个打赌的故事。

已知最古老的赌博方式是一种掷骰子游戏，所用的骰子是距骨（astragalus）。⁵ 距骨取自羊或鹿的脚踝部位，近似方形，质地坚硬，不含骨髓，不易损坏，是今天骰子的远祖。在世界许多地方的考古发掘中，都出土了距骨。埃及古墓的壁画上，就描绘了公元前3500年人们掷距骨赌博的场景。希腊出土的花瓶上，也有年轻人向一个圆圈内投掷距骨的画面。虽然古埃及对嗜赌者施以重罚，迫使他们为金字塔打磨石料，但出土文物表明法老们自己也嗜好掷骰子赌博。十字军将统称为"hazard"的多种骰子游戏带回了欧洲，后来美国人在其基础上发明了掷双骰子游戏（craps）。hazard这个词来源于阿拉伯语中的al zahr一词，后者的意思就是"骰子"。[6]

在亚洲，从古老的算命术发展出了卡牌游戏，但它们直到西方活字印刷术发明之后才在欧洲流传开。最初的卡牌是正方形的，幅面较大，四角上并无数字或花色。人头牌上起先只印一个头，而非两个，这意味着玩家常常不得不根据人物的脚来识别手里的牌，因为你要是把牌转个方向的话，对手就知道你手里的是人头牌了。方角容易被用来作弊，玩家会将某张牌的一角折起一小部分，以便在牌堆中认出它。双头人头牌和圆角卡牌直到19世纪才出现。

和掷双骰子一样，扑克也是美国人在以前游戏基础上的发明。扑克的历史迄今只有大约150年。戴维·早野曾将扑克描写成"充满了阴谋诡计、尔虞我诈、神机妙算……这是一个只可体验、不可观察的游戏"。[7]据早野说，约有4000万美国人常玩扑克，他们都对自己玩牌的功力信心满满。

最能使人上瘾的赌局似乎是赌场里的那些纯运气型游戏，那些赌场如野火一般，在曾经古板保守的美国社区蔓延。1995年9月25日，《纽约时报》（*The New York Times*）上的一篇文章说，赌博是当时美国发展最快的产业，"价值400亿美元的业务，顾客规模超过了棒球场或电影院"。[8]《纽约时报》引用伊利诺伊大学（University of

Illinois)一名教授的研究成果称,该州每向赌场收取 1 美元税,就要向社会中介组织和刑事司法系统付出 3 美元成本。亚当·斯密也许早已预见到这一局面。例如,艾奥瓦州直到 1985 年才开始有彩票,但到 1995 年时已有 10 家大型赌场、1 个赛马场、1 个赛狗场以及 24 小时不间断运行的老虎机。那篇文章称"每 10 个艾奥瓦人中就有近 9 个承认自己赌博",5.4% 的艾奥瓦人称自己有嗜赌问题,5 年前这一比例仅为 1.7%。就在这个州,20 世纪 70 年代曾有一位天主教神父因组织宾果(bingo)游戏而锒铛入狱。显然,沉迷于赌博者仍大有人在。

::

我们必须将运气型游戏与技巧型游戏区分开来。轮盘赌、掷骰子、老虎机的原理是相同的,都是单纯碰运气;而在扑克、赌马、双陆棋中,胜负并非全由运气决定,还取决于玩家的选择。在运气型游戏里,你在下注前只需要知道获胜概率;而当结果既取决于技巧也取决于运气时,你需要更多的信息来预判谁赢谁输。世界上有扑克大师和赌马高手,但没有掷骰子专家。

许多观察者认为股市是彻头彻尾的赌场。在股市里挣钱到底靠什么?运气?技巧?还是运气加技巧?本书第 12 章对此进行了探讨。

运气型游戏中常常出现连赢或连输几局的情况,现实生活中亦如此。面对这些情况,赌徒们的反应是"非对称性"的:连输几局后,他们祈求平均数法则尽快发挥效力,帮自己改运;而连赢几局后,他们祈求平均数法则暂停发挥效力,让自己继续走运。当然,平均数法则并不能听见他们的祈求。过去掷出的骰点根本不能预示未来将掷出的骰点。卡牌、硬币、骰子、轮盘,皆无记忆。

赌博者或许以为自己在对某种颜色、某个数字或某组图案下注，但其实他们都在对时间下注：输家希望短期看起来像长期，那样概率就会发挥效力；而赢家希望长期看起来像短期，那样概率就会暂停有效。赌桌以外，保险公司在经营中处于同样境地：对于长期将要承担的赔付，可通过计收保费来覆盖；而当地震、火灾、飓风一齐袭来时，短期压力会非常大。区别于赌徒的是，保险公司有资本和准备金用于应对不可避免的短期厄运。

在赌博中，时间是主导因素。风险和时间是同一枚硬币的两面，因为如果没有明天，也就没有风险。时间改变风险，风险的性质取决于时间的长度，而未来就是赌场。

当一项决策不可逆时，时间至关重要。但是，很多不可逆的决策必须基于不完全的信息做出。决策不可逆的场合非常常见：是乘地铁还是打的，是否在巴西建一座汽车厂，是否换工作，是否宣战，等等。

如果今天买进一只股票，明天总能卖出它。⊖ 而当轮盘赌台上的荷官喊道"停止下注"，或扑克牌局里的赌注被加倍后，我们能做什么？开弓没有回头箭。那么，我们在对胜负没有把握时，是否该暂停行动，等待运气变好或胜算扩大？

哈姆雷特（Hamlet）说，面对结果难以预料的局面，优柔寡断是有害的，因为"想得越多，决心越弱，行动时越怕做错"。但我们一旦动手，就放弃了等待新信息出现的选项。所以说，按兵不动是有意义的。结果越是难以预料，按兵不动的意义可能就越大。哈姆雷特不知道，静观其变就能成功一半。

⊖ 此处未考虑跌停板。——译者注

::

希腊神话为了解释万物起源，用一场极其宏大的掷骰子赌局，来说明当今科学家所称的"大爆炸"（Big Bang）。在那场赌局中，三兄弟以掷骰子的方式，划分宇宙的归属。宙斯（Zeus）赢得了天堂，波塞冬（Poseidon）赢得了海洋，而输家哈迪斯（Hades）则成了掌管地狱的冥王。

概率论似乎是最适合古希腊人研究的学问，因为他们热衷赌博，擅长算术，精通逻辑，喜爱证明。然而，古希腊人虽然创造了文明程度最高的古代社会，却从未涉足概率论的精彩世界。这点颇令人讶异，因为从当时的记载看，在古希腊以外的所有文明社会，都存在一个类似于教士的阶层，他们垄断着人与神秘力量的沟通，唯独古希腊没有这样一个阶层。我们所知的古文明本可以发展得更快，如果古希腊人预知几千年后文艺复兴时代研究成果的话。

古希腊人注重理论，却很少有兴趣将理论应用于管理未来。阿基米德（Archimedes）发明杠杆时说，只要给他一个支点，他就能撬动地球。但是很显然，阿基米德没有想过要改变地球。古希腊人的日常生活方式和标准与其几千年前的祖先大同小异——打猎，捕鱼，种田，生儿育女，沿用早年从两河流域及埃及发展出来的建筑方法。

唯一受古希腊人重视的风险管理手段是向风祈祷。诗人和剧作家反复歌唱他们对风的依赖，儿童被献祭给风。最重要的是，古希腊人缺少一套数字系统，因此他们只能记录活动结果，而不能进行运算。[9]

这并不意味着古希腊人从未思考过概率的本质。古希腊单词 eikos 的意思是"合理""可能"，基本上等同于现在所说的概率：在一定程度上确定的预期。苏格拉底（Socrates）将 eikos 定义为"接近于真"。[10]

苏格拉底的定义揭示了极为重要的一点：接近于真不等于真。在古希腊人看来，只有可以被逻辑和公理证明的，才是真理。他们执着于证明，以至于将真理和经验直接对立起来。例如，在柏拉图的《斐多篇》（*Phaedo*）中，西米阿斯（Simmias）向苏格拉底指出："关于灵魂处于和谐状态的观点，根本没有得到过证实，而仅仅基于概率。"亚里士多德（Aristotle）曾批评某些哲学家"虽然伶牙俐齿，但是所言非真"。苏格拉底也曾说过："在几何学中用概率来论证的数学家不值得驳斥。"[11] 在随后的一千年里，思考博弈和参与博弈被视为两种不同的活动。

以色列著名历史学家兼科学哲学家舍缪尔·桑伯斯基（Shmuel Sambursky）提供了我能找到的唯一一篇可信的解释如下问题的论文：为什么古希腊人未能迈出战略性的一步，发展出一套定量研究概率的方法？[12] 桑伯斯基在 1956 年的一篇论文中说，由于将真理和概率截然分开，古希腊人无法在纷繁复杂的现实世界中构建起任何一种稳固的结构或和谐。虽然亚里士多德建议人们在"欲望和带有一定目的的推理"的基础上做决定，但他并未就成功的可能性给出任何指导。古希腊戏剧反复讲述人们在命运面前的无助。当古希腊人想知道明天会发生什么时，他们请示神谕，却不向最聪明的哲学家求教。

古希腊人认为秩序只能在天上找到，满天星辰以无与伦比的规律性定期出现在既定位置。古希腊人极其尊崇这种和谐现象，古希腊数学家对此做了深入研究。但是，天堂的完美无瑕恰恰凸显了尘世的杂乱无章。并且，天体运行的分毫不差与天上众神的喜怒无常形成了强烈反差。

《塔木德》(*Talmud*)里的犹太哲学家也许离定量分析风险更近了一点。但是，没有迹象表明他们在推理的基础上发展出了一套分析风险的方法论。桑伯斯基引用过《塔木德》中的一个例子（Kethuboth 9q）：哲学家称一个男人可以以通奸为由休妻而不受任何惩罚，但若他称通奸发生在婚前，则不行。[13]

《塔木德》写道："这里有双重疑问。"如果（不管用什么方法）确证新娘婚前就已不是处女，那么第一个疑问是，对此负有责任（将新娘变成非处女）的"那个男人是不是新郎自己"？至于第二个疑问，"如果你说那个男人的确就是新郎自己，那么那件事怎么会发生？是他动用了暴力，还是她自愿？"这双重疑问各有两个答案，它们分别被赋予 50% 的概率。经过令人印象深刻的计算后，哲学家得出结论：这名女子婚前通奸的概率只有四分之一（1/2 × 1/2），所以这位丈夫不能以通奸为由休妻。

∷

从发明距骨骰子，到发现概率法则，中间隔着那么长一段时间，人们倾向于将此视为历史上的一个偶然事实。古希腊人和塔木德学者已非常接近数百年后帕斯卡和费马的分析，当时他们要是再推进一点儿，就能进入下一步了。

其实，他们未能进入下一步并非偶然。在一个社会能够将风险理念融入其文化前，人们对于未来的观念和态度必须先改变。

文艺复兴以前，人们一直将未来视为运气或随机变化的结果，人们大都依据本能来做决定。当生活状况与自然紧密相连时，人能控制的事物很少。只要生存的需求将人束缚在生育、耕种、渔猎、造房等基础劳作上，人们就无法想象自己在特定情况下能影响自己决策的后果。省下一元钱并不等于赚到一元钱，除非未来不是一个"黑洞"。

在十字军东征（Crusades）之前的数百年里，大部分人日复一日按部就班地过活，很少遭遇意外。置身于稳定的社会结构中，大部分人并不关心远方的战事、王朝的更迭、宗教的纷争等。只有天气是重要变数。正如埃及学家亨利·法兰克福（Henri Frankfort）所言："过去与未来，都蕴藏于当下，远非人应思虑。"[14]

尽管那时的人们这样看待未来，文明仍在数个世纪的长河中实现了长足发展。显然，现代风险理念的缺位并没有阻碍那时的文明进步。同时，文明的进步并非激励好奇者探索科学预测之道的充分条件。

::

随着基督教传遍西方世界，唯一的上帝取代了各路神祇，而其意志就成了对未来的指引。这引发了重大的观念变化：虽然人生的未来仍不可知，但它是由某种力量决定的，而这一力量的意图和标准是可以探知的。

随着思考未来成为一种道德行为及信仰，未来不再显得神秘莫测。然而，当时的人还不会用数学预测未来。无论早期基督徒如何强烈地祈求上帝赐予现世的庇佑，他们的预言都仅仅限于死后的世界。

但人们对美好生活的追求从未停止。到公元1000年左右，基督徒已展开远行，遇见未知的民族和思想。然后发生了十字军东征，那是一次影响深远的文化冲击。西方人远征由穆罕默德（Mohammed）建立的、向东远伸至印度的阿拉伯帝国。对未来抱有信仰的基督徒希望将阿拉伯人逐出圣地，而阿拉伯人在知识领域的成就已远远领先于那些入侵者。

当时阿拉伯人通过入侵印度，已经学会了印度记数系统，因此能将东方的知识成果融入自己的学术、科研及实验。这后来给阿拉伯乃至西方世界带来了深刻影响。[㊀]

在阿拉伯人手中，印度数字改变了数学、天文学、航海、商业。新的计算方法逐渐取代了算盘；在那以前，从玛雅到欧洲，再到印度和东方，算盘作为唯一的算术工具，已经使用了千百年。英语中的abacus（算盘）这个词源自希腊语单词abax，后者的意思是"沙盘"。在沙盘中，人们将卵石按纵行排列在沙上用于计算。[15]英语单词calculate（计算）就是源于拉丁语中表示"卵石"的单词calculus。

接下来的500年里，随着新的记数系统取代简单的算盘，书写符号在运算中取代了可移动的算珠。书面运算促进了抽象思维，打开了通往全新数学领域的道路。随之而来的是更长的海上航线、更准的计时、更好的建筑、更复杂的生产方式。如果我们现在仍依赖罗马数字或代表数字的希腊或希伯来字母进行计量和运算，那么现代世界的面貌会截然不同。

但是，阿拉伯数字并不足以使欧洲人探索系统性的概率理论，也不足以使他们相信未来可以预测甚至在一定程度上可控。这一进步要等到欧洲人认识到以下之后才会出现：人在命运面前并非完全无助，人在世间的命运并非总由上帝决定。

㊀ 彼得·金德（Peter Kinder）曾向我指出一个重要的历史性讽刺。在9世纪毁坏罗马文明、践踏知识成就的维京人（Vikings）及斯堪的纳维亚人（Norsemen），在12世纪作为将阿拉伯人的知识成就带回西方的诺曼人（Normans），重现在历史舞台上。

文艺复兴和新教改革（Protestant Reformation）为人们把控风险提供了舞台。公元 1300 年后，随着神秘主义让位于科学和逻辑，古希腊与古罗马的建筑形式开始取代哥特式，教堂向亮光打开了窗户，男性和女性的雕像稳固地立在了地上，先前没有肌肉、没有重量的非写实手法遭到了扬弃。促使艺术发生改变的那些想法，也对新教改革起到了推波助澜的作用，削弱了天主教（Catholic Church）的主导地位。

新教改革的意义不仅限于改变了人与上帝的关系。通过取消忏悔室，新教改革告诉人们：从今往后，每个人要用自己的两只脚走路，要对自己所做决定的后果负责。

但是，如果人们发现自己的命运不是由非人的神祇或随机的运气所决定，那么他们面对未知的将来就不能再逆来顺受。他们别无选择，只能着眼于更广阔的情境和更长远的未来，开始自己决策。新教伦理中特有的节俭、禁欲等理念表明，未来相对于现在的重要性与日俱增。随着选择和决策变得开放，人们逐渐认识到，未来既意味着机会，也潜藏着危险，未来是开放式、充满希望的。16 世纪、17 世纪是地理大发现的时代，在新旧世界的对撞中，艺术、诗歌、科学、建筑、数学等领域的试验层出不穷。有关机会的新理念大大促进了贸易和商业的发展，进而有力推动了变革与探索。哥伦布（Columbus）寻找通往印度的新航线，结果到了加勒比海。

致富的前景鼓舞人心，而很少人不冒风险就能致富。这句话的内涵远比字面意思丰富。贸易是互利的过程，通过一笔交易，双方都感觉自己变得更富有。这是一个多么不同凡响的理念！在树立这个理念以前，人们致富的手段主要是剥削和劫掠。虽然后来欧洲人继续从事海上劫掠，但在欧洲大陆，财富的积累已不再限于少数人。新富起来的是那些聪明、进取的创新者，主要是商人，而非世袭的贵族及其奴仆。

贸易也是冒险。随着贸易的发展，赌博的原理演变成了创造财富的原理，冒险活动的典范——资本主义——无可避免地崛起了。但是资本主义的兴盛离不开两种新的活动，当人们以为未来取决于运气或天意时，这两种活动是毫无必要的。第一种是记账，这是一项卑微的工作，却促进了计量和运算等新技术的传播。第二种是预测，这项工作更为显赫，也更加困难，将冒险与直接回报联系了起来。

你在策划囤货、借款等活动前，一定会努力预测未来的情况。在客户上门向你购货前，你必须确保：你订购的物资按时交付，你计划销售的物品如期生产，你的销售设施配备到位。成功的企业经营者首先是预测者，采购、生产、营销、定价、组织等活动都在预测之后。

::

本书中介绍的一些人将帕斯卡和费马的发现视作智慧的开端，而非一道涉及运气型游戏的智力题的答案。他们研究的问题越来越复杂，越来越有现实意义，覆盖了风险的方方面面；他们认识到，这些问题涉及人类存在的终极哲学意义。

但我们必须暂时将哲学放在一边，因为故事应该从头讲起。现代风险管理方法始于计量，始于对概率的计算。计量离不开数字，而数字来自何方？

第 2 章

从简单数字说起

离开了数字,就无法计算概率。离开了概率,唯一的风险管理手段就是向神祇和命运祈求。离开了数字,风险评判就只能靠直觉。

我们生活在一个满是数字和计算的世界里,从早晨瞥一眼的闹钟,到睡前才关掉的电视频道。在一天中,我们计算放进咖啡机的咖啡量,支付账单,查看股价,拨打电话,查看汽车油量和速度,摁下电梯楼层按钮,打开带有编号的办公室门……

我们难以想象一个没有数字的时代。如果一个生活在公元 1000 年、受过良好教育的人穿越到现在,那么他大概根本不认识数字 0,并且很可能连小学三年级的数学考试都及格不了;换成一个生活在公元 1500 年的人,他的表现也可能好不了多少。

::

数字在西方的故事始于 1202 年,那时沙特尔(Chartres)大教堂接近完工,英格兰的约翰王(King John)在位第三年。那一年在意大利，出现了一本名为《算盘全书》（意大利语 Liber Abaci，英语 Book of the Abacus）的奇书。这本书有 15 章，全部是手写的，因为离西方活字印刷术的发明还有约 300 年。作者是列奥纳多·皮萨诺（Leonardo Pisano），当时年仅 27 岁，却极其幸运：他的这部作品受到了神圣罗马皇帝腓特烈二世（Frederick II）的嘉许。这可是一名写作者的至高荣誉。[1]

列奥纳多还有一个更为今人所知的名字：斐波纳契（Fibonacci）。他的父亲名为波纳乔（Bonacio），Fibonacci 是"波纳乔之子"的缩写。在当时的意大利语里，Bonacio 的意思是"傻瓜"，Fibonacci 的意思是"蠢人"。然而，波纳乔肯定不是傻瓜，他担任过比萨（Pisa）驻多个城市的领事；至于他的儿子斐波纳契，则更是聪明绝顶。

正是当波纳乔担任比萨驻阿尔及利亚城市布吉亚（Bugia）的领事时，随行的斐波纳契受到了启发，起意撰写《算盘全书》。在布吉亚，一名阿拉伯数学家向斐波纳契展示了印度—阿拉伯记数系统的神奇之处，当时这套系统已在十字军东征期间由阿拉伯数学家介绍到了西方。当斐波纳契看到这套系统能进行罗马数字系统根本无能为力的运算时，他开始全身心地学习这套系统。为了向地中海沿岸的顶尖阿拉伯数学家求教，斐波纳契走遍了埃及、叙利亚、希腊、西西里、普罗旺斯等地。

结果，斐波纳契写出了一本从任何标准来看都非同凡响的书。《算盘全书》向西方人展现了一个全新的世界。在这个世界里，人们用阿拉伯数字代替希伯来、希腊、罗马字母进行记数和运算。这本书在意大利乃至全欧洲迅速吸引了一批数学家拥趸。

《算盘全书》远不止是一本关于怎样读、写新数字的入门读物。斐波纳契开篇就说明了怎样通过数字的位数判断量级。后面各章则更复杂一些,介绍了整数和分数运算、比例法则、开平方和开高次方,甚至还有一次和二次方程的解法。

这本书尽管内容精妙新颖,但如果仅仅着眼于理论,那么顶多也只能在数学专家的小圈子内流行。实际上,由于斐波纳契在书中融入了许多实用案例,这本书收获了大量热心拥趸。例如,他展示了新数字在商业活动中的诸多创新应用,包括计算利润率、兑换货币、换算重量和尺寸,甚至计算利息——尽管当时很多地方禁止高利贷。

腓特烈二世聪明而富有创意,《算盘全书》的内容正合此类人士的胃口。腓特烈二世从1211年到1250年在位,其间既有残酷无情、迷恋权力的一面,也有喜爱科学、艺术、政治哲学的另一面。在西西里,他捣毁了所有私人武装和封建城堡,向神职人员收税,还禁止神职人员担任公职。他还发展起了一套专业的官僚体系,取消了国内通行费,废除了所有阻碍进口的法规,关闭了国有垄断组织。

腓特烈二世容不下任何对手。和他的祖父——在1176年莱尼亚诺(Legnano)战役中被教皇打败后一蹶不振的腓特烈一世巴巴罗萨(Frederick Barbarossa)不同,腓特烈二世沉迷于无休止地对教皇开战。他的顽固导致他被两次开除教籍。其中第二次时,教皇格列高利九世(Gregory IX)要求废黜腓特烈二世,称他是一个离经叛道、放荡不羁的反基督者。作为对此的回应,腓特烈二世野蛮地袭击了教皇的领地,并且抓捕了一群前往罗马开会讨论废黜他的教长。

腓特烈二世周围聚集了一批当时顶尖的知识分子,他将其中许多人请到巴勒莫(Palermo)和自己共事。他建造了西西里岛上最美的一些城堡,在1224年还创办了一所培养公务员的大学,那是欧洲第一所由皇家支持的大学。

《算盘全书》令腓特烈二世着了迷。在 13 世纪 20 年代的某个时候，腓特烈二世在比萨召见了斐波纳契。会面过程中，斐波纳契解答了皇帝出给他的一些代数和三次方程题。后来，在那次会面的促动下，斐波纳契撰写了《平方数书》（意大利语 Liber Quadratorum，英语 The Book of Squares）并题献给皇帝。

斐波纳契《算盘全书》中的一段话导致了一个数学上的奇迹。这段话讨论的是，假设每一对兔子每个月繁殖出新的一对，而新的一对从两个月大时开始繁殖，那么最初的一对兔子经过一年的繁殖后，会变成多少只。斐波纳契发现，最初的一对兔子一年后有 233 对后代。

他还发现了一些更有趣的东西。他假设最初的一对兔子从两个月大时开始繁殖，然后每月繁殖出新的一对。到第四个月结束时，它们最初繁殖出的两对将开始繁殖。这一过程开始后，每个月月末的兔子对数为：1, 2, 3, 5, 8, 13, 21, 34, 55, 89, 144, 233……每个后面接着的数都是前面两个数的和。如果这群兔子持续繁殖 100 个月，那么数量将达到 354 224 848 179 261 915 075 对。

斐波纳契数列的意义远不止于娱乐。将任何一个斐波纳契数字除以紧随其后的那个，在 3 以后结果总是 0.625，而在 89 以后结果总是 0.618；在数字达到更高水平后，有更多十进制数位可以填充。⊖将任何一个斐波纳契数字除以它前面的那个，在 2 以后结果总是 1.6，而在 144 以后结果总是 1.618。⊜

古希腊人早就发现了这个比例，将其称为"黄金分割"（golden mean）。黄金分割决定了帕特农神庙（Parthenon）的比例、扑克牌和

⊖ 数字的奇妙现象之一是，如果你对 5 开平方根，得到 2.24，然后减去 1，再除以 2，结果就是 0.618。这是对斐波纳契数列的代数证明。

⊜ 计算有出入，疑原书有误。——译者注

信用卡的形状、矗立在纽约的联合国总部大厦的轮廓。大多数天主教十字架的设计也遵从黄金分割：纵臂位于横纵臂交点以上的长度除以交点以下的长度，约等于 0.618。黄金分割在自然界随处可见——花朵的形状、洋蓟的叶子，等等。它还是人体肚脐眼以上长度除以肚脐眼以下长度的比例（正常比例者是这样）。㊀

斐波纳契比例有一个颇为浪漫的表现形式——完美心形。从图 2-1 中可以看到，怎样基于一系列连续相对大小符合斐波纳契数列的正方形，画出一条螺旋线。先画两个同等大小的正方形，然后画一个毗邻的、两倍于最初正方形大小的正方形，然后画一个毗邻的、三倍于最初正方形大小的正方形，然后是五倍，以此类推。这一系列正方形的大小都符合黄金分割。然后从最小的正方形开始，用四分之一圆弧连接正方形的对角，依次画下去。

这一螺旋线出现在许多东西的形状中：特定的星系、公羊角、多种海贝、冲浪者驾驭的海浪，等等。无论最初的正方形有多大，这条螺旋线都持续扩张而形状不变。也就是说，形式独立于成长。记者威廉·霍夫（William Hoffer）曾评论道："伟大的黄金螺旋似乎是大自然在不牺牲质量的前提下扩大数量的秘诀。"[2]

有些人认为斐波纳契数列可用于许多场合的预测，特别是股市，这些预测的准确性恰能维持这方面的热情。美国甚至有一个斐波纳契协会（American Fibonacci Association），它位于加利福尼亚州的圣塔克拉拉大学（Santa Clara University），自 1962 年以来已发表数千页研究成果。

㊀ 斐波纳契比例，即较小部分相对于较大部分的比例等于较大部分相对于整体的比例。

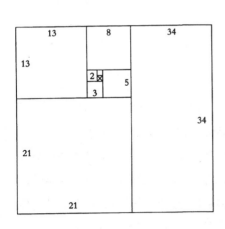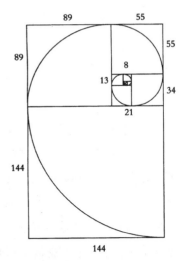

图 2-1　利用斐波纳契比例绘制一条等角螺旋线

从一个 1 单位大小的正方形开始,画一个毗邻的 1 单位大小正方形,然后画一个 2 单位的,然后 3、5、8、13、21、34 单位,沿着同一方向以此类推。

(*Repnoduced with permission from* Fascinating Fibonaccis, *by Trudy Hammel Garland; copyright 1987 by Dale Seymour Publications, P.O. Box 10888, Palo Alto, CA 94303.*)

对于使测量成为驾驭风险的关键要素,斐波纳契的《算盘全书》是至关重要的第一步。但是,那时的人类社会尚未准备好将数字与风险联系起来。在斐波纳契的年代,大多数人仍然认为,风险来自于大自然的变化无常。在接受驾驭风险的技术之前,人类必须学会认识人为制造的风险,并且获得对抗命运的勇气。只有在至少 200 年后,人类才逐渐接受驾驭风险的技术。

∵

我们只有回顾一下在斐波纳契介绍怎样区别 10 和 100 之前的那个年代,才能充分理解斐波纳契的成就的意义。不过,即使在那个年代,也有一些引人注目的创新者。

像尼安德特人（Neanderthals）那样的原始人知道怎样记数，但没有多少需要记数的东西。他们在石头或树木上刻录日子的流逝和猎物的数量。太阳帮助他们计时，而早五分钟或晚半小时对他们来说并不重要。

人类首次系统性地尝试测量和记数，发生在约公元前 1 万年。[3] 那时人类在底格里斯河和幼发拉底河、尼罗河、印度河、长江、密西西比河、亚马孙河等大河冲刷而成的谷地中定居下来，从事粮食种植。河流很快变成了贸易和旅行的高速公路，最终将更有冒险精神的那些人带往海洋。旅行者的旅程越来越长，日历时间、导航、地理学变得非常重要，它们都需要精确的计算。

神父们是最早的天文学家。从天文学，发展出了数学。当人们认识到石块和树枝上的刻痕已不够用，他们就开始将数字按 10 或 20 分组，那样更便于用手指或脚趾来计数。

虽然古埃及人成了天文学和预测尼罗河洪水等方面的专家，但是他们可能根本没想过要管理或影响未来。古埃及人的思考过程由习惯、季节性、对传统的尊重所主导，因此不注重改变。

公元前 450 年前后，古希腊人设计了一套字母记数系统，它使用 24 个古希腊字母和 3 个后来淘汰不用的字母。从 1 至 9 的每个数字都有自己的字母，10 的各个倍数也有。例如，符号"派"（pi）来自古希腊单词 penta 的首字母，这个单词代表 5；"德尔塔"（delta）来自单词 deca 的首字母，这个单词代表 10；"阿尔法"（alpha）是希腊字母表中的第一个字母，代表 1；"柔"（rho）则代表 100。这样，115 就写作 rho-deca-penta 或 $\rho\delta\pi$。希伯来人虽属于闪米特人而非印欧人，但使用的记数系统与古希腊人的类似。[4]

虽然这些字母数字有效地帮助人们建造更牢固的房屋、完成更远的旅行、进行更准确的计时，但这套记数系统受到了严重的限制。用字母进行加减乘除是一件很难的事，而且几乎无法心算。这些用来指代数字的字母只能用于记录通过算盘等其他方法算得的结果。算盘是历史上最古老的计算工具，曾长期统治欧洲的数学世界，直到印度—阿拉伯记数系统在公元1000年至1200年间传入欧洲。

算盘的工作原理是：规定每一列的算珠个数上限；在做加法时，当最右一列填满后，多余的算珠向左进一位，以此类推。我们的"借一"（borrow one）或"进三"（carry over three）等概念都源自算盘。[5]

∵

尽管这些早期数学形式受到了诸多限制，但它们仍然使得人类知识的长足进步成为可能，尤其是在几何学、天文学、导航、机械等领域。其中最引人注目的进步是由古希腊人和古埃及亚历山大港人共同取得的。迄今为止，只有基督教《圣经》的版本数和印数超过了欧几里得的《几何原本》(Elements)。

然而，古希腊人最伟大的贡献不在于科学创新。毕竟，在欧几里得出生很久以前，古埃及和古巴比伦的神庙祭司们就已对几何学有了不少研究。就连著名的毕达哥拉斯（Pythagoras）定理（直角三角形斜边的平方等于另两条边的平方之和），也早于公元前2000年就在两河流域得到应用了。

古希腊精神的独特品质是执着于证明。对古希腊人来说，"为什么"比"是什么"更重要。古希腊人之所以能提出这个终极问题，是因为古希腊文明有史以来第一个摆脱了宗教对人类心智的全面束缚。正是因为有着这样一种态度，古希腊人才会成为世界上最早的游客和殖民者，也才能将地中海变成自己的"内湖"。

结果，古希腊人拒绝人云亦云地接受前人传下来的经验法则（rules of thumb）。他们对样本不感兴趣，而是希望找到放之四海而皆准的概念。例如，仅仅通过测量，就能确认直角三角形斜边的平方等于另两条边的平方之和。但是，古希腊人要问为什么所有的直角三角形，无论大小，无一例外都是这样。欧几里得几何学就是全部围绕证明展开的。从古希腊人开始，证明，而非计算，将永远主导数学理论。

古希腊人的这一态度迥异于其他文明的分析方法，这令我们不禁再次思考：为什么古希腊人未能发现概率论、微积分甚至简单代数？原因也许是：他们虽然取得了很多成就，但是不得不依赖一套笨拙的基于字母的记数系统。罗马人受限于同样的限制，比如一个简单数字 9 要写成 IX，用到两个字母。罗马人不能将 32 写成 III II，因为别人无法判断那到底是 32、302、3020，还是 3、2、0 这三个数字的更大组合。这样的记数系统无法支持运算。

更好的记数系统直到公元 500 年前后才出现，那时印度人发展出了我们今天使用的记数系统。谁构思出了这一奇迹般的发明，什么导致它传遍了印度次大陆，这些都还是谜。在穆罕默德于公元 622 年建立伊斯兰教国家、其追随者入侵印度约 90 年后，阿拉伯人首次接触到了这些数字。

∴

这套新记数系统大大推动了西方世界的知识进步。那时的巴格达是一个伟大的学术中心，在促进数学研究与交流方面发挥了积极作用。哈里发（Caliph）聘请了犹太学者翻译托勒密、欧几里得等数学开创者的作品。主要数学专著很快传遍了阿拉伯帝国，到9、10世纪已传至西班牙。

实际上，一名西方人比印度人早至少200年提出了一套记数系统。约在公元250年时，亚历山大港的数学家丢番图（Diophantus）就撰文论述了用一套真正数字系统取代字母数字系统的好处。[6]

关于丢番图，我们知道的很少，但知道的那些很有意思。据数学历史学家赫伯特·沃伦·特恩布尔（Herbert Warren Turnbull）说，一篇关于丢番图的古希腊诙谐短诗写道："他的童年占他一生的六分之一；他的胡子在他一生的十二分之一后长出；他在一生的七分之一后结婚，五年后得子；他的儿子活到他的一半年龄时去世，四年后他也去世了。"请问丢番图活了多少岁？[7]代数爱好者可在本章末尾找到答案。

丢番图大力发展了符号代数学，却始终受到一个限制。他曾说"$4 = 4x + 20$"这个"荒谬的"等式无解。[8]果真无解？果真荒谬？这个等式要求 x 是一个负数：-4。因为丢番图没有0的概念，所以他无法从逻辑上理解负数。

丢番图的创新性见解似乎被忽视了。直到近1500年后，才有人注意到他的专著。最终，他的研究成果受到了应有的重视，他的专著在17世纪的代数学大发展中发挥了核心作用。今天我们熟知的那些代数方程式，比如"$a + bx = c$"，就称为丢番图方程。

∷

印度—阿拉伯记数系统最重要的优点是有0这个数字，印度人称其为 sunya，阿拉伯人称其为 cifr。[9]传到欧洲后，它被称为 cipher，

意思是"空无一物",指算盘上的空列。○

对于只在清点猎物、记录天数、测量距离等活动时才用到数字的人而言,0 的概念很难把握。在上述场合,0 和记数没有关系。正如 20 世纪英国哲学家阿尔弗雷德·诺思·怀特海(Alfred North Whitehead)所言:"关于数字 0,需要指出的是,我们在日常生活中并不需要用到它。没人会出门去买 0 条鱼。在某种意义上,0 是所有基数中文明程度最高的一个。正是出于高级思维模式的需要,我们才不得不使用 0。"[10]

怀特海的用词"高级思维模式"(cultivated modes of thought)表明,数字 0 的意义并不仅仅是改进了记数和运算的方法。正如丢番图所感知的那样,有了一套完善的记数系统后,数学就能发展成一门抽象科学,以及一项计量技术。0 的出现扫除了思维与进步的限制。

数字 0 从两个方面革新了旧记数系统。首先,人们只需使用从 0 到 9 这十个数字符号,就能进行所有可想象的运算,书写所有可想象的数字。其次,数列的概念产生了,比如看到 1、10、100 这三个数,你会想到接下去是 1000。有了数字 0 后,整个记数系统的结构立刻变得清晰可见。相比之下,如果你使用的是罗马数字,那么你能看一眼 I、X、C 或 V、L、D 就想到接下去是多少吗?

∷

已知最早的阿拉伯算术专著是由数学家花拉子密(al-Khowârizmî)撰写的,他生活在公元 825 年前后,比斐波纳契早 400 年。[11] 虽然受益于其著作者很少听说过他,但是我们大都间接地知道他。快速地读一下"al-Khowârizmî"试试。英语里表示"算法"的单词 algorithm

---

○ 这个阿拉伯词语甚至留在了俄语里,现在写作 tsifra,意思是"数字"。

就来源于他的名字。¹² 花拉子密是第一位制定阿拉伯数字四则运算法则的数学家。在另一本专著 Hisâb al-jabr w'almuqâbalah 中，花拉子密明确了代数方程式的演算过程。al-jabr 这个词后来演变成了英语中表示"代数"的单词 algebra。¹³

奥玛·海亚姆（Omar Khayyam）是最有名、最重要的早期数学家之一，生活在公元 1050 年至 1130 年前后，撰写了《鲁拜集》(Rubaiyat)。¹⁴ 这本诗集由令人赞叹的 75 首四行诗组成，在维多利亚时代由英国诗人爱德华·菲茨杰拉德（Edward Fitzgerald）译成了英文。《鲁拜集》的主题基本上是人生苦短、及时行乐，而非科学或数学。其中第 27 首写道：

> 当我在青春时分，也曾热访过博士圣人，炎炎的伟论听了多回；可我依然出来——由那原径。（郭沫若译本）

据菲茨杰拉德说，海亚姆曾和与他一样聪明的两位朋友——尼查姆·穆尔克（Nizam al Mulk）和哈桑·萨巴赫（Hasan al Sabbah）——一道接受教育。一天，哈桑提议说，既然他们三人中至少有一位将获得财富和权力，那么他们应该发誓"无论这样的好运降临在他们中谁的头上，那个人都应与其他人均等地分享，而不独享殊荣"。他们都就此发了誓。后来尼查姆成了苏丹的宰相，他的两位朋友找到他，要他履行誓言，他就切实履行了。

哈桑要求得到政府里的一个职位。他得到了，但他对此并不满意，最终离职而去，成了一个极端宗派的首脑，率众在伊斯兰世界散布恐怖。多年以后，哈桑试图暗杀自己的旧友尼查姆。

奥玛·海亚姆不要头衔，也不要职位。"您能赐给我的最大恩惠，"海亚姆对尼查姆说，"就是让我活在您的财富荫蔽之下的一个角落里,传播科学知识,并且为您的长寿和福气而祈祷。"虽然苏丹喜爱海亚姆的才华,对他恩宠有加,但是海亚姆放浪形骸、口无遮拦,这使他在那个时代、那个地方颇受质疑。

海亚姆利用这套新记数系统,设计了一种运算语言,并超越了花拉子密的成就,这种运算语言成了更复杂的代数语言的基础。此外,海亚姆通过技术性的数学观察,革新了日历,设计了一张三角形的数字表,用于平方、立方、更高次方的估算。这个三角形表在17世纪成了法国数学家、概率论奠基者之一布莱士·帕斯卡的概念基础。

阿拉伯人取得的巨大成就再次表明,一个理念可以走得很远,却仍然没有一个合乎逻辑的结论。为什么阿拉伯人即使已经有了先进的数学理念,也未能发展出概率论和风险管理学?我认为答案在于他们的人生观。命运、神祇、我们自己,谁决定我们的未来?只有当人们相信自己有一定程度的自由时,风险管理的理念才会生根发芽。

::

到公元1000年时,印度—阿拉伯记数系统已由摩尔人传入西班牙等地,并由撒拉逊人传入西西里。有一枚诺曼人发行的西西里硬币,标着"公元1134年",这是这套系统已知最早的实际使用例子。不过,这套系统的普及还要等到13世纪。

虽然斐波纳契的书在腓特烈大帝的支持下传遍了欧洲,但是印度—阿拉伯记数系统的引入遭到了强烈抵制,这种抵制一直延续到16世纪初。导致这种抵制的因素有两个。

首先是人们与生俱来的反对任何变化的惰性,尤其是对已使用数百年的东西。学习新方法从来不易受到欢迎。

其次是在实际使用中，与原来的字母数字相比，用阿拉伯数字更容易进行欺诈。数字 0 很容易改成 6 或 9，数字 1 很容易改成 4、6、7 或 9（欧洲人写数字 7 时要在中间加一横）。虽然教育水平较高的意大利是最早引入阿拉伯数字的地区，但是佛罗伦萨在 1229 年颁布了一道法令，禁止银行家们使用这些"异教徒"的符号。结果，许多人为了学习这套新记数系统，不得不伪装成穆斯林。[15]

15 世纪中叶，人们发明了西方活字印刷术。在这一技术的催化下，阿拉伯数字战胜层层阻力，得到了全面应用。印出来的阿拉伯数字很难篡改，同时每个人都认识到了罗马数字的复杂不便。这一突破大大促进了商业活动。花拉子密的乘法表成了每个孩子都必须学习的知识，至今如此。最后，随着概率论的萌芽，博彩活动面貌一新。

∴

关于丢番图活了多少岁的问题，可用下面这个代数方程式来解。设他去世时的年龄为 x，则有：

$$x = x/6 + x/12 + x/7 + 5 + x/2 + 4$$

解这个方程，可得他活了 84 岁。

1200～1700年
1000个事实

AGAINST
THE
GODS

第 3 章

文艺复兴时期的赌徒们

图 3-1 的这幅画是《布雷拉圣母》，其作者皮耶罗·德拉·弗朗切斯卡（Piero della Francesca）生活在约 1420 年至 1492 年间，比斐波纳契晚 200 多年。他所在的时代是意大利文艺复兴的中期，他的作品代表了 15 世纪与中世纪在精神上的分野。

弗朗切斯卡笔下的人物形象，包括这幅画中的圣母，都是活生生的人。他们的头上没有光轮，他们稳固地站在地上，他们是真人的肖像，他们占据着自己的三维空间。他们虽然在迎接圣母和圣子，但是大都似乎注意着其他事物。作者在处理这幅画的建筑空间时，一反传统手法，没有运用哥特式阴影来塑造神秘感；这幅画上的阴影旨在强化构图的分量，描绘人物所处的空间。

画中的蛋代表着繁殖力，似乎悬吊在圣母头顶上方，但具体吊在何处看不真切。为什么这些虔诚的世俗男女都没注意到头顶上方的这一异象？

图 3-1　布雷拉圣母
(Reproduction courtesy of Scala/Art Resource, NY.)

此时,古希腊哲学已被颠覆。神秘世界归于天堂,地上的男男女女成了独立个人。这些人虔诚敬神,却不卑躬屈膝——这是文艺复兴时期的艺术品中反复出现的讯息。多纳泰罗(Donatello)的雕塑《大卫》(David)是古希腊和古罗马以后最早的男性裸体塑像之一。大卫,这位《旧约》中的伟大诗人兼英雄,信心十足地站在我们跟前,落落大方地袒露着尚未发育的身体,脚下丢着歌利亚(Goliath)首级。布鲁内莱斯基(Brunelleschi)设计的佛罗伦萨主教堂穹顶,轮廓清晰宏伟,内部朴实无华,表明宗教确已落入凡尘。

文艺复兴是大发现的时代。就在皮耶罗去世那年,哥伦布扬帆远航;不久以后,哥白尼(Copernicus)彻底改变了人们对于天的认识。

哥白尼的成就离不开高超的数学技能，而数学在16世纪取得了激动人心的迅猛发展，特别是在意大利。西方活字印刷术于1450年前后传入意大利，随后大量数学经典著作被翻译成意大利语，在以拉丁语出版的同时也以通俗语言出版。数学家们就如何解复杂代数方程展开热烈的公开辩论，引得围观群众阵阵喝彩。

意大利人的这股数学热潮发端于1494年，那年一位名叫卢卡·帕乔利（Luca Paccioli）的方济各会修士出版了一本重要著作。[1] 帕乔利于1445年前后出生在皮耶罗·德拉·弗朗切斯卡的故乡圣塞波尔克罗（Borgo San Sepulcro）。帕乔利小的时候，虽然他的家人劝他为从商做准备，但是皮耶罗教他写作、艺术、历史，并叫他好好利用附近乌尔比诺宫廷（Court of Urbino）的著名图书馆。在那里，帕乔利的学业为他后来成为数学家打下了基础。

20岁时，帕乔利来到了威尼斯，为某富商的儿子们担任家庭教师。他参加了一些关于哲学和神学的公开演讲会，并且和一名私人教师一起继续学习数学。作为一名天资聪颖的学生，帕乔利在威尼斯写出了自己第一部公开发表的作品。他的伯父本尼迪托（Benedetto）是一位驻守威尼斯的军官，向他传授了建筑学和军事学的知识。

1470年，帕乔利搬到罗马继续学业。27岁时，他成了一位方济各会修士。然而他没有停下迁移的脚步。他先后在佩鲁贾、罗马、那不勒斯、比萨、威尼斯等地教授数学，后来于1496年作为一名数学教授定居米兰。在此十年之前，他就已获得了博士学位。

1494年，帕乔利的杰作《数学大全》（*Summa de arithmetic, geometria et proportionalità*）问世了。和当时大多数学术作品一样，这本书也以拉丁文写就。帕乔利在《数学大全》中盛赞了"数学伟大的抽象与微妙"，并向近300年前斐波纳契的《算盘全书》致谢。《数学大全》列出了代数学的基本原则，还包含了一张直到 60×60 的乘法表，这在印刷术传播阿拉伯记数系统的那个年代很有用。

《数学大全》的最大贡献之一是对复式簿记法（double-entry bookkeeping）的介绍。这套方法不是帕乔利发明的，但他是直到那时最全面地介绍了这套方法的人。复式簿记法的理念在斐波纳契的《算盘全书》中已呼之欲出，在一家意大利企业伦敦分公司 1305 年出版的一本书中已有阐述。无论源自何处，复式簿记法这一会计方法的革命性创新对经济有重大意义，可与 300 年后的蒸汽机问世相提并论。

在米兰时，帕乔利遇到了达·芬奇，和他结成了挚友。达·芬奇的多才多艺给帕乔利留下了深刻印象，后者盛赞前者"在空间运动、打击乐器、重量和所有力量等方面做了极有价值的工作"。[2] 他们两人一定有很多共同点，因为帕乔利对数学和艺术之间的相互关系非常感兴趣。他曾发现："如果说音乐可满足自然感官之一听觉的需求……那么'透视法'可满足视觉的需求，而这有着重要得多的价值，因为视觉是理智的第一扇门。"

遇见帕乔利之前，达·芬奇对数学所知甚少，但他对比例与几何拥有很强的直觉。达·芬奇的笔记本里满是用直尺和圆规绘制的图画，但帕乔利鼓励他掌握那些他业已凭借直觉运用的概念。据达·芬奇传记作家之一马丁·肯普（Martin Kemp）说，帕乔利猛然激发了达·芬奇对数学的兴趣，在这点上没有其他哪一位同时代的思想家比得上帕乔利。作为回报，达·芬奇为帕乔利的另一部著作《神圣比例》（*De Divine Proportione*）提供了精美的插图，那部著作于 1498 年以两部精美手抄本的形式问世，印刷版本则于 1509 年发行。

达·芬奇拥有一本《数学大全》，并且肯定极其认真地研读过它。他在笔记本中记录了自己多次尝试理解倍数和分数，从而更好地运用比例。他一度告诫自己,"要向卢卡大师学习开多次方根"。假如活在今天,达·芬奇在三年级数学课上只能勉强及格。

像达·芬奇这样的文艺复兴天才,面对基础数学也倍感吃力,这显示了 15 世纪末欧洲人对于数学的理解状况。那么,数学家们是怎样从此处起步,逐渐发展出一套对风险加以计量与控制的系统的?

∵

帕乔利感觉到了数字的巨大潜在力量。在《数学大全》中,他提出了一个问题:

> A、B 两人玩一个名为"balla"的赌博游戏。他们同意一直玩到其中一人赢了 6 盘才结束。但是,游戏实际上玩到 A 赢了 5 盘、B 赢了 3 盘时就结束了。请问赌注应该怎样分配?[3]

这道有趣的难题多次出现在 16 世纪、17 世纪数学家的作品里。它有多个变体,但问题总是一样的:在赌局未完成的情况下,怎样分配赌注?不同人给出了不同回答,引发了热烈争论。

这道题后来被称为"点数问题"(problem of the points),它远比看上去的更重要。对一场未完成的赌局,研究怎样分配赌注,这标志着人们开始系统性地分析概率——也就是我们对于某事将会发生的信心。人类终于开始对风险进行量化分析。

虽然我们能够理解,中世纪的迷信阻碍了人们对概率论的探究,但是为什么古希腊人甚至古罗马人,对类似的问题不感兴趣?

古希腊人知道,未来可能发生的事情多于将要发生的。用柏拉图的话来说就是,他们认识到自然科学是"关于可能事物的科学"。亚里士多德在《论天》(*De Caelo*)中写道:"事事如意、屡战屡胜是很难实现的。例如，要将骰子掷出 1 万次同样的点数，这几乎不可能，但要掷出一两次期望的点数，这相对容易。"[4]

其实通过简单观察，就能确认上述说法。但是古希腊人和古罗马人在玩赌博游戏时，遵从的是在今天看来根本不可理喻的规则。这很耐人寻味，因为这些游戏在整个古希腊及古罗马时代都很流行（古希腊人已熟悉正六面体骰子），为研究概率提供了现实的实验室。

想想看用距骨做成的骰子。这些骰子是长方体，有两个细窄的面和两个宽阔的面。玩游戏时，通常将四个距骨骰子一起掷出。宽面着地的概率显然大于窄面着地的概率。因此，窄面着地的得分应该高于宽面着地的得分。但是古希腊人和古罗马人对两个宽面和两个窄面赋予了同样的总点数：宽面是 1 点和 6 点，窄面是 3 点和 4 点。游戏中，得分最高、赢钱最多的是 1、3、4、6 点同时出现，而同样概率的四个 6 点或四个 1 点只赢较少的钱。[5]

虽然当时的人都知道，正如亚里士多德所言，多次连赢或连输的概率低于少数几次连赢或连输，但是这些预期都是定性的，而非定量的，"要掷出一两次期望的点数，这相对容易。"[6]虽然当时的人们乐此不疲地玩这些游戏，但似乎没有谁坐下来仔细算过概率。

造成这种现象的原因很可能是，古希腊人对实验不感兴趣；对他们来说，只有理论和证明才重要。他们似乎从来不考虑重现某一足以证明某种假说的现象，这也许是因为他们相信：人间诸事不可能有规律，精确是诸神的专利。

∷

然而到了文艺复兴时代，每个人，从科学家到冒险家，从画家到建筑师，都热衷于探究、实验、论证。那些经常玩骰子的人肯定会对点数的规律性发生兴趣。

16世纪的物理学家吉罗拉莫·卡尔达诺（Girolamo Cardano）就是其中之一。卡尔达诺仅凭对博彩的痴迷就能在风险学历史上留名，但他还在其他许多领域展现了过人才华。令人意外的是，卡尔达诺知名度并不高。他可是文艺复兴时期的代表人物之一。[7]

卡尔达诺于1500年前后出生于米兰，逝世于1576年，和本韦努托·切利尼（Benvenuto Cellini）同时代。和切利尼一样，他是最早留下自传的人之一。卡尔达诺将自己的书命名为《我的生平》（*De Vita Propria Liber*）。实际上，他对知识的好奇心远甚于他的自我价值感。

卡尔达诺很瘦，脖子较长，下嘴唇肥厚，一只眼睛上方有一粒瘊子，嗓音大得连他的朋友都抱怨。据他自己说，他患过腹泻、疝气、肾病、心悸，甚至一个乳头感染过病菌。他还称自己"暴躁、执着、好色、狡猾、精明、刻薄、劳碌、粗鲁、忧伤、奸诈、会巫术、坏脾气、惹人厌、淫荡下流、谎话连篇、阿谀奉承，和所有老男人一样唠叨不休"。

卡尔达诺是赌徒中的极品。他承认自己无节制地玩桌游和骰子，"惭愧地说，我不是偶尔玩，而是每天都玩"。骰子、纸牌、棋……每种赌具他都玩。他甚至大夸博彩的好："在我极其紧张或悲伤的时候，玩骰子带给我不少安慰。"他鄙视对他说三道四的人，了解所有作弊手法；他还特别警告说，要提防那些"用肥皂擦拭纸牌以使其便于滑动的家伙"。在掷骰子概率的数学分析中，卡尔达诺小心翼翼地给自己的研究结果加了一个条件："如果骰子是诚实的。"尽管如此，他还是输了不少钱，以至于得出结论说："最好的赌法就是不赌。"他也许是史上第一位对运气型游戏写出严肃分析论文的人。

卡尔达诺远远不止是一个赌徒、一个兼职数学家。他是当时最有名的物理学家。教皇和欧洲各个皇室都曾邀请他任职，但都被他婉拒了，因为他知道自己不长于宫廷密谋。他提供了最早关于斑疹伤寒症状的临床描述，写了一些关于梅毒的文章，并且发展了一套新的疝气手术方法。此外，他认识到："一个人关键是他的心智。心智不正常的话，一切都不会好；心智正常的话，一切都会好。"他是最早倡导沐浴的人之一。当他于1552年受邀前往爱丁堡为苏格兰大主教治疗哮喘时，他根据自己关于过敏的知识，建议大主教将床单料子从羽毛换成无纺丝，将枕头套材质从皮革换成亚麻布，并且使用象牙发梳。离开米兰赴爱丁堡之前，他为自己的服务签约收费每天10枚金克朗。但当他服务约40天后离开时，他的病人满怀感激地付给他1400枚金克朗，还送了他许多贵重礼物。

卡尔达诺一定是个忙碌的人。他写了131部正式出版的书，自称烧毁了170多部未出版的作品，身后还留下111部未出版的手稿。卡尔达诺作品涉及的主题极为广泛，包括数学、天文学、物理学、尿、牙齿、圣母玛利亚（Virgin Mary）的生平、耶稣基督的占星预言、道德准则、败德行为、古罗马皇帝尼禄（Nero）、音乐、梦。他最为畅销的一本书是论文集《事物之精妙》（*De Subtilitate Rerum*），讨论科学、哲学、迷信、怪诞故事等，出到了第6版。

卡尔达诺有两个儿子，他们都给他带来了痛苦。在《我的生平》中，卡尔达诺这样描写他偏爱的大儿子吉亚姆巴蒂斯塔（Giambattista）："右耳失聪，双目小而翻白，左脚仅有二趾，第三、四趾粘连，背部微驼。"吉亚姆巴蒂斯塔之妻对他不忠；她承认，他们的三个孩子没有一个是她丈夫亲生的。度过了三年地狱般的婚姻生活后，吉亚姆巴蒂斯塔命仆人在烤蛋糕时加入砷，然后亲自喂蛋糕给其妻吃，其妻即刻身亡。卡尔达诺拼尽全力去救儿子，但吉亚姆巴蒂斯塔对自己的罪行供认不讳，救无可救。在前往斩首台的路上，他被剁下左手，百般折磨。卡尔达诺的小儿子奥尔多（Aldo）屡次抢夺其父财产，入狱至少八次。

卡尔达诺的年轻门生洛多维科·费拉里（Lodovico Ferrari）是一位聪明的数学家，14岁时，费拉里来到卡尔达诺身边侍奉他，自称为"卡尔达诺的作品"。他多次就卡尔达诺的观点与其他数学家辩论，一些权威专家认为卡尔达诺的很多想法其实应归功于费拉里。但是，费拉里的陪伴未能纾解卡尔达诺的儿子们给他带来的痛苦。费拉里花钱如水，放荡不羁，在一场酒吧斗殴中失去了右手的所有手指，43岁时被自己的姐妹或情人毒杀。

∷

卡尔达诺的数学著作《大术》(Ars Magna)于1545年问世，那时哥白尼正在出版关于行星系的研究成果，维萨留斯（Vesalius）正在发表关于人体解剖的论文。五年前，"+""−"这两个符号首次由英国人罗伯特·雷科德（Robert Record）在《艺术基础》(Grounde of Artes)一书中提出。17年后，雷科德在《砺智石》(Whetstone of Witte)一书中提出用"="代表等于，因为"没有哪两样东西比一对平行线更相等了"。[8]

《大术》是文艺复兴时期第一部重要的代数学专著。在这部书里，卡尔达诺探讨了三次和四次方程的解法，甚至讨论了负数的平方根，这些概念在阿拉伯数字传入前根本不存在，当时对很多人来说仍很神秘。[9]那时的代数符号还很原始，每个作者采用自己的符号，但卡尔达诺引入了a、b、c，今天的代数课学生对它们非常熟悉。令人意外的是，卡尔达诺未能解答帕乔利那道关于balla赌局的难题。他确实做了尝试，但和同时代的其他著名数学家一样失败了。

卡尔达诺写过一本关于博彩的专著，名为《论赌博游戏》(Liber de Ludo Aleae)。单词 aleae 就是指骰子游戏。源于同一词根的 aleatorius 泛指运气型游戏。这些词发展成了现在的 aleatory，它指结果不确定的事件。因此，古罗马人无意中用他们那优雅的语言，将赌博和不确定性联系在了一起。

《论赌博游戏》称得上概率论的开山之作，但其中并未出现"概率"(probability)这个词，而是通篇在讨论"机会"(chance)。英语单词 probability 的拉丁词根由 probare（尝试、证明、认可）和 ilis（能够）组成，卡尔达诺很可能是从可证明、值得认可等角度来理解这个词的。概率与随机之间的联系是运气型游戏的核心，在《论赌博游戏》出版后的 100 年里却没有得到普遍重视。

据加拿大哲学家伊恩·哈金（Ian Hacking）说，probability 一词的拉丁词根意味着某种似乎"值得认可"的东西。[10] 这个词承载了这一含义多年。哈金举丹尼尔·笛福（Daniel Defoe）1724 年小说《罗克珊娜》(Roxana)中的一段话为例。这部小说的女主人公在说服一位富翁照料她后说道："我真的是第一次见识舒适生活的模样，那真的很值（probable）。"此处的含义是，她获得了更值得尊敬的生活方式，用哈金的话来说就是"与早年的邋遢生活相比大大进步了"。[11]

哈金还引用了另一个例子来说明 probability 的词义变迁。[12] 伽利略明确使用了 probabilità 一词，指出哥白尼的日心说是"不可能成立"（improbable）的，理由是它与人们肉眼所见的太阳围着地球转相悖。不到一个世纪后，德国学者莱布尼茨称哥白尼的假说是"最有可能成立的"（incomparably the most probable）。哈金写道，在莱布尼茨看来，"可能性是由证据和推理所决定的"。[13] 实际上，德语单词 wahrscheinlich（可能性）很好地表达了这一概念，它从字面上直译成英语，意思是"随着真相的浮现"。

概率的含义总是带着这样的二重性：一重是预测未来，另一重则是解释过去；一重与我们的看法相关，另一重则与我们的实际知识相关。这一对比在本书中将多次出现。

第一重含义下，概率指的是相信或认可某一想法的程度，这是概率的"本能观"。学者们使用"认识论"（epistemological）一词表达这个意思：认识论指不能完全分析的人类知识的极限。

概率的第一重含义远比第二重古老，对概率进行计量的想法很晚才出现。第一重含义源自关于认可的看法：对于我们知道的东西，我们能接受多少？在伽利略看来，概率是我们对获知的信息能认可多少的问题。而在莱布尼茨看来，概率是我们对证据能给予多少信任度的问题。

直到数学家从理论上研究过去事件的发生频率，第二重含义才得以浮现。卡尔达诺也许是研究概率统计的第一人，但是他始终凭借本能来估算未来的概率，而不是基于统计结果。

卡尔达诺感觉到自己正在触及某个宏大事物。他在自传中说《论赌博游戏》是他最重要的作品之一，还称自己"发现了1000种惊人现象背后的原因"。请注意他的用词"背后的原因"。这本书中关于结果频率的事实是任何赌徒都知道的，但用于解释频率的理论却不是。卡尔达诺在书中发了一通理论家的惯常牢骚："这些事实有助于我们了解状况，却无助于实战。"

卡尔达诺说自己早在1525年就写了《论赌博游戏》，后来于1565年改写了一遍。这本书具有很高的原创性，但在很多方面一团糟。卡尔达诺用一堆草稿"攒"成了这本书，其中问题的解答方法五花八门，并且没有一套系统性的数学符号。这本书没有在卡尔达诺在世时出版，而是在他去世后从他的手稿堆里找出来的，于 1663 年在巴塞尔首次出版。到那个时候，其他人已在概率论领域取得了令人瞩目的进展，而卡尔达诺的开创性努力却少有人知。

如果卡尔达诺的作品早 100 年分享给其他数学家，那么他对赌博概率的研究成果将大大加快数学和概率论的进步。他第一个定义了用分数来表示概率的传统格式：有利结果的数量除以可能结果的总数。例如，我们说掷硬币时正面和背面朝上的概率是 50/50，两种结果的出现概率相等。从整堆牌中抽到王后的概率是 1/13，因为一共 52 张牌里有四张王后；抽到黑桃王后的概率则为 1/52，因为整堆牌里只有一张黑桃王后。

让我们跟随卡尔达诺的推理思路，看他怎样讲述骰子游戏中每一局的概率。⊖以下这段话摘自《论赌博游戏》的第 15 章 "关于掷骰子"。他讲了一些没人提出过的基本原理：

> 总面数的一半始终代表着平等。因此，掷三次骰子，出现某一点数的概率是相同的，掷一次骰子，出现三个点数中某一个的概率也是相同的，因为总面数始终是 6。例如，我掷出 1、3 或 5 点的概率和掷出 2、4 或 6 点的概率是相等的。如果骰子是诚实的，那就根据此平等性下注。[14]

循着这条思路向前，卡尔达诺计算了一次掷出任意两个点数的概率，比如掷出 1 或 2。答案是 1/3 或 33%，因为这个问题涉及骰子六个面中的两个。他还计算了用一个骰子连续掷出有利点数的概率。连续两次掷出 1 或 2 的概率是 1/9，即 1/3 的平方。连续三次掷出 1 或 2 的概率是 1/27，即 1/3 的三次方。连续四次掷出 1 或 2 的概率则是 1/3 的四次方。

接着，卡尔达诺计算了用一对骰子掷出一个 1 或一个 2 的概率。

⊖ 对技术性讨论不感兴趣的读者可以跳过这部分，内容完全连贯。

如果用一个骰子掷出一个 1 或一个 2 的概率是 1/3，那么直觉告诉我们，用两个骰子掷出一个 1 或一个 2 的概率应该大一倍，即 2/3 或 67%。而实际上，正确的答案是 5/9 或 55.6%。因为有 1/9 的概率出现两个 1 或两个 2，而任何一个骰子为 1 或 2 点的概率已经被考虑了，所以必须从直觉告诉我们的 67% 中减去 1/9，即 1/3 + 1/3 – 1/9 = 5/9。

卡尔达诺进一步研究了更多骰子的情况，以及连赢更多局的情况。最终，他根据自己的实验发现，将研究成果归纳成了概率理论。

从一个骰子发展到一对骰子，这是卡尔达诺分析工作中的关键一步。让我们更仔细地回顾一遍他的推理过程。虽然一对骰子共有 12 个面，但卡尔达诺并未将掷出一个 1 或一个 2 的概率定义为仅限于 12 种可能的结果。他认识到，两个骰子可能第一个 3 点、第二个 4 点，还有同等的概率出现第一个 4 点、第二个 3 点。

一对骰子所有可能出现的组合总数远远大于总面数 12。卡尔达诺认识到了数字组合的强大威力，这是他在发展概率论的过程中最重要的一步。

掷双骰子游戏（craps）很好地体现了组合在计算概率时的重要性。如卡尔达诺所说，掷一对六面骰子，可能得到的点数组合不是 11 种（从 2 点到 12 点），而是 36 种，从"蛇眼"（两个 1 点）到"箱车"（两个 6 点）。

一对骰子掷出点数之和为 7 的概率最大，是两个 1 点或两个 6 点的 6 倍，是 11 点的 3 倍。7 点和 11 点都是掷双骰子游戏中的关键数字。两个骰子合计 7 点的组合有 6 种：6 + 1、5 + 2、4 + 3、3 + 4、2 + 5、1 + 6。请注意参与组合的点数只有三对：5 和 2、4 和 3、1 和 6。两个骰子合计 11 点的组合只有两种：5 + 6、6 + 5，但参与组合的点数只有一对。至于两个 1 点和两个 6 点，则各仅有一种组合。掷双骰子游戏的爱好者最好牢记表 3-1。

表 3-1 每次掷出一对骰子的总点数概率

总点数	概率
2	1/36
3	2/36 或 1/18
4	3/36 或 1/12
5	4/36 或 1/9
6	5/36
7	6/36 或 1/6
8	5/36
9	4/36 或 1/9
10	3/36 或 1/12
11	2/36 或 1/18
12	1/36

在另一种掷两个骰子的游戏"双陆棋"（backgammon）中，单个骰子的点数和两个骰子的合计点数都作数。例如，当两个骰子被掷出后，有 15 种出现一个 5 点的不同情况：

5 + 1

5 + 2

5 + 3

5 + 4

5 + 5

5 + 6

1 + 5

2 + 5

3 + 5

4 + 5

6 + 5

$$1+4$$
$$4+1$$
$$2+3$$
$$3+2$$

因此在双陆棋中，一对骰子掷出一个 5 点的概率是 15/36 或约 42%。[15]

在这里，词语的含义很重要。正如卡尔达诺所言，出现某一结果的概率（probability）是有利结果数对机会总数的比例，赔率（odds）则是有利结果数对不利结果数的比例。显然，赔率取决于概率，但你在下注时应该考虑的是赔率。

在双陆棋中，如果出现一个 5 点的概率是 15/36，那么出现一个 5 点的赔率就是 15∶21。在掷双骰子游戏中，如果出现一个 7 点的概率是 1/6，那么不出现 7 点的赔率就是 5∶1；这就意味着，当对方下注 5 美元赌下一次掷骰子不会出现一个 7 点时，你应最多下注 1 美元赌出现一个 7 点。掷一枚硬币时，出现正面的概率是 50/100；因为正反面的赔率相等，所以绝不要下比对手更大的注。

赌马时，如果一匹劣马的赔率是 20∶1，那么它得胜的理论概率就是 1/21，即 4.8%，而不是 5%。但在现实中，它得胜的概率远低于 5%，因为马赛和掷骰子不同，不能在客厅里进行，而是需要一条赛道，因此赛道拥有者和牌照发放者都要优先从赌金池中抽头。如果你按照每匹马的赔率计算它们的得胜概率，比如 20∶1 的赔率对应得胜概率 4.8%，然后将所有马的得胜概率加总，你会发现和大于 100%。这里 100% 以上的部分就是赛道拥有者和牌照发放者的抽头。

第3章 文艺复兴时期的赌徒们

::

我们永远无法知道，卡尔达诺写《论赌博游戏》到底是为了向赌徒们提供一本风险管理入门书，还是为了创作一部关于概率法则的理论作品。就赌博在他生命中的重要性来看，游戏规则肯定是激发他灵感的主要因素。但应该不会仅此而已。赌博为风险的量化分析提供了理想的实验室。卡尔达诺具有强烈的求知欲，他在《大术》中大胆地探索了复杂的数学原理，这表明他的视野肯定不局限于赌桌。

卡尔达诺的《论赌博游戏》以实验模式开始，以组合理论结束。该书针对概率在运气型游戏中的作用，运用数学手段，第一次尝试对风险进行量化。通过这一过程，卡尔达诺成功地推动了风险管理的进步。无论他是出于什么动机，这本书都是一项原创性、里程碑式的成就。

但这个故事真正的主人公并非卡尔达诺，而是他身处的时代。让他有所发现的机会其实已存在了数千年。早在卡尔达诺撰写《论赌博游戏》的至少300年前，印度—阿拉伯记数系统就已传入欧洲，缺少的只是思想的自由、实验的热情、驾驭未来的欲望，它们直到文艺复兴时期才得到释放。

::

在概率研究领域，最后一位重要的意大利人是伽利略（Galileo）。他生于1564年，和莎士比亚同龄。那时的卡尔达诺已是耄耋老者。[16] 和许多同龄人一样，伽利略喜欢实验，密切关注周围的一切。他甚至尝试用自己的脉搏来计时。

1583年的某一天，伽利略在比萨的教堂里做礼拜时，对头顶上的一盏吊灯产生了兴趣。随着微风吹拂，那盏吊灯的摆动幅度时大时小，呈不规则变化。伽利略注意到，不管幅度有多大，每一次摆动的时长都完全一样。基于这一偶然发现，伽利略发明了钟摆。在随后的30年里，人类计时的平均误差从每天15分钟缩小至每天不到10秒。这样，时间与科技融合起来了。这就是伽利略喜欢做的事。

大约40年后，当伽利略担任比萨大学的首席数学家及托斯卡纳大公科西莫二世（Cosimo Ⅱ）的特聘数学家时，他写了一篇关于赌博的短文，以"为委托我研究此问题的那位阁下效劳"。[17]这篇短文的标题是《关于骰子游戏的思想》(Sopra le Scoperte dei Dadi)，用意大利文而非拉丁文写就，这表明伽利略并不重视此项课题，认为它不值得认真考虑。他似乎在完成一项索然无味的例行公事，帮助自己的雇主科西莫二世在赌博中赢钱。

在这篇文章中，伽利略着力回顾了卡尔达诺的研究。虽然卡尔达诺关于赌博的专著要再过40年才出版，但伽利略很可能已经注意到他的成就。历史学家、统计学家弗洛伦斯·南丁格尔·戴维（Florence Nightingale David）曾说，卡尔达诺思考这些想法多年，想必也与朋友们讨论过。另外，卡尔达诺是一位颇受欢迎的演讲者。因此，当时的其他数学家即使没有读过《论赌博游戏》，也很可能知道其中的内容。[18]

像卡尔达诺那样，伽利略试着掷一个或多个骰子，得出了关于各种结果出现频率的一般结论。在此过程中，他指出任何数学家都能通过这个方法得出同样结论。显然，到了1623年，关于随机事物概率的观念已经深入人心，因此伽利略觉得不再有什么可被发现的了。

然而事实是，当时还有许多东西有待发现。研究概率和风险的风气扩散到了法国、瑞士、德国、英格兰，新颖的想法迅速涌现。

17、18世纪的法国是一个"数学大爆炸"的地方，所取得的创新成就远远超越了卡尔达诺的掷骰子实验。微积分和代数的进步催生了一批抽象概念，为概率的现实应用提供了基础，这些现实应用涵盖了保险、投资、医学、遗传学、分子行为学、战争、天气预报等诸多领域。

第一步是设计一套测量技术，用于测算在不确定的未来中可能隐藏着多大程度的秩序。人们从17世纪就开始尝试设计此类技术。例如在1619年，一位名叫托马斯·盖特克（Thomas Gataker）的清教牧师发表了颇有影响力的著作《抽签的本质及用途》（*Of the Nature and Use of Lots*），声称决定运气型游戏结果的不是神圣法则（divine law），而是自然法则（natural law）。[19] 到了17世纪末，也就是卡尔达诺离世约100年、伽利略离世近50年后，概率分析领域的重大问题都得到了解答。接下来需要解答的则是这样一个问题：人类怎样认识并应对自己所面临的种种概率？这就是风险管理学和决策学的终极问题。在解答这个问题的过程中，计量与直觉的平衡成为焦点。

第 4 章

法国人接力

卡尔达诺和伽利略都没有意识到,自己离发明有史以来最强大的风险管理工具——概率论——只有一步之遥。卡尔达诺对一系列实验的结果进行了重要的归纳,但他的兴趣仅仅在于发展出一套赌博理论,而非概率理论。伽利略则连赌博理论都不感兴趣。

伽利略逝世于 1642 年。12 年后,三名法国人在概率分析领域狂飙突进,本章就介绍这一进步。而再过不到 10 年,概率论就发展成熟了,开始应用于各个领域。一位名叫惠更斯(Huygens)的荷兰人在 1657 年出版了一本流传甚广的概率教科书(牛顿在 1664 年认真阅读了这本书);几乎在同一时期,莱布尼茨正在思考将概率应用于法律问题的可能性;1662 年,巴黎波尔 – 罗亚尔(Port-Royal)修道院的修士们发表了一部开创性的哲学与概率论著作——《逻辑》(*Logic*)。1660 年,一位名叫约翰·格朗特(John Graunt)的英国人发表了自己的研究成果,他对地方教堂保存的人口死亡记录进行了统计归纳。到 17 世纪 60 年代末,传统上靠出售年金保险来融资的荷兰城镇已能为这些保单提供可靠的精算依据。到 1700 年，如前文所述，英国政府已通过出售寿险年金保险为预算赤字融资。

那三名法国人背景迥异，但都将目光投到了赌桌以外，系统性地研究了概率理论。第一位是布莱士·帕斯卡，聪明的放浪子，后来成了宗教狂热分子，最终拒绝运用理性。第二位是皮埃尔·德·费马，成功的律师，数学只是他的副业。第三位是德·梅尔骑士，贵族，喜爱数学和博彩。第三位的名声主要基于他提出了一个将另外两人引上发现之路的问题。

帕斯卡和费马都无须用实验来证明自己的假说。与卡尔达诺不同，他俩利用归纳法，开创了一套概率理论。这套理论主张用具体、客观的数字来衡量概率，这和将决策基于主观判断之上的做法大相径庭。

::

著名的数学家兼哲学家帕斯卡生于 1623 年，那时伽利略的《关于骰子游戏的思想》即将杀青，宗教战争刚刚结束。帕斯卡的前半生是在数学职业与宗教迷信的对立中度过的。虽然他是极聪明的数学家，被誉为"几何学大师"，但他的人生最终为宗教热情所主导。[1]

帕斯卡小时候就是个神童，对形状和数字非常着迷，在屋顶瓦片上写写画画就独立发现了欧几里得几何学的大部分内容。16 岁那年，他撰写了一篇关于圆锥体的数学论文，连伟大的笛卡尔（Descartes）也对他刮目相看。

帕斯卡的父亲是一名数学家兼征税官。当时实行包税制，征税官先向君主垫付资金（相当于播下种子），然后从全体公民手中收取税金

（相当于收获庄稼，期望其最终价值超过种子的成本）。

帕斯卡在十几岁时发明了一台计算器，用来帮助其父进行账目求和。这台申请了专利的古怪装置通过齿轮转动来做加减法，有点像今天电子计算器的前身——机械计算器。年轻的帕斯卡还在他的机器上发展出了乘法和除法功能，甚至开始设计开平方功能。不过因为造价过于昂贵，这台计算器未能得到商业化的推广，否则后来250年的簿记人员将大大受益。

认识到自己儿子的天才后，帕斯卡的父亲在他14岁时将他介绍进了一个每周研讨小组。这个小组的聚会地点是耶稣会神父马林·梅森（Marin Mersenne）的家，靠近巴黎的皇家宫殿。17世纪前5年，梅森神父成了全世界的科学与数学中心。除了每周邀请大学者们来家聚谈，他还通过信函向各类人等通报重要的新发现。[2]

当时还没有学术社团、专业期刊及其他交流知识与想法的手段，梅森对新科学理论的发展和传播做出了重要贡献。巴黎的法国科学院（Académie des Sciences）和伦敦的英国皇家学会（Royal Society）在梅森去世约20年后成立，直接起源于梅森的活动。

在梅森神父家里，布莱士·帕斯卡关于高等几何学和代数学的早期论文引起了一些重量级数学家的重视。但是，他很快对另一事物着了迷。1646年，他的父亲在冰上摔了一跤，折断了髋骨，请来的接骨师们恰巧是天主教詹森派（Jansenists）的成员。他们相信，世人只能通过禁欲苦行、奉献牺牲、坚守诚实正派之道来得救。他们宣扬，一个人若不持续追求更高层次的纯洁，则将滑回到邪恶中。在他们看来，情感与信仰都很重要，而理性阻挡了通往救赎之路。

詹森派接骨师为老帕斯卡接好髋骨后，在他家住了三个月，向他的儿子传教。布莱士·帕斯卡狂热地接受了他们的教义，义无反顾地抛弃了数学、科学以及纨绔子弟的游乐生活。他的全部注意力都集中到了宗教上。他不停地思考此类问题："是谁将我放在了这里？我处在这个时间、这个空间，是因为谁的命令与许可？这些无尽空间的永恒寂静令我恐惧。"[3]

这种恐惧与日俱增，结果在 1650 年，27 岁的帕斯卡出现了局部身体麻痹、吞咽困难、严重头痛等症状。医生建议他放弃苦行、恢复游乐，他立马照做了。当他的父亲离世时，他对自己的妹妹说："我们不该像没有希望的异教徒那样悲伤。"[4] 恢复了游乐生活的帕斯卡比从前更为不羁，成了巴黎赌桌上的常客。

帕斯卡还重拾了对数学及相关学科的研究。在一项实验中，他证明了真空的存在，那是自亚里士多德断言"自然厌恶真空"以来备受争议的问题。在那次实验的过程中，他展示了不同海拔的气压可用真空管中的水银来测量。

∷

大约在此时，帕斯卡认识了德·梅尔骑士，后者颇以自己的数学本领和在赌场中计算赔率的能力为傲。在 17 世纪 50 年代末致帕斯卡的一封信里，德·梅尔自夸道："我在数学中发现了古代最博学的人也没想过的东西，它们已令欧洲最棒的数学家大吃一惊。"[5]

莱布尼茨对德·梅尔骑士颇有印象，曾说他是"一名头脑犀利的赌徒兼哲学家"。但莱布尼茨肯定随即改变了看法，因为他接着说："德·梅尔骑士在给帕斯卡的那封信里的臭架子让我几乎忍俊不禁。"[6]

帕斯卡同意莱布尼茨的看法。在一封给同事的信中，帕斯卡写道:"德·梅尔骑士非常聪明,却不精通几何学,这是一个重大缺陷。"[7] 帕斯卡在此处用了学者批评门外汉的口吻。但不管怎样,他低估了德·梅尔。[8]

不过,正是通过帕斯卡的叙述,我们才知道了德·梅尔对概率的直觉。这位骑士反复下注于自己略占优势的结果,而那些结果在他的对手看来只是随机出现的。据帕斯卡说,德·梅尔知道,掷一个骰子4次,你掷出一个6的概率会超过50%,达到51.774 691 36%。这位骑士的策略是掷多次骰子以积累小胜,而不是将大笔资金押在少数几注上。那种策略也要求资本雄厚,因为你可能连续掷多次骰子也出不来一个6,然后6可能扎堆出现,使得出现6的平均概率达到50%以上。[9]

德·梅尔尝试了一种新做法,下注于掷一双骰子24次出现一对6(sonnez),他认为出现这一结果的概率高于50%。他在大输特输后才意识到,掷一双骰子24次出现一对6的概率其实只有49.14%。他如果赌掷25次的话,掷出一对6的概率就是50.55%,他会大发其财。风险管理的历史就是有输也有赢。

德·梅尔骑士初次遇见帕斯卡时,正在与一群法国数学家讨论帕乔利的"点数问题":两个玩"balla"对赌的人,在游戏未结束时就终止它,此时该怎样划分赌注?那时还没人拿出答案来。

帕斯卡虽然对点数问题很着迷,但不想独自研究它。在今天的世界里,它会成为某个学术团体的年会议题。而在帕斯卡的年代里,不存在此类论坛。一小群学者可能在梅森神父家中讨论这个问题,但广为接受的程序是与其他数学家展开私密通信,以便他们提供有用建议。1654年,帕斯卡找到了梅森神父圈子里的皮埃尔·德·卡尔卡维（Pierre de Carcavi），后者介绍帕斯卡认识了图卢兹的律师皮埃尔·德·费马。

费马是帮助帕斯卡解答点数问题的最佳人选。他极为博学，[10]会说欧洲的所有主要语言，甚至用其中一些作诗，写了大量关于古希腊和古罗马文学的评论文章。此外，他还是一位杰出的数学家。他独立发明了解析几何学，为微积分的早期发展做出了贡献，研究过地球的重量，还钻研过光学。在与帕斯卡的长期通信中，费马为概率论的发展做出了重大贡献。

但费马的巅峰之作是在数论领域中。数论研究的是数与数之间关系的底层结构。这些关系带来无数个谜，其中一些至今未获解答。例如，古希腊人发现了一些"完美数"（perfect numbers），它们恰等于自身所有因数之和，比如 6 = 1 + 2 + 3。6 后面的下一个完美数是 28 = 1 + 2 + 4 + 7 + 14。第三个完美数是 496，第四个是 8128，第五个是 33 550 336。

古希腊数学家毕达哥拉斯发现了"友好数"（amicable numbers），它们彼此等于对方的所有因数之和。例如，284 的所有因数（1、2、4、71、142）之和为 220，而 220 的所有因数（1、2、4、5、10、11、20、22、44、55、110）之和为 284。

迄今无人能为找到全部完美数或友好数设计出规则，也无人能解释它们的所有不同序列。类似的困难也见于质数，即 1、3、29 等只能被 1 及自身整除的数字。费马一度认为，自己也许发现了一个总会产生一个质数解的公式，但他无法从理论上证明该公式总会产生一个质数解。他的公式产生了 5、17、257、65 537、4 294 967 297 这五个质数。

费马最有名的成就是提出了"费马大定理"（Fermat's Last Theorem）。他在丢番图的著作《算术》边缘上草草写下了这条容易表述但极难证明的定理。

毕达哥拉斯最早指出，直角三角形斜边的平方等于两条直角边的平方之和。二次方程研究的先驱丢番图曾写过一个类似的表达式：$x^4 + y^4 + z^4 = u^2$。费马问道："为什么丢番图不写两个（而是三个）四次方之和等于一个平方？这其实是不可能的，我用我的方法完全可以证明。"[11] 费马观察到，毕达哥拉斯写的 $a^2 + b^2 = c^2$ 是正确的，但 $a^3 + b^3$ 不会等于 c^3，高于 2 的任何整数都不行：毕达哥拉斯定理仅适用于平方。

于是费马写道："我对此有个真正非凡的想法，但书页的这点边缘写不下了。"[12] 他留下这条简评后，别的数学家花了 350 多年时间冥思苦想，试图从理论上证明一条已由大量实验支持的定理。1993 年，英国数学家安德鲁·怀尔斯（Andrew Wiles）声称在 7 年的艰苦攻坚后解开了这道难题。怀尔斯的成果于 1995 年 5 月发表在《数学年刊》（Annals of Mathematics）上，但数学家们一直到今天还在争论怀尔斯到底取得了什么成就。

与其说费马大定理是一个对世界如何运行的发现，不如说它是一个引人探究的奇物。相比之下，费马和帕斯卡联手对点数问题的解答已造福人类多年，为现代保险业及其他风险管理手段奠定了基石。

∴

点数问题的解答始于对以下这一点的认识：balla 赌局停止时领先的玩家在赌局继续的情况下有更大的获胜概率。但是，领先玩家的获胜概率比对手大多少？落后玩家的获胜概率有多小？这些问题怎样最终转化为预测学？

1654年帕斯卡与费马之间关于此主题的通信在数学史上有划时代意义。作为对德·梅尔骑士好奇心的回应，他们构建了一套系统性的方法来分析未来结果。当可能发生的事情比将要发生的多时，帕斯卡和费马给了我们一套程序来确定每个可能结果的发生概率（始终假设各个结果可用数学来衡量）。

他俩从不同角度研究点数问题。费马完全依靠代数学，而帕斯卡则更为创新：运用几何方式来展现基本的代数结构。帕斯卡的方法很简单，广泛适用于各种概率问题。

这一几何代数背后的基本数学概念，早在费马和帕斯卡采用它很久之前，就已为人所认识。奥玛·海亚姆在大约450年前就考虑过。1303年，中国数学家朱世杰（Chu Shih-chieh）利用名为"四元玉鉴"（Precious Mirror of the Four Elements）的方法求解该问题。卡尔达诺也提到过此类方法。[13]

朱世杰玉鉴又称"帕斯卡三角形"（Pascal's Triangle）。帕斯卡曾自夸道："谁都别说我毫无新意。这个学科的安排就是新的。当两个人打网球时，球是同一个，但两个人的球技会分高下。"[14]

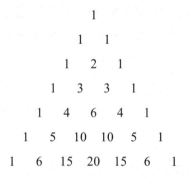

第一眼看到帕斯卡三角形时，你可能觉得很复杂，但它的基本结

构其实很简单：每个数字都是上一行左右两个数字之和。

概率分析始于列出一个事件的所有可能结果，即卡尔达诺所说的"圈子"（circuit）。那就是帕斯卡三角形中每一行的数列所要表达的。第一行表示一个确定结果的概率。此处只有一个可能的结果，不确定性为0，因此无须分析概率。第二行展示了概率为50—50的情形，例如生男孩和生女孩的概率相等，抛硬币正面朝上和背面朝上的概率相等。在只有两种可能结果的情况下，出现其中任何一种结果的概率都是50%。

从这个三角形顶端往下，适用同一个规律。第三行显示了一个二孩家庭可能出现哪几种男女孩组合。将第三行的所有数字加总，表明有四种出现概率相同的组合：两个男孩、两个女孩、姐姐和弟弟、哥哥和妹妹。现在，四种结果里有三种包含至少一个男孩（或一个女孩），因此一个二孩家庭里有至少一个男孩（或一个女孩）的概率为75%，一个男孩加一个女孩的概率则为50%。具体结果显然取决于数字的组合方式，卡尔达诺对此已有认识，但其成果在帕斯卡着手钻研此课题时还未发表。

沿着这条思路下去，就能解开点数问题。我们不妨将问题的背景从帕乔利的balla赌局移到棒球场上来。在美国职业棒球大联盟世界大赛（World Series，以下简称"世界大赛"）中，你的球队如果输掉了第一场比赛，那么赢得冠军的概率还有多少？假设两支球队像运气型游戏中那样势均力敌，则这个问题等同于费马和帕斯卡研究的点数问题。[15]

因为另一支球队已经赢了一场比赛，所以世界大赛的结果将由六场（而非七场）比赛中的四场来决定。六场比赛的胜负结果有多少种可能的排列组合？怎样的结果才能使你的球队赢得需要的四场胜利？你的球队可能赢得第二场，输掉第三场，然后连赢三场。也可能先输两场，然后连赢四场。还可能直接连赢四场，获得最终胜利。

六场比赛的胜负结果有多少种可能的组合，这个三角形已告诉我们。我们要做的，就是找到对应的那一行。

注意三角形中的第二行（50—50）代表独生孩子家庭，或掷1枚硬币1次，这些情况下都只有两种可能的结果。下一行显示某家有2个孩子或掷1枚硬币2次时的分布情况，此时共有4种结果，即2的平方。再下一行显示某家有3个孩子或掷1枚硬币3次时的分布情况，此时共有8种结果，即2的三次方。至于世界大赛剩余6场比赛的结果，对应那行的合计数为64，即2的六次方，意味着有64种可能的胜负排列。㊀那一行显示如下数字：

1　6　15　20　15　6　1

别忘了，你的球队需要再胜4场才能赢得世界大赛，而你的对手只需再胜3场。这行开头的数字1表示你的球队全胜、你的对手全输的排列只有1种。第二个数字6表示你的球队赢得世界大赛、你的对手仅再胜1场的排列共有6种（Y代表你的球队胜，O代表你的对手胜）：

OYYYYY　YOYYYY　YYOYYY　YYYOYY　YYYYOY　YYYYYO

而你的球队再胜4场、你的对手再胜2场的排列共有15种。

㊀ 数学家会指出，此处帕斯卡实际上给出了一个二项展开式（binomial expansion），即 $(a+b)$ 的连乘系数。例如，第一行是 $(a+b)^0 = 1$，第四行是 $(a+b)^3 = 1a^3 + 3a^2b + 3ab^2 + 1b^3$。

所有其他可能的排列中，你的对手都至少胜 3 场，你的球队都没拿下所需的 4 场。这意味着，你的球队在先输 1 场的情况下，赢得世界大赛的可能结果排列有 1 + 6 + 15 = 22 种，而你的对手夺冠的可能结果排列有 42 种。因此，你的球队后来居上赢得世界大赛的概率为 22/64，略高于三分之一。

这些例子中有些并不合理。当你的球队连胜 4 场时，就已赢得了世界大赛，为什么还要打 2 场？

虽然现实中没有球队会再打 2 场毫无必要的比赛，但是如果不从数学上考虑所有可能性，就得不到一个逻辑上圆满的解答。正如帕斯卡在给费马的信中所说，数学法则一定主导着球员的心愿，在比赛中得到体现。帕斯卡断言："如果真要再比两场，那么球员们根本不会卖力，因为它们的结果一点儿也不重要。"

∷

帕斯卡和费马两人在通信时，心中一定充满了探求新知的激情。费马曾在给卡尔卡维的信里写道："我相信帕斯卡能够解答他手里的任何问题。"在一封给费马的信中，帕斯卡称，"您的数学思想……远远超出了我的理解。"帕斯卡还在别处称费马"异常睿智，极其优秀，是欧洲顶级的几何大师之一"。

除了数学，帕斯卡还对宗教和道德深有研究。而费马还是一位法学家。根据他们的解答，在帕乔利的未终结 balla 赌局中，如何分配赌注涉及道德权利问题。虽然玩家很容易将赌注均分，但这个解决方案不能为帕斯卡和费马所接受，因为它对于赌局停止时幸好处于领先地位的玩家不公平。[16]

帕斯卡对这些道德问题直言不讳，但在发表意见时字斟句酌。他在评论中指出："我们必须考虑的第一件事是，玩家的钱一旦投入了赌局，就不再属于他们了……但他们得到了期待好运降临在自己头上的权利，这是由他们一开始就约定的规则所决定的。"如果他们决定在赌局尚未结束时就停止赌博，那么他们将重获自己投入赌局的资金的所有权。此时，"决定他们各将拥有多少钱的规则应该符合他们可期望拿回的钱的比例……这才是公平的分配方法。"这一方法的依据正是概率论原理。

显然，帕斯卡和费马的解答带有风险管理的色彩，尽管他们并未刻意从风险管理的角度去思考问题。不管是玩balla游戏，还是交易IBM股票、建工厂、接受阑尾切除术，当规则不明确时，只有傻瓜才会冒风险。

但在道德问题以外，帕斯卡和费马给出的解答可推广至众多需要计算概率的场合，包括涉及多于两名玩家、两支队伍、两种性别、两个骰子的场合。他们的理论分析远远超越了卡尔达诺，后者仅仅说明了两个骰子各掷一次（或一个骰子掷两次）有 6^2 种点数组合，三个骰子各掷一次（或一个骰子掷三次）有 6^3 种点数组合。

这一系列信件的最后一封于1654年10月27日写就。不到一个月后，帕斯卡感受到了某种神秘体验。他将此事描述为"禁欲，彻底且甜蜜"，并将这几个字绣在了自己大衣胸口内侧。他放弃了数学和物理学，告别了安逸生活，断绝了朋友来往，卖掉了除宗教图书外的所有个人财产，不久后遁入巴黎的波尔－罗亚尔修道院。

但老布莱士·帕斯卡的人生轨迹还在延续。他建立了巴黎的第一条商业巴士线路，其利润全部流入了波尔－罗亚尔修道院。

1660年7月，帕斯卡来到了克莱蒙费朗（Clermont-Ferrand），那儿离费马在图卢兹的住所不远。费马给帕斯卡写信，提议在两座城市之间的某处见面叙旧，但帕斯卡在8月回信道：

> 我不太记得有几何学（即数学）这类东西。我觉得几何学无甚大用，几何学家和能工巧匠之间并没有什么不同。虽然我将几何学称为世上最好的技艺，但它毕竟只是一门技艺而已。我很可能再也不会关注几何学了。[17]

∴

帕斯卡在波尔-罗亚尔修道院里，将自己对人生和宗教的思考汇集成书，这就是《思想录》（*Pensées*）。[18]伊恩·哈金说，帕斯卡写这本书时，在两张纸的正反面上"以不同方向写满了各种想法，然后反复涂改"。这部分后来被称作"帕斯卡的赌注"（le pari de Pascal）。帕斯卡在这里问道："上帝要么存在，要么不存在。我们应该倾向于哪一边？理性无法回答。"

借助对balla游戏结果的概率分析，帕斯卡将此问题描述成了一个运气型游戏。他假定这个游戏一直玩下去，永不结束。这种情况下，掷一枚硬币，你该对哪一面下注？是正面（上帝存在）还是反面（上帝不存在）？

哈金断言，帕斯卡回答这个问题时的分析思路正是决策论的发端。哈金说："决策论是在结果不确定的情况下决定做什么的理论。"[19]做这样的决定正是风险管理中最基本的第一步。

有时我们依据过去的经验做决策，考虑自己或别人做过的实验。但我们无法通过实验来证明上帝存在与否。因此，我们只能考察信或不信上帝的未来后果。我们也无法回避这个问题，因为所有活着的人都在这个游戏里。

帕斯卡分析说，信仰上帝并非一个决定。你不能在某个清晨醒来后突然宣布："今天我决定信上帝。"你要么信，要么不信。因此，需要决定的，是是否选择一种将导致你信仰上帝的生活方式，比如与虔诚的信徒在一起，仅靠"圣水和圣餐"过活。践行这些准则的人就是在赌"上帝存在"，不能践行它们的人就是在赌"上帝不存在"。

要在"上帝存在"和"上帝不存在"中选一个，只有一个法子：看看哪一个能带来更多利益，即使两者的概率是 50—50。帕斯卡在此基础上一步步推导出了自己的结论。⊖如果上帝不存在，那么无论你谨守教规还是放荡不羁，都不重要。但如果上帝存在，那么你要是赌上帝不存在，拒绝虔诚禁欲的生活方式，你就是在冒遭受永恒诅咒的风险，而赌赢上帝存在的人可能得救。因为得救显然比遭受永恒诅咒好，所以正确的决定是按上帝存在的情况生活。"我们应该倾向于哪一边？"答案对于帕斯卡来说显而易见。

∴

帕斯卡将巴士线路的利润悉数捐给了波尔 – 罗亚尔修道院。[20] 1662 年，这所修道院里的修士出版了《逻辑或思维的艺术》（*La logique, ou l'art de penser*）一书，这部重要作品从 1662 年到 1668 年连出五版。⊖这本书的作者没有被公布，据信主要（但非唯一）的作者是安东尼·阿尔诺（Antoine Arnauld），哈金称他"也许是那个时代

⊖ 此时帕斯卡预见到了丹尼尔·伯努利 1738 年在决策分析上的历史性突破，我们将在第 6 章对此详细介绍。

⊖ 这本书的拉丁名是 *Ars Cogitandi*。

最聪明的神学家"。[21]这本书迅速被译成其他语言,传遍了整个欧洲,直到19世纪还被用作教科书。

《逻辑或思维的艺术》一书的最后部分包含了关于概率的四章,探讨了怎样从有限的一组事实中推导出假说,这个推导过程今天被称为"统计推断"(statistical inference)。这几章还讨论了"正确地运用理性来确定何时接受人的权威"的规则,解释神迹的规则,解读历史事件的依据,以及计量概率的方法。[22]

这本书的最后一章描述了一场赌局,10名玩家各下注1枚硬币,希望赢得其他玩家的9枚硬币。作者指出,"输掉1枚硬币的概率是赢得9枚的9倍。"[23]虽然这个例子无关紧要,但这句话赢得了不朽地位。据哈金说,这是人类首次在印刷物上"对概率进行计量"。[24]

那段话变得不朽的原因不仅在于此。作者承认自己描述的赌局无关紧要,但他将其与自然现象类比。例如,遭受雷击的概率微乎其微,但"许多人一听到雷声就惊恐万分"。[25]作者随即断言,"对遭受伤害的恐惧应该与两个因素成正比:一是伤害的严重程度,二是事件发生的概率。"[26]这里出现了另一个重大的创新想法:影响决策的因素既包括严重程度,也包括发生概率。换言之,一个决策既要基于我们期盼出现某一结果的强烈程度,也要基于我们对该结果出现概率的相信程度。

我们对某事物的期盼程度后来被称为效用,很快其地位就不仅限于作为概率论的基础,而是发展成了所有决策及风险理论的核心。后面各章中,效用这个概念将反复出现。

∷

历史学家喜欢提到"功亏一篑"的情况,即某件极其重要的事情几乎就要发生，却由于某种原因最终没有发生。帕斯卡三角形的故事就是一例。我们已看到了怎样预测一个家庭可能的男孩和女孩数量。我们也看到了当世界大赛进行一部分后，怎样预测可能的最终结果（对于势均力敌的队伍）。

简言之，我们已经在做预测！帕斯卡和费马手持着一把钥匙，它通往一种系统性的方法，这种方法可用于计算未来事件的概率。尽管他们没能将这把钥匙转到底，但他们将它插进了钥匙孔。他们的开创工作使后人在商业管理、风险管理（特别是保险）等领域受益良多，而波尔－罗亚尔修道院的《逻辑》就是重要的第一步。对于帕斯卡和费马而言，预测经济趋势或利用概率预测经济损失的想法过于遥远，所以他们根本不会意识到自己"功亏一篑"。只有我们在回顾历史时才会看到，他们曾那么接近一个极其重要的成就。

人永远无法逃脱未来的不确定性，因此永远不能将命运从我们的希望和恐惧中完全驱赶出去。但在1654年以后，人们再也不依靠胡言乱语来做预测了。

第 5 章

杰出人士的伟大理念

我们都不得不基于有限的信息做决策。要判断一整瓶红酒是否适合饮用，我们只要抿一口甚至嗅一下即可。追求配偶的时间通常短于未来共同生活的时间。从几滴血中提取的 DNA 信息可用于指证或开脱谋杀案件的嫌疑人。民意调查员只要与 2000 个人面谈，就能了解全国民众的想法。道琼斯工业指数仅包含 30 只成分股，但我们用它来衡量无数家庭及金融机构所拥有的数万亿美元财富的涨跌变化。乔治·布什（George Bush）总统只需嚼几口西兰花，就能判断这种蔬菜不合自己的口味。

大多数重要决策都离不开抽样。若要等到喝完一整瓶红酒后，才判断它是否适合饮用，那不免有点晚了。医生不能在抽光患者的血液后，才确定开什么药方或测出 DNA 信息。布什总统不能每月举行全民公决以了解选民的想法，也不能在吃光全世界的西兰花后才确定自己不爱吃。

抽样是冒险的基础。我们根据现时和过去的样本猜测未来。我们常说"平均来看",但我们所指的平均值有多少可靠?我们做判断时所依据的样本有多少代表性?究竟什么是"常态"?若一个人将脚放在烤箱里,将头放在冰箱中,你能说"平均来看"他感觉良好吗?在盲人摸象的故事中,每个盲人都只有大象的不同微小样本,故得出的结论谬以千里。

∴

统计抽样的历史非常悠久,而 20 世纪的抽样技术远比以往发达。早期最有意思的抽样活动是由英格兰国王或其指定代理人进行的"硬币抽样检查"(Trial of the Pyx),这一套程序由爱德华一世(Edward Ⅰ)于 1279 年明确。[1]

这项检查旨在保证英国皇家造币厂(Royal Mint)所铸硬币的黄金成色达到该厂公布的标准。"pyx"一词源自希腊语,本义是"盒子",此处指盛放待抽检硬币的容器。那些硬币从造币厂的产品中随机抽取,在检查过程中与"国王的金条"对比,后者存放在威斯敏斯特教堂里上了三道门锁的"盒子小教堂"(Chapel of the Pyx)内。这项检查允许硬币对于黄金成色标准有一定程度的偏离,因为很难确保每一枚硬币都精确地符合标准。

帕斯卡和费马通信的 8 年后,在 1662 年,出现了意图更宏大、影响更深远的统计抽样程序。那一年,有一本名为《关于死亡率的自然观察和政治观察》(*Natural and Political Observations Made upon the Bills of Mortality*)的小书在伦敦出版。这本书包含了自 1604 年至 1661 年的伦敦人口出生与死亡数据,以及对这些数据的解读。在统计学和社会学的历史上,这本小书是一个重大突破。它探讨了抽样方法的运用和概率的计算,如今这些方法已成为风险管理的基础,体现在保险、环境风险评估、复杂衍生品设计等每一种风险管理手段中。

《关于死亡率的自然观察和政治观察》的作者约翰·格朗特既不是统计学家，也不是人口学家，因为当时还不存在这两门学科。[2] 他也并非数学家、精算学家、科学家、大学教师或政治家。格朗特那年42岁，自成年以来一直从事纽扣、针线等货物的商业贸易。

格朗特肯定是一位精明的商人。他赚到了足够的钱，因此能钻研一些自己的兴趣。据当时的传记作家约翰·奥布里（John Aubrey）说，格朗特是一个"非常机敏好学的人，每天早起钻研学问，言谈幽默流畅"。[3] 格朗特和当时最杰出的一些知识分子成了密友，其中包括威廉·配第（William Petty），他帮助格朗特解决了人口统计中的若干复杂问题。

配第是一个不平凡的人。他最初是一名物理学家，后来担任过爱尔兰的土地测量员和解剖学及音乐教授，在爱尔兰战争期间通过投机积累了可观的财富。配第著有《政治算术》，这本书为他赢得了现代经济学创始人的称号。[4]

格朗特的书至少出了5版，在英格兰本土和海外都有拥趸。配第于1666年在巴黎的《学者杂志》（Journal des Sçavans）上发表了一篇书评，启发法国人于1667年开展了类似的调查。格朗特的成就引起了广泛的关注，以至于查理二世（Charles Ⅱ）提名格朗特加入刚成立的英国皇家学会（Royal Society）。该学会的会员们实际上并不情愿接纳一名商人，但国王告诫他们道："如果你们找到更多这样的商人，你们就该毫不迟疑地全部接纳他们。"格朗特就达到了这样的高度。

英国皇家学会起源于约翰·威尔金斯（John Wilkins）在瓦德汉学院（Wadham College）组织的一个精英学者俱乐部。[5] 这个俱乐部是巴黎梅森神父的小团体的翻版。威尔金斯成功将这个非正式组织转型成了17世纪末涌现的诸多科学学会中的第一个和最著名的一个。法国科学院就是仿照英国皇家学会创立的。

威尔金斯后来成了奇切斯特主教（Bishop of Chichester），但他更重要的身份是一名早期科幻小说家，他的作品里穿插着概率知识。他于1640年发表的《发现月球中的世界》（*The Discovery of a World in the Moone*）试图论证月球上可能存在另一个适合居住的世界。威尔金斯还尝试设计过一艘能进军北冰洋的潜艇，这比儒勒·凡尔纳（Jules Verne）还要领先。

::

我们不知道是什么促使格朗特研究伦敦的出生与死亡数据，但他承认自己"在从死亡率表推导出种种意外结论的过程中获得了很多乐趣"。[6] 但他也有一个认真的目标："要了解不同性别、国家、年龄、宗教信仰、行业、等级或学历的人数。通过了解这些信息，可使贸易和政务更加稳定可期，因为如果人们知道上述信息，他们就能预知消费，从而有的放矢地开展贸易。"[7] 格朗特很可能是提出"市场研究"这一概念的第一人，他向政府提供了第一个关于可应征入伍人数的测算数字。

各个教区的教堂早就开始积累关于出生与死亡的信息了，伦敦城从1603年起就按周记录数据。荷兰也有相关数据，各个城镇通过人寿年金融资，保户一次性付费购买保单，然后由自己或受益人终身领取年金。法国的教堂也保存了洗礼和死亡的记录。

据伊恩·哈金说，格朗特和配第根本不知道帕斯卡或惠更斯，但

"无论是受上帝感召,还是受赌局、商业、法律启发,同样一种思想同时在多个大脑中生根发芽了"。[8]而格朗特显然选择了一个最佳时机来发布并分析关于英格兰人口的重要信息。

格朗特很可能并不知道,自己是抽样理论的创新者。事实上,他研究了死亡率表的全部数据,而非部分样本。但是,他运用前所未有的方法,对原始数据进行了系统性的推理。他的数据分析方法为统计学奠定了基础。[9]英语中的 statistics(统计学)一词就源自对国家情况的量化分析。格朗特和配第可以被认为是这一重要研究领域的联合开创者。

在格朗特所处的时代,英格兰正从农业社会向工业社会转型,社会结构日益复杂,海外领地和企业越来越多。哈金指出,只要税收基于土地面积,就不会有谁关心土地上有多少人。例如,征服者威廉(William)在1085年开展了大调查(形成了名为"末日审判书"(Domesday Book)的报告),对象包括地籍图——不动产所有权和价值的登记簿,却丝毫不关心所涉及的人口数量。

然而,随着越来越多的人进入城市,人口统计开始变得重要。配第提到,人口统计学可帮助测算有多少男子达到了服兵役年龄,以及全社会的纳税潜力有多大。但对于首先是一个商人的格朗特而言,生意机会比政治考量更重要。

还有一个因素影响了他们。在格朗特发表《关于死亡率的自然观察和政治观察》的两年前,查理二世结束了流放生涯,从荷兰返回英格兰。在复辟时期(the Restoration),英国人最终摆脱了被清教徒强加的知识禁锢。绝对主义(absolutism)与共和主义(republicanism)的消亡在全国催生了新的自由观和进步观。巨额财富跨越重洋,从美洲、非洲、亚洲的殖民地来到英国。28岁的艾萨克·牛顿（Isaac Newton）正在引导人们以新的方式看待自己身处的星球。查理二世天性爱好自由，奉行享乐主义，史称"快活王"（Merry Monarch）。

该是人类站起来环顾四周的时候了。约翰·格朗特这么做了，他开始统计。

::

格朗特的书为社会学、医学、政治学、历史学的学生提供了宝贵素材，但其最大的创新是对抽样的运用。格朗特认识到，手头的数据只占所有在伦敦出生或死亡的人的一部分，但那没有妨碍他根据已有数据推导出关于整体的结论。他的分析方法今天被称为"统计推断"（statistical inference）：从一组样本数据，推断出总体的估计值。后来的统计学家研究出了怎样计算估计值与真实值之间的可能误差。格朗特通过自己的开创性研究，将采集信息的简单过程转化成了强大、复杂、用于解释世界的工具。

格朗特采集的原始数据来自伦敦城从1603年开始记录的"死亡率表"（Bills of Mortality）。恰巧在那一年，伊丽莎白女王驾崩。也是在那一年，伦敦遭遇了极其严重的瘟疫。在此情况下，获取公共卫生状况的准确信息变得越发重要。[10]

死亡率表记录了致死原因和死亡人数，以及每周受洗的儿童数。图5-1和图5-2展示了1665年内两周的数据。㊀在9月12～19日这周，有7165人死于瘟疫，130个教区中仅4个未出现疫情。[11]

㊀ 关于1便士可购买多少面包的信息为估算生活成本提供了标准。在我们自己的时代，用一揽子商品和服务作为标准。

图 5-1　1665 年 4 月 11 ～ 18 日一周的数据

图 5-2　1665 年 9 月 12 ～ 19 日一周的数据

(Reproduction courtesy of Stephen Stigler.)

格朗特对致死原因尤其感兴趣，特别是那场可怕的大瘟疫。此外，他非常关心人们时刻处于瘟疫威胁之下的生存状态。例如，对于 1632 年，他列出了近 60 种致死原因，包括犬咬、虫咬、受惊、饥馑等，以及 628 例"年老而死"。在 1632 年，只记录了 7 宗"谋杀"和 15 宗"自杀"。

格朗特观察到"伦敦很少有人被谋杀，而巴黎很少有不发生悲剧的夜晚"。格朗特将此归功于伦敦城的政府和市民卫队，以及"大多数英国人对于谋杀和所有流血事件的天生、习惯性的憎恶"。格朗特说，就连英国革命期间的篡权者也没有处决太多人。

格朗特给出了特定年份因瘟疫而死的人数。最多的是 1603 年，当年 82% 的葬礼是为瘟疫死者举行的。从 1604 年到 1624 年，有 229 250 人死于各种疾病和意外，其中三分之一的人死于儿童疾病。

而在其他疾病致死的人中，儿童占了一半。因此格朗特得出结论："大约36%的快速受孕儿在6岁前死亡。"只有不到4000人死于"外部的不幸事件，如癌、瘘管、疮、溃疡、四肢折断或擦伤、脓肿、淋巴结核、麻风、头癣、水痘等"。

格朗特认为，急性瘟疫的流行或许反映了"国家、气候、空气、食物的状况"。他还观察到，饿死的人不多，"这座城里有成群结队的乞丐，他们大多看起来健康、强壮"。他建议国家教他们"根据各人自己的条件和能力"参加工作。

格朗特在评论了各种意外事件的发生率（他认为大多和职业有关）后，指出"我们的死亡率表中有一项死因，平时被谈论得很多，实际的影响却似乎并不大"。这项死因就是法国花柳病，一种梅毒。格朗特很想知道，为什么记录中很少人死于这种病，而"许多人都被感染了"。他的结论是：记录为因疮或溃疡而死的人其实大多死于性病，诊断记录只是委婉其词而已。据格朗特说，只有那些"被大众深恶痛绝的人"才会被当局确认死于这种其实相当普遍的疾病。

虽然死亡率表提供了相当丰富的数据，但格朗特对手头数据的缺陷有清楚的认识。比如，医学诊断存有不确定性，"即使是教区内最聪明的人，也很难仅通过验尸来确定死者生前患有哪些疾病"。此外，只有英格兰国教会（Church of England）的洗礼被记录了下来，而不信奉国教者（Dissenters）和天主教会的则没有记录下来。

∷

格朗特的成就确实了不起。正如他自己所言，"我找寻到了一些真相，以及一些通常没人相信的观点，它们在我研究这些受人忽视的记录时浮现出来，引导我进一步思考这些知识能给世界带来什么福利。"他的分析包括不同年份不同疾病的发生率、瘟疫期间伦敦的人口流入与流出量、男性人口对女性人口的比例等。

格朗特还首次对伦敦的人口数量进行了合理测算，指出了人口统计数据对于判断伦敦人口增减趋势以及"伦敦人口是否已足够多或太多"的重要性。他还认识到，对总人口数的测算有助于判断任何个人被瘟疫击倒的可能性。为了检验研究结果的可靠性，他尝试了多种测算方法。

他的方法中有一个基于如下假设：能生育的妇女人数是出生人数的两倍，因为"这些妇女很少在两年内生育多于一个孩子"。[12] 平均而言，每年的葬礼数约为 13 000 场，基本上等于每年因瘟疫以外的原因而死亡的人数。他注意到出生人数通常少于葬礼数，于是任意地选取了 12 000 作为出生人数的平均值，这意味着有 24 000 名能生育的妇女。他估计每一个"家庭"平均有 8 名成员，包括仆人和房客在内。他还估计家庭的总数是有一名育龄妇女的家庭数的两倍左右。这样，48 000 个由 8 名成员组成的家庭可给伦敦增加约 38 400 人。这个数字也许过低，但它大概比当时普遍认为的伦敦有 200 万人更靠谱。

格朗特的另一个方法是审视一张 1658 年的伦敦地图，同时估计每 100 平方码⊖土地上居住着 54 个家庭，即每英亩⊜约 200 人。基于以上，可测算出伦敦城墙以内居住着 11 880 个家庭。死亡率表显示，13 000 例死亡中有 3200 例发生在城墙内，即 1∶4 的比例。11 880 乘以 4，得到 47 520 个家庭。格朗特是否根据第一个方法的结果进行了回算？我们无从得知。

∴

格朗特未使用过"概率"这个词，但显然熟知此概念。他的观点与

⊖ 1 平方码≈0.836 127 平方米。

⊜ 1 英亩≈4046.8564 平方米。

波尔－罗亚尔修道院《逻辑》中对人们过度害怕雷电的评论不谋而合：

> 鉴于很多人生活在对一些重大疾病的深深恐惧与忧虑中，我将20年里每一种重大疾病的死亡人数与总死亡人数229 520相比较，以此说明最好了解一下罹患各种重大疾病的危险大小。

他在另一处评论道："考虑到任何人多活10年的可能性是一样的，我猜想任何10个人中有1个在1年内死去的可能性也是一样的。"[13] 在这之前，从未有人以这样的方式提出一个概率问题。格朗特未提供详细的推理，因为他向读者保证要"言简意赅，不掺杂任何冗长的推导过程"。但他此处的意图极具原创性。他尝试测算平均预期寿命，而死亡率表未提供该数据。

格朗特基于"大约36%的快速受孕儿在6岁前死亡"的结论和"大多数人在75岁前死去"的猜测，创建了一张表，列示了一个100人的群体中从6岁到76岁的存活者数量。为了便于比较，表5-1中最右侧列出了美国1993年同样年龄层的数据。

表 5-1　比较数据

年龄	格朗特	1993 年
0	100	100
6	64	99
16	40	99
26	25	98
36	16	97
46	10	95
56	6	92
66	3	84
76	1	70

资料来源：For Graunt, Hacking, 1975, p.108; for 1993. " This Is Your Life Table," *American Demographics*, February 1995, p.1.

没人知道格朗特怎样编制了自己的那张表,但他的测算结果广为流传,被认为是靠谱的猜测,促使配第坚决主张由政府建立一个中央统计机构。

配第自己也曾尝试估算人们出生时的平均预期寿命,但抱怨说:"我的工具和素材太有限,不足以完成这项工作。"[14] 配第使用了"可能性"(likelihood)一词,将自己的估算建立在爱尔兰某一教区数据的基础上。他于1674年向英国皇家学会报告,人们出生时的预期寿命为18岁。相比之下,格朗特的测算值为16岁。[15]

格朗特的数据改变了英国人对自己国家的认识。在此过程中,他开启了对本国社会问题及解决之道的研究。

格朗特开创性地提出了在不确定条件下做决策所需的主要理论概念。抽样、平均、常态,这些概念组成了统计分析科学大厦的基础结构,帮助人们利用信息来做决策,并且影响人们对未来事件发生概率的相信程度。

::

大约在格朗特出版《关于死亡率的自然观察和政治观察》的30年后,出现了另一部与之类似,但对风险管理史更为重要的作品。该书作者埃德蒙·哈雷(Edmund Halley)是一位著名科学家,熟悉格朗特的工作,有能力继续推进他的分析。不过,若没有格朗特的开创工作,哈雷也许不会想到要做此类研究。

虽然哈雷是个英国人,但他使用的数据来自当时德国东部的西里西亚小镇布雷斯劳(Breslau,当时拼作 Breslaw)。自第二次世界大战结束以来,这个小镇是波兰领土,现名弗罗茨瓦夫(Wrozlaw)。布雷斯劳的神父们长期保留了一个做法，即详细记录每一年的出生与死亡人数。

1690年，布雷斯劳一位名叫加斯帕尔·诺曼（Caspar Naumann）的科学家兼神职人员研究了本地的记录，希望"破除当今关于月相及所谓'高潮'年份对健康的影响的迷信"。诺曼将自己的研究结果寄给了莱布尼茨，后者将它们转寄给了伦敦的英国皇家学会。[16]

诺曼的数据很快引起了哈雷的注意。哈雷当时只有35岁，但已是英格兰最负盛名的天文学家之一。正是他于1684年说服艾萨克·牛顿出版《自然哲学的数学原理》，牛顿在这本书中首次提出了万有引力的概念。哈雷用自己有限的财力负担了这本书的全部出版成本，承担了校对任务，为此还推迟了本职工作。历史学家詹姆斯·纽曼（James Newman）猜测，没有哈雷的努力，《自然哲学的数学原理》一书也许根本不会面世。

哈雷是个公认的天文学神童。他作为本科生入学牛津大学王后学院（Queen's College）时，还带着自己的24英寸㊀望远镜。然而，他还没拿到学位就离开了牛津大学，去南半球研究天象，凭研究结果赢得了卓著声誉，那时他还未满20岁。到22岁时，哈雷已是英国皇家学会会员。牛津大学在1691年拒绝聘哈雷任教，理由是他的"物质享乐主义"观念有违该校的正统宗教信条。但牛津大学最终在1703年转变态度，聘请他为教师。1721年，哈雷成了格林尼治天文台的皇家天文学家。同时，他依靠英王的命令得到了学位。

哈雷一直活到了86岁。他似乎是一个快乐的人，精神矍铄，活力四射，交游甚广，朋友包括俄罗斯的彼得大帝。1705年，在一篇关

㊀ 1英寸 = 2.54厘米。

于彗星轨道的开创性著作中,哈雷列举了 1337 年和 1698 年之间出现的一共 24 颗彗星。其中分别于 1531 年、1607 年、1682 年出现的 3 颗非常相似,哈雷判断它们其实是同一颗。关于这颗彗星的观测报告早在公元前 240 年就有了。哈雷预测这颗彗星将于 1758 年重现,而当它如期而至时,全世界都轰动了。以哈雷命名的这颗彗星每 76 年扫过天空一次。

布雷斯劳记录实际上不在哈雷的主要工作范围内,但他已经答应英国皇家学会为其刚创办的学术期刊《哲学学报》(*Philosophical Transactions*)撰写一系列论文,且正在四处搜寻值得一写的主题。哈雷知道格朗特的工作中有一些瑕疵,而格朗特自己也承认那些瑕疵的存在。于是,哈雷决定借此机会为《哲学学报》写一篇关于布雷斯劳数据的论文,对社会数据进行一番分析。

格朗特由于缺乏可靠的伦敦总人口数据,不得不依赖零星信息进行估算。他有各种原因所导致的死亡人数,但没有关于死亡年龄的完整记录。鉴于不断有人流入和流出伦敦,格朗特的估算的可靠性难免受到质疑。

莱布尼茨转交给英国皇家学会的材料中,包含了布雷斯劳自 1687 年至 1691 年每个月的数据,哈雷说它们"看来是尽心尽力认真记录的"。这些数据涵盖了所有死者的年龄和性别,以及每年的出生人数。哈雷指出,布雷斯劳远离大海,因此"很少有陌生人汇集"。布雷斯劳出生人数只比"葬礼"数高出一点,人口远比伦敦稳定,缺少的只是总人口数。哈雷相信,那些出生与死亡人数足够准确,可以依据它们可靠地测算总人口数。

哈雷发现,在一段 5 年的期间内,平均每年出生 1238 人,死亡

1174人，出生人数比死亡人数多64，他猜测"这个差额也许被皇帝征兵打仗抵消了"。哈雷进一步研究了每年出生的1238人，以及死亡人数的年龄分布，判断"出生者中只有692人活到6周岁以上"。这比格朗特估算的64%活到6周岁以上低了一大截。此外，在布雷斯劳，每年有约一打人死于81至100岁之间。哈雷基于估计的每年死亡者年龄分布状况，大致推测出布雷斯劳的总人口数为34 000人。

随后哈雷设计了一张表，"从出生至高龄"按年龄段分析人口。哈雷称这张表有多种用途，"比我知道的任何其他东西都更能反映人类的状况"。例如，这张表提供了多少男子处于适合服兵役的年龄的有用信息（9000人），哈雷认为这一9/34的人口估算比例也"适用于其他地区"。

哈雷的分析蕴含了概率理念，最终进入风险管理领域。哈雷称自己的表"显示了任何年龄的一个人在一年里不死亡的概率"。例如，25岁年龄组的这个数字是567，26岁年龄组的这个数字是560，差值只有7，这意味着一个25岁的人在一年内死亡的概率是7/567，即25岁的人活到26岁的赔率是80∶1。将给定年龄作为基期，运用同样的差值法，可估算出一个40岁的人活到47岁的赔率（此例中为51.5∶1）。

哈雷将分析工作向前推进了一步，他写道："如果想知道某一年龄的人有一半的可能性活到多少岁，那么这张表也能回答。"例如，30岁的人有531个，一半就是265人。在表中找到265人的年龄组，在57到58岁之间。他据此断言："一个30岁的人有一半的可能性再活27～28年。"

哈雷接下来的一层分析至关重要。这张表可用于为不同年龄段确定人寿保险的价格。"一个 20 岁的人不在一年内死亡的赔率是 100∶1,而一个 50 岁的人不在一年内死亡的赔率是 38∶1。"基于每年的死亡概率,这张表为计算年金价值提供了必要信息。此刻,哈雷进入了对年金估值的详细数学分析,包括覆盖一人、二人及三人的年金。同时,他称将为减少繁杂的数学运算提供一张算法表。

此项工作其实早该有人做了。最早关于年金概念的记录出现在公元 225 年,当时顶尖的罗马法学家乌尔比安(Ulpian)编制了一套权威的预期生命表。随后的 1400 多年里,乌尔比安的生命表一直被奉为圭臬!

哈雷的工作有效地启发了欧洲大陆的人计算预期寿命,但英国政府当时却对他的生命表不屑一顾。英国希望仿照荷兰通过年金融资的做法,出售一批将用 14 年时间还清最初购买价的年金,以求筹集 100 万英镑,而对不同年龄的买家适用完全一样的合同!结果,融资成本对政府来说极其高昂。然而,向所有人以同样价格出售年金的政策在英格兰一直延续到了 1789 年。出生时预期寿命约为 14 岁的假设至少比先前的假设更合理。早在 1540 年,英国政府还出售过用 7 年时间还清购买价的年金,也是对不同年龄的买家适用同样的合同。[17]

在哈雷生命表于 1693 年登上《哲学学报》后,又过了一个世纪,各国政府和保险公司才将基于概率的预期寿命纳入考虑范围。像哈雷彗星那样,哈雷生命表也不是在空中一闪而过就再也不回来了。哈雷对简单数字的研究已成为今天寿险业数据大厦的基石。

∷

1637 年的一个午后,当格朗特年仅 17 岁、哈雷尚未出生时,一位名叫卡诺皮亚斯(Canopius)的克里特(Cretan)学者坐在牛津大学贝利奥尔学院(Balliol College)的办公室里,为自己冲了一杯浓咖啡。于是卡诺皮亚斯被认为是英格兰喝咖啡的第一人。咖啡很快就风靡英国,伦敦出现了数百家咖啡馆。

卡诺皮亚斯的咖啡与格朗特、哈雷或风险有什么关系?很简单:有一家咖啡馆孕育了伦敦劳合社(Lloyd's of London),它在两个多世纪里一直是最负盛名的保险公司。[18] 保险这种业务完全依赖抽样流程、平均值、观察的独立性,以及吸引格朗特研究伦敦人口、哈雷研究布雷斯劳人口的常态理念。保险业务在格朗特和哈雷发表研究成果的同时迅速发展,这并非巧合,而是那个时代商业与金融积极创新的表现。

英语中表示股票经纪人的词"stock jobber"最早出现于 1688 年,比人们聚集在纽约华尔街的一棵梧桐树下交易股票要早 100 年。几乎一夜之间出现了各种各样的公司,许多起了稀奇古怪的名字,如琴弦公司(Lute-String Company)、织锦公司(Tapestry Company)、潜水公司(Diving Company)。甚至还有一家皇家学院公司(Royal Academies Company),宣称要聘请当时最伟大的学者,向 2000 名博彩赢家传授他们自选的一门学科。

17 世纪下半叶也是贸易迅猛扩张的时代。荷兰是当时占主导地位的商业强国,而英格兰是其主要竞争对手。来自殖民地和供应地的船只每天从全球抵达英国,运来大量曾经稀缺或鲜为人知的好东西——糖、香料、咖啡、茶叶、原棉、高级瓷器等。财富不再是只能从先辈那里继承得来的东西,每个人都可以赚取、发现、积累。

此外,17 世纪晚期,英国需要为一系列与法国的战争筹措资金。这些战争始于 1692 年 5 月路易十四对英格兰的未遂进攻,终于英国在布莱尼姆(Blenheim)的大捷和《乌德勒支和约》(Treaty of Utrecht)的签订。1693 年 12 月 15 日,英国下议院批准以前述年金的形式发行国债。1849 年，著名的英国历史学家托马斯·巴宾顿·麦考莱（Thomas Babington Macaulay）热情洋溢地描述这一历史事件："国债诞生了，它就像一个伟大的神童，令精明人士困惑不已，使骄傲的政治家和哲学家备感受挫。"[19]

在那个年代，伦敦重新审视了自己的实力和国际地位，战争催生了金融创新，富裕阶层迅速成长，海外贸易蓬勃发展。对于英国国内经济而言，来自世界各地的信息变得至关重要。随着航运量持续扩大，人们迫切需要及时的信息，以便估算航行天数、天气状况以及陌生海域的潜在风险。

那个年代还没有大众媒体，于是咖啡馆成了各类新闻与谣言的集散地。1675 年，和其他许多统治者一样，查理二世对公众交换信息的场所产生了怀疑，下令关闭所有咖啡馆，但民意强烈反弹，迫使他于 16 天后收回了成命。塞缪尔·佩皮斯（Samuel Pepys）常去一家咖啡馆获取船只到港信息，他认为从那儿得到的信息比在海军部获得的更可靠。

爱德华·劳埃德（Edward Lloyd）于 1687 年在泰晤士河边的塔街（Tower Street）开了一家咖啡馆，吸引了众多海员光顾，他们的船只就停泊在伦敦的各个码头上。据当时的出版物说，这家咖啡馆"宽敞、气派，经营有方"。1691 年，劳埃德的咖啡馆迁到了伦巴第街（Lombard Street），变得更大、更豪华。酒店老板奈特·沃德（Nat Ward）曾说，劳埃德新咖啡馆里的桌子"非常整洁，擦拭得明光锃亮"，有五名员工，提供茶、咖啡、果汁冰糕。

劳埃德在奥利弗·克伦威尔（Oliver Cromwell）的统治下长大，经历过瘟疫、火灾、1667 年荷兰入侵、1688 年光荣革命（Glorious Revolution）。他的眼光远远超越了一般的咖啡馆主。他认识到了自己店里顾客群的价值。针对顾客们持续不断的信息需求，劳埃德于1696年推出了专门刊登船只离港、抵港信息及海外情报的《劳埃德船舶日报》(*Lloyd' List*)。劳埃德通过一个遍布欧洲大陆和英格兰主要港口的联系人网络收集信息。在劳埃德的咖啡馆里，定期举行船只拍卖会，会上记录交易所用的纸墨都由劳埃德提供。他还专为船长们保留了一个角落，以便他们交流各条新辟航线的安全状况。劳埃德的咖啡馆几乎全天候营业，总是人头攒动。

那时和现在一样，想买保险的人会找保险中介，后者将业务介绍给聚集在咖啡馆里或皇家交易所（Royal Exchange）周围的承保人。每当一笔交易达成时，承保人会在合同条款的下方署名，以此确认自己同意在收取保费的基础上提供保险。很快，这些单人经营的保险业者获得了"承保人"(underwriter)这个名称。

那个繁荣年代的赌博精神促进了伦敦保险业的锐意创新。据历史记载，当时的承保人愿意承保几乎一切风险，包括入室行窃、拦路抢劫、醉酒身故、马匹死亡甚至"女性失贞"。直到今天，上述风险除了最后一项之外，都还是可保的。[20] 在1666年伦敦大火灾后，对火险的需求迅猛增长。

劳埃德的咖啡馆从一开始起就是海上保险承保人的"大本营"，这主要是因为它与商贸及航运界有着良好联系。《劳埃德船舶日报》扩版后，除了提供关于船只离港、抵港、事故及沉没的信息之外，还提供每日的股票行情、海外市场情报、伦敦桥水位数据等。⊖这份出版物名噪一时，以至于它的联络人在邮局给它寄信时，收件地址只需写"劳埃德"(Lloyd's)。就连英国政府也通过《劳埃德船舶日报》发布海战新闻。

⊖ 可以说，劳合社是今天巨大的彭博财经新闻网的鼻祖。

1720年，据说是因为接受了30万英镑贿赂，英王乔治一世（King George Ⅰ）批准设立皇家交易所保险公司（Royal Exchange Assurance Corporation）和伦敦保险公司（London Assurance Corporation）。它们是英格兰最早的两家保险公司，除了它们之外，"所有其他公司及社团不得经营保险业务"。虽然这一垄断地位阻挡了其他保险公司的进入，但个人仍被允许担任承保人。实际上，这两家保险公司一直举步维艰，因为它们无法说服经验丰富的承保人加入它们。

1771年，在爱德华·劳埃德于塔街开设咖啡馆的近100年后，79位在劳埃德咖啡馆里经营业务的承保人各自出资100英镑，联手成立了劳埃德合作社（Society of Lloyd's，简称"劳合社"）。这是一家由个人会员组成的非公司制组织，其会员在自律性的行为准则下从事经营活动。劳合社的会员以自己拥有的全部钱财作为担保，承诺赔偿客户的损失。基于该等承诺，劳合社的保险业务迅猛发展。就这样，卡诺皮亚斯的那杯咖啡带来了史上最有名的保险公司。

到了18世纪70年代，美洲大陆的各个殖民地也有了保险业，但大额保单主要还是在英格兰承保。本杰明·富兰克林（Benjamin Franklin）在1752年创办了名为"第一美洲"（First American）的火险公司。殖民地最早的寿险业务由成立于1759年的长老会牧师基金（Presbyterian Ministers' Fund）承保。美国革命爆发后，殖民地人民不再能获得劳合社的服务，不得不发展自己的保险公司。美国第一家股份制保险公司是费城的北美保险公司（Insurance Company of North America），其业务涵盖火险、海上保险等，出具了美国最早的一批寿险保单——6张定期保单。⊖21

⊖ 波士顿的信托业务由纳撒尼尔·鲍迪奇（Nathaniel Bowditch）于19世纪10年代创办，服务同样的市场。

::

保险作为一个商业概念，直到 18 世纪才完全发展成熟，但保险业务早在公元前 1800 年以前就有了。公元前 1800 年左右问世的《汉谟拉比法典》（Code of Hammurabi）中，有关于船舶抵押贷款（bottomry）的规定。船舶抵押贷款是船东以船只作为抵押品取得的贷款，用于船只的远航，虽不涉及保费，但若船只失事，则贷款一笔勾销。㊀这一早期版本的海上保险一直沿用到罗马时代，那时开始出现承保活动。罗马皇帝克劳狄乌斯（Emperor Claudius，公元前 10 年—公元 54 年）因急于扩大谷物贸易，摇身一变成了一家免保费的单人"保险公司"，对罗马商人在暴风雨中遭受的损失承担个人责任，这颇似今天政府向遭受地震、飓风、洪水等灾害侵袭的地区提供救助的做法。

在古希腊和古罗马，某些职业的行会举办了合作社，由其会员共同集资，若哪个会员不幸过早身故，则向其家人提供资助。这种做法一直延续到了爱德华·劳埃德的时代，那时"友好社团"仍在提供此类简单的人寿保险。㊁

在中世纪，贸易的兴起促进了金融与保险业的发展。阿姆斯特丹、奥格斯堡、安特卫普、法兰克福、里昂、威尼斯成了重要的金融中心。1310 年，一个保险商会在布鲁日成立。这些城市并不都是港口，那时的大部分贸易活动仍通过陆路进行。汇票等新工具为顾客向承运人、贷款人向借款人、借款人向贷款人、天主教各教区向罗马教

㊀ 此原则也适用于人寿保险。当一名士兵战死后，其债务一笔勾销。
㊁ 在美国，这种做法延续到了 20 世纪，被称为"简易保险"（industrial insurance），通常只覆盖丧葬费用。我的岳父在一本小手册里记录了他为这样一份保单按周支付的保费。

廷支付款项提供了便利。

商人们很早就学会分散风险了,尽管未必通过金融手段来实现。莎翁名作《威尼斯商人》中的安东尼奥(Antonio)就曾说道:

> "我的买卖的成败并不完全寄托在一艘船上,
> 更不是倚赖着一处地方;
> 我的全部财产,也不会因为这一年的盈亏而受到影响,
> 所以我的货物并不能使我忧愁。"
>
> (第一幕第一场,朱生豪译本)

保险的应用场合当然不限于货物运输。例如,农民靠天吃饭,他们可能遭受干旱、洪水、瘟疫等灾害的侵袭,而这些灾害往往难以预测。因为此类事件基本上相互独立,且不受农民的影响,所以它们为保险提供了一个完美的环境。比如在意大利,农民组建了农业合作社,相互提供针对坏天气的保险,遇上好天气(从而获得好收成)的农民同意向遇上坏天气的农民提供补偿。1473年成立于西雅那(Siena)的西雅那银行(Monte dei Paschi)最初就担任此类安排的中介,后来发展成意大利最大的银行之一。[22] 直到今天,类似的安排仍存在于那些高度依赖农业的欠发达地区。[23]

上面的例子中,一群人同意向另一群人补偿损失,而保险业务整体而言就是这样一个过程。保险公司用未遭受损失的人缴纳的保费,补偿那些遭受损失的人。同样的道理也适合赌场,赌场就是不断地将输家的钱转交给赢家。有了保险公司或赌场作为中介,付钱和收钱的双方不直接打交道,实际的交易就不那么显而易见。但无论保险业务和赌局有多复杂,它们都只是西雅那银行的变体。

伦勃朗《加利利海上的风暴》

14世纪活跃在意大利的承保人并不总让客户满意，遭客户投诉几乎成了家常便饭。一位名叫弗朗西斯科·迪马尔科·达蒂尼（Francesco di Marco Datini）、远赴巴塞罗那和南安普顿经商的佛罗伦萨商人在给妻子的信中诉苦道："这些承保人，收钱时对你笑眯眯，一旦有灾难发生就百般逃避付款责任。"[24] 弗朗西斯科的话应该很有代表性，因为他去世时在遗产里留下了400份海上保险保单。

保险业务活动在1600年前后蓬勃发展。英语中表示保单的单词"policy"那时就已通用，源自意大利语单词"polizza"，后者的意思是承诺、保证。1601年，鉴于"保险保单已在本国及外国商人之间广泛使用"，弗朗西斯·培根（Francis Bacon）向议会提交了一份旨在监管保险保单的法案。

::

如果一批货物需要经过长距离运输才能到达市场，那么其利润就不仅取决于天气，还取决于对消费者需求的判断、定价水平、到达市场时的流行趋势、在收到货款前为货物融资的成本等。因此在17世纪，对于愿意冒风险按自己的想法塑造未来的企业家而言，一度被贬低为浪费时间甚至罪过的预测成了绝对必要的活动。

商业预测在今天看来是很普通的事，但在17世纪晚期是一项重大创新。只要数学家将商业应用排除在他们的理论创新之外，风险管理科学的萌芽就只能等待，直到有人像约翰·格朗特那样提出新的问题，将研究者的视野扩大到赌局以外。即使是哈雷对计算期望寿命的巨大贡献，对于他自己来说也只是一项社会学研究，或者一种用于娱乐科研同僚的数学游戏；他未能将自己的研究与30年前帕斯卡关于概率的理论工作联系起来，这着实发人深省。

在从认识不可改变的数学概率转变到测算不确定结果的概率之前，必须先克服一个巨大的观念障碍，然后人们才能从采集原始数据发展到决定用手头的原始数据做什么。从这一点开始，人类的知识有了长足进步。

为了获得灵感，有些创新者仰望星空，有些则以帕斯卡和费马从未想过的方式应用概率理念。不过，我们即将遇到的下一位人士最有原创性：他将注意力集中于财富问题上。我们在生活中几乎每天都会用到他的研究结果。

1700～1900年
四处度量

AGAINST THE GODS

第 6 章

考量人性

短若干年后，卡尔达诺和帕斯卡的骄人数学成就进入了他们两人未曾想过的领域。首先，格朗特、配第、哈雷将概率应用于原始数据的分析。几乎与此同时，波尔－罗亚尔修道院《逻辑》的作者将测量与主观信念结合起来，写道："对损害的恐惧不仅应与损害的严重程度成正比，还应与事件发生的概率成正比。"

1738 年，《圣彼得堡帝国科学院学报》(*Papers of the Imperial Academy of Sciences in St. Petersburg*) 刊登了一篇文章，其中心思想是："一个物品的价值不是基于其价格，而是基于其效用。"[1] 那篇论文最初于 1731 年提交，标题是《对一种新风险测量理论的阐述》(*Exposition of a New Theory on the Measurement of Risk*，以下简称《新理论》)，作者偏好斜体字，原文中很多斜体字。㊀

我猜测 1738 年那篇论文的作者读过波尔－罗亚尔修道院的《逻

㊀ 论文以拉丁文发表，拉丁文标题是 "Commentarii Academiae Scientiarum Imperialis Petropolitanae, Tomus V"。

辑》，因为两者之间有很强的知识联系。在18世纪的西欧，《逻辑》吸引了广泛关注。

《逻辑》和《新理论》的作者都将自己的论点建立在这一主张的基础上：任何有关风险的决策都涉及两个不同而又密不可分的要素，一是客观事实，二是关于该决策能带来或导致失去什么的主观看法。客观测量和主观信念都至关重要，而又离不开彼此。

在研究方法上，两位作者各有偏好。《逻辑》的作者认为，只有不理智的风险厌恶者才会不考虑概率，只根据后果做选择。《新理论》的作者则称，只有鲁莽者才会不考虑后果，只根据概率做选择。

::

《新理论》的作者是瑞士数学家丹尼尔·伯努利（Daniel Bernoulli），他当时38岁。[2] 虽然他的名字如今只为科学家所熟知，但他的《新理论》是有史以来关于风险和人类行为最重要的论文之一。伯努利着重考察了测量与直觉之间的复杂关系，而这几乎涉及生活的每个方面。

丹尼尔·伯努利的家族可谓人才辈出。从17世纪末到18世纪末，有8位伯努利成了著名数学家。据历史学家埃里克·贝尔（Eric Bell）说，这几位伯努利"繁衍出了众多后裔……其中多数人在法律、学术、文学、行政、艺术等领域出类拔萃，甚至声名显赫。没有一个失败者"。[3]

这个家族的创始人是巴塞尔的尼古拉·伯努利（Nicolaus Bernoulli），一位富裕的商人。他的祖先信奉基督教新教，于1585年前后从天主教主导下的安特卫普逃离。尼古拉相当长寿，从1623年活到了1708年，有三个儿子：雅各布（Jacob）、尼古拉一世（NicolausⅠ）、约翰（Johann）。我们很快会再提到雅各布，他在《猜度术》（*Ars Conjectandi*）一书中提出了大数定律。雅各布既是一位吸引了欧洲各地学生的伟大教师，也是数学、工程学、天文学等领域的公认天才。维多利亚时代的统计学家弗朗西斯·高尔顿（Francis Galton）称雅各布"性情暴躁，郁郁寡欢"。[4] 他和自己的父亲相处得很糟糕，以至于他将这句话作为座右铭："尽管有我的父亲，但我与星辰为伍。"[5]

高尔顿的刻薄评价不仅限于雅各布。虽然伯努利家族为高尔顿的优生学理论提供了证据，但高尔顿仍在《遗传的天才》（*Hereditary Genius*）一书中说伯努利家族的人"热衷于纷争，嫉妒心极强"。[6]

这个家族的特质似乎就是如此。雅各布之弟数学家约翰是丹尼尔的父亲。科学选集编撰者詹姆斯·纽曼㊀（James Newman）将约翰描述成一个"野蛮暴力、必要时招摇撞骗"的人。[7] 当丹尼尔因对行星轨道的研究而获法兰西科学院颁奖时，他的父亲因觊觎此奖而妒火中烧，竟将他赶出家门。纽曼说约翰活到了 80 岁，"将他的精力和刻薄保留到了最后一刻"。

接下来说说三兄弟中老二尼古拉一世的儿子，尼古拉二世（Nicolaus Ⅱ）。他的伯父雅各布在久病后于 1705 年去世，留下尚未完成的《猜度术》，于是年仅 18 岁的尼古拉二世受邀编辑此书以供出版。他花了八年时间才完成这项任务！他在该书的序言中承认了自己的延迟和出版商的催促，但说延迟的原因是"我经常外出旅行，而且我太年轻，缺少经验，不知该怎样完成这本书"。[8]

㊀ 纽曼此人很难用几句话介绍。他的《数学的世界》（*The World of Mathematics*）是本书的重要素材来源。他曾是哲学与数学专业的学生，后来成了非常成功的律师兼公务员。他曾是《科学美国人》（*Scientific American*）编辑委员会的高级成员，酷爱收集有重大历史意义的科学文档。他于 1966 年辞世。

也许尼古拉二世的延迟是情有可原的：他用那八年时间，咨询了当时顶尖数学家包括艾萨克·牛顿的意见。除了积极写信交换意见外，他还亲自前往伦敦和巴黎，向杰出学者请教。他自己也对数学贡献良多，包括对将猜想和概率论应用于法律的分析。

更为复杂的是，丹尼尔·伯努利有一个大他五岁的哥哥，名字也叫尼古拉，按惯例被称为尼古拉三世（Nicolaus Ⅲ）——其祖父名字里没有序号，其伯父被称为尼古拉一世，其最大的堂兄被称为尼古拉二世。正是这位本身也是著名学者的尼古拉三世，在丹尼尔年仅11岁的时候，开启了丹尼尔的数学生涯。尼古拉三世作为家中长子，在其父的鼓励下走上了数学之路。他八岁大时就能说四种语言，19岁时在巴塞尔成为哲学博士，30岁时（1725年）在圣彼得堡受聘为数学教授，可惜一年后因发烧去世。

丹尼尔·伯努利也在1725年受聘赴圣彼得堡任教，直至1733年才回到故乡巴塞尔，那时他已是一名物理学与哲学教授。丹尼尔是最早一批被彼得大帝（Peter the Great）请去俄国的杰出学者之一，彼得大帝希望将自己的新首都打造成一个知识中心。据高尔顿记载，丹尼尔"非常早慧，是一位医生、植物学家、解剖学家，还写了一些流体动力学论文"。[9] 他还是一位卓有成就的数学家和统计学家，对概率论特别感兴趣。

丹尼尔生逢其时。18世纪，欧洲在经历了上个世纪狂热的宗教战争后，开始拥抱理性。随着血腥冲突的终结，秩序和对古典形式的理解取代了反宗教改革运动（Counter-Reformation）狂热和巴洛克艺术风格的激情。注重平衡、尊崇理性是启蒙运动（Enlightenment）的特点。正是在这一环境中，丹尼尔将波尔–罗亚尔修道院颇有神秘色彩的《逻辑》变成了面向理性决策者的逻辑论证。

丹尼尔·伯努利在圣彼得堡发表了一篇论文，开篇就列出了自己要攻击的观点："自从数学家开始研究风险的衡量以来，普遍的看法是，将每个可能的结果值乘以导致该结果的途径数，将乘积加总，然后除以结果数，就得到期望值。"[10]

丹尼尔发现这一假说与现实中人们的决策方法相悖，因为它仅聚焦于事实，而忽视了面对不确定未来的人的想法。仅根据代价和概率，不足以确定某事物的价值。虽然每个人面对的事实是一样的，但"效用……取决于个人所处的具体情境……我们没有理由假定……每个人预估的风险是一样大的"。

效用的概念要凭直觉来体会。它传达的含义包括有用、想要或满意。而导致丹尼尔对数学家失去耐心的概念"期望值"则更为偏重技术性。丹尼尔指出，期望值应该等于每个结果值乘以各自出现的概率（与所有其他可能性相对）后加总。直到今天，数学家还会使用"数学期望值"（mathematical expectation）这一术语。

一枚硬币有正反两面，抛出落地后正反面朝上的概率各为50%，不可能两面都朝上。那么抛硬币的期望值是多少？我们将出现正反面的结果值都设为1，将其分别乘以50%后加总得到100%，再除以2得到期望值50%。要么正面朝上，要么反面朝上，两者出现的概率相等。

那么，掷一对骰子所得结果的期望值是多少？如果我们将所有可能出现的11个数字加总（2 + 3 + 4 + 5 + 6 + 7 + 8 + 9 + 10 + 11 + 12），

⊖ 丹尼尔的伯父雅各布将是下一章的主要人物。雅各布曾经写道："我们的期望值总是在最好与最坏之间的某处。"

总和为 77。所以，掷一对骰子的期望值是 77/11，即正好 7。

但是，这 11 个结果值的出现概率并不相同。卡尔达诺指出，产生从 2 到 12 这 11 个数字的不同组合有 36 种，有些数字比其他数字更可能出现。2 只能由两个 1 产生，而 4 可以由 3 + 1、1 + 3、2 + 2 这三种组合产生。卡尔达诺用本书第 3 章中的一张表列出了这 11 个结果值的可能组合。

表 6-1 中掷一对骰子所得结果的数学期望值是 7，与我们的算法 77/11 的结果一致。现在我们可以看到，为什么 7 这个数字在掷双骰子游戏中那么重要。

表 6-1　加权概率

结果值	概率	加权概率
2	1/36	2 × 1/36 = 0.06
3	2/36	3 × 2/36 = 0.17
4	3/36	4 × 3/36 = 0.33
5	4/36	5 × 4/36 = 0.56
6	5/36	6 × 5/46 = 0.83
7	6/36	7 × 6/36 = 1.17
8	5/36	8 × 5/36 = 1.11
9	4/36	9 × 4/36 = 1.00
10	3/36	10 × 3/36 = 0.83
11	2/36	11 × 2/36 = 0.61
12	1/36	12 × 1/36 = 0.33
		合计　7.00

丹尼尔承认上述算法适用于运气型游戏，但坚称日常生活是另一码事。他认为，即使在概率已知的情况下（后来的数学家拒绝接受这样的过度简化），理性决策者也将努力使有用性、满意度等期望效用最大化，而非使期望值最大化。期望效用的计算方法和期望值一样，只是将效用作为权重因子。[11]

例如，波尔－罗亚尔修道院《逻辑》的托名作者安东尼·阿尔诺说，有些人之所以过于害怕雷电，是因为严重高估了被闪电击中的微小概率。其实，阿尔诺弄错了，他忽视了一些东西。每个人面对的事实都一样，就连一听见雷声就惊恐万状的人也知道被闪电击中是非常小概率的事件。丹尼尔看得更清楚：患有"雷电恐惧症"的人对遭受雷击的后果赋予了很大权重，以至于即使他们知道被雷电击中的可能性很小，他们也会一听到雷声就瑟瑟发抖。

直觉决定了衡量尺度。比如，你可在一架受气流影响颠簸不已的飞机上，询问每个乘客的紧张程度，看每个人是否同样紧张。大多数人知道乘飞机远比自驾车安全，但有些乘客会无比紧张，有些则放松打盹。

这其实是一件好事。如果每个人对每个风险的评估都是一模一样的，那么许多冒险机会就会被错过。冒险家们对获取高收益的小概率事件赋予高效用，而对遭受损失的较大概率事件赋予低效用。其他人则对获利事件赋予很低的效用，因为他们的主要目标是资本保值。在一个人看到阳光的地方，他人看到的可能是雷电。如果没有冒险家，世界的发展会慢得多。你可以设想一下，如果每个人都非常害怕闪电，不敢飞行，不向初创企业投资，那么世界将会怎样。人们的风险偏好不同，这的确是我们的幸运。

∷

丹尼尔确立了"人们向风险赋予不同值"的基本论点后，就提出了自己的核心观点："由财富的任何微小增长所带来的效用与原先就拥有的商品数量成反比。"随后他观察到，"考虑到人性，上述假设和比较似乎适用于许多人。"

效用与原先拥有的商品数量成反比的假设是人类历史上伟大的知

识进步之一。在不满一页的篇幅内，丹尼尔将概率的计算过程转变成了将主观考虑纳入不确定性决策的过程。

丹尼尔的聪明之处在于，他认识到虽然事实为计算期望值提供了单一答案（每个人面对的事实是一样的），但是对风险的主观偏好是因人而异的。他进一步提出了一个测算每个人欲望大小的系统性方法：欲望与拥有的商品数量成反比。

丹尼尔史无前例地对一种无法计数的东西进行了衡量。他将直觉与计量结合起来。卡尔达诺、帕斯卡、费马提供了测算掷骰子结果值风险的方法，而丹尼尔向我们介绍了冒险的人——选择是否押注以及押多少的玩家。概率论研究的是选择，而丹尼尔研究的是做选择的人的动机。这是全新的研究领域和理论体系。丹尼尔为后来一系列关于经济、决策、选择的研究打下了基础。

::

丹尼尔为了证明自己的理论，在论文中给出了许多有趣的应用案例。其中最有名、最引人入胜的一个被称为"圣彼得堡悖论"（Petersburg Paradox），最初由他的堂兄尼古拉二世向他提出。

尼古拉假设彼得和保罗两个人玩一场游戏，彼得持续掷一枚硬币直到出现正面朝上的结果。如果掷第一次就正面朝上，那么彼得将付给保罗1达克特（旧时欧洲通用的金币）；如果掷第二次才正面朝上，那么付2达克特；第四次则付4达克特，以此类推。每多掷一次，彼得须付给保罗的金币数就加倍。⊖如果某人要从保罗那里取得这一稳赚不赔的特权，他应付给保罗多少钱？

⊖ 在理查德·塞拉（Richard Sylla）和莱奥拉·克拉珀（Leora Klapper）的帮助下，我了解到达克特在18世纪初的价值：1达克特的购买力相当于今天的40美元。

据丹尼尔说，产生悖论的原因在于："按照广为接受的计算方法（期望值），保罗可获得的收益是无限大的。但是，没有人会以一个较高的价格购买这些收益……任何一个正常人都将很乐意以20达克特的价格出售这些特权。"⊖

丹尼尔基于"财富增加所带来的效用与财富的初始值成反比"的假设，对此问题展开了数学分析。根据该假设，保罗在掷第200次骰子时可赢得的奖金与第100次相比，其效用是微乎其微的；而即使是在第51次时，可赢得的奖金也已超过1000万亿达克特（今天美国的国债总额也不过4万亿美元）。

无论是以美元计还是以达克特计，对保罗期望值的估算长久吸引了数学家、哲学家、经济学家的兴趣。1865年艾萨克·托德亨特（Isaac Todhunter）发表的英国数学史中，无数次提及圣彼得堡悖论，并且讨论了不同数学家提出的解答方法。[12] 丹尼尔的论文是用拉丁文写的，直到1896年才有了德文译本。约翰·梅纳德·凯恩斯（John Maynard Keynes）在1921年发表的《概率论》（*Treatise on Probability*）中简单地提到了圣彼得堡悖论，之后人们对它展开了复杂的数学研究。但是，直到问世216年后的1954年，丹尼尔的这篇论文才有了英文译本。

圣彼得堡悖论不仅仅是个关于幂和根的学术问题。设想有一家伟大的企业，前景无比光明，看上去将永远成长。即使假设我们能准确预测一家企业未来无限久的盈利，我们也很难准确预测其下季度的盈利。那么，这家公司的股票值多少钱？无限大吗？⊖

⊖ 丹尼尔对该悖论的解答受到了批评，因为他没有考虑奖金以比尼古拉所说更快的速度增加的情况。但不管增长率为多少，除非存在一个玩家对财富的任何增长都丝毫不感兴趣的点，否则这个悖论最终将会产生效力。

⊖ 关于这个问题，杜兰德（Durand）于1959年进行了理论研究，预测到了下面几段将描述的事件。

就连专业投资者有时也会陷入迷茫,将概率论置于脑后。在20世纪60年代末和70年代初,各大国际投资管理机构都对经济增长前景过于乐观,疯狂追捧所谓的"漂亮50"(Nifty-Fifty)成长型公司股票,包括施乐(Xerox)、可口可乐(Coca-Cola)、IBM、宝丽来(Polaroid)。在这些机构看来,漂亮50股票的风险不在于买贵了,而在于不持有,理由是它们的增长前景确定无疑,未来盈利与分红将永远支撑股价。而对于联合碳化物(Union Carbide)、通用汽车(General Motors)等面临景气周期、市场竞争等不确定性的公司,他们认为买入其股票(即便是以低价买入)就意味着高风险,买贵了的风险反而是微不足道的。

这种观点登峰造极的时候,国际香精香料公司(International Flavors and Fragrances)等小盘股的总市值居然赶上了美国钢铁(U.S. Steel)这样的巨头,而前者和后者的销售额分别为1.38亿美元和50亿美元。1972年12月,宝丽来的市盈率高达96倍,麦当劳80倍,国际香精香料公司73倍;相比之下,标准普尔500指数成分股的平均市盈率只有19倍。从平均分红收益率看,漂亮50股票还不到标准普尔500股票的一半。

股价虚高的结果必定是惨跌。公司盈利升上天的预测泡沫终被捅破。到1976年,国际香精香料公司股价下跌了40%,而美国钢铁公司股价涨了一倍多。按红利加股价变化计算,标准普尔500指数到1976年年末就超越了以前的峰值,而漂亮50指数直到1980年7月才越过1972年的牛市最高点。更糟的是,从1976年到1990年,一个等权重漂亮50股票组合的表现持续落后于标准普尔500指数。

但在投资的世界里,何处是无限?宾夕法尼亚大学沃顿商学院的杰里米·西格尔(Jeremy Siegel)教授详细计算了漂亮50股票自1970年年末至1993年年末的表现。[13] 上述等权重漂亮50股票组合即便是在 1972 年 12 月的高点买入，到 1993 年年末也能带来仅比标准普尔指数低不到 1 个百分点的总回报。如果再早两年（在 1970 年 12 月）买入同样股票，那么该组合将每年跑赢标准普尔指数 1 个百分点。1974 年股灾期间的亏损也将变得更小。

有些人很有耐心，偏好持有自己熟悉的优质公司，这些公司的大多数产品他们在日常购物时都遇到过。对于这些人来说，投资于漂亮 50 公司将提供充足的效用。而对于不太耐心的投资者而言，该组合的效用将小得多，因为他们不想看到，在一个 50 只股票的组合中，5 只股票在 21 年的时间里实际上亏钱，20 只股票跑输滚动投资于 90 天美国国债，只有 11 只跑赢标准普尔 500 指数。但是，正如丹尼尔可能在一个非正式场合说过的那样，你投入金钱，你做出选择。

∴

丹尼尔·伯努利还提出了一个新概念——人力资本，今天的经济学家将它视为经济增长的驱动力之一。这一概念起源于丹尼尔对财富的如下定义：“任何可用于充分满足任何欲望的东西……从这个意义上看，没有人可说是一无所有，除非他活活饿死。”

大多数人的财富是以怎样的形式存在的？在丹尼尔看来，无论是有形资产，还是金融资产，其价值都比不上生产能力，甚至比不上乞丐的聪明才智。一个每年能靠乞讨得到 10 达克特的人也许不会为了得到 50 达克特而放弃乞讨，因为在花光那 50 达克特后，他将不再有任何收入。但是，一定存在那样一个金额，使这名乞丐为了得到它而承诺放弃乞讨。如果那个金额是 100 达克特，那么"我们可以说这名乞丐拥有的财富值 100 达克特"。

今天，我们将人力资本作为理解全球重大经济变迁的基本概念之一。人力资本是教育、天赋、培训、经验的总和，它们是未来收入的源泉。人力资本对于雇员的作用和厂房、设备对于雇主的作用是一样的。自1738年以来，虽然人类积累了大量有形财富，但人力资本依然是绝大多数人的最大收入来源。难怪有那么多工薪阶层的人将辛苦所得用于购买人寿保险。

在丹尼尔看来，运气型游戏和那些抽象问题都只是工具，用于构造围绕财富和机会的知识大厦。丹尼尔重点关注的，不是错综复杂的数学理论，而是人的决策活动。他一开始就声明，自己的目标是"确立一套规则，人们可以运用它们，根据自己的财务状况，测算自己在任何冒险活动中的前景"。这些话对当今每个金融经济学家、企业经理、投资者来说都是金玉良言。风险不再是需要"面对"的东西，而变成了一组可供选择的机会。

丹尼尔提出的效用概念和"增量财富带来的效用与原先拥有的商品数量成反比"的观点足以长久地影响后来者。效用为供求法则（Law of Supply and Demand）提供了基础，而供求法则是维多利亚时代经济学家们的重大创新，成了理解市场行为和价格形成机制的起点。效用是一个影响深远的概念，在它问世后的200年里，它构成了解释人类决策和选择的主导范式的基石，这些决策和选择不仅限于金融领域。20世纪发展起来的博弈论就将效用作为整套体系中不可或缺的一部分，博弈论如今广泛应用于战争、政治、经营管理等领域的决策。

效用这个概念对心理学和哲学也产生了同样深远的影响，因为丹尼尔为定义人类理性设立了标准。例如，对于一些人而言，财富的效用随着财富的增加而上升——他们拥有的越多，他们想要的就越多，这些人被大多数心理学家（以及道德说教者）视为神经质。贪心在丹尼尔的观念中没有位置，在现代大多数关于理性的定义中也没有。

效用理论要求理性人在所有情况下都能够衡量效用，并且相应地做出选择与决策，而这对于一生中面临无数不确定因素的我们来说太难了。即使如丹尼尔假设的那样，每个人面对同样的事实，上述任务也是极难完成的。何况在许多情况下，每个人面对的事实是不同的。不同的人拥有不同的信息，每个人都倾向于以自己的方式解读信息。就连我们当中最为理性的那些人，也常常就事实意味着什么持不同见解。

丹尼尔·伯努利也许显得很现代，但他其实很符合自己所处的时代。他的人类理性概念十分契合启蒙运动的知识环境。在那个时代，作家、艺术家、作曲家、政治哲学家纷纷拥抱关于秩序、形式等的古典理念，坚信人类可以通过积累知识穿破人生的迷雾。1738年，当丹尼尔的论文发表时，亚历山大·蒲柏（Alexander Pope）正处于职业巅峰。蒲柏的诗中充满了典故。他警告道，"一知半解是一件危险的事。"他还宣称，"人应该正确认识自我。"那时，德尼·狄德罗（Denis Diderot）即将开始撰写28卷的《百科全书》，塞缪尔·约翰逊（Samuel Johnson）即将开始编写第一本英语词典。伏尔泰（Voltaire）的理想主义风靡知识界。到1750年，海顿（Haydn）奠定了交响乐和奏鸣曲的古典形式。

启蒙运动对人的能力持乐观态度，这后来体现在了《独立宣言》（Declaration of Independence）中，还影响了美国宪法的起草。而启蒙运动最极端的后果是，法国市民砍掉了路易十六的脑袋，将理性女神（Reason）的雕像放上巴黎圣母院的祭坛。

丹尼尔最为大胆的理论创新是：我们每一个人，就连最理性的那些人，都有一套独特的价值评判标准，并且相应地行动。而丹尼尔之所以了不起，在于认识到自己的研究不能止步于此。当他正式提出"效用与拥有的商品数量成反比"这一论点时，他深刻揭示了人类行为与风险决策背后的秘密。

据丹尼尔说，我们的决策都有一个可预测的系统性结构。在一个理性的世界中，人人都想变得更富有，但求富欲望的强烈程度与我们已有的财富数量成反比。多年以前，我的一位投资咨询客户在我们的第一次会面时摆动着手指对我说："请记住，年轻人，你的任务不是帮我变富，因为我已经很富了！"

丹尼尔的研究有一个逻辑结果，那就是一种对于冒险的强烈的新直觉。如果每一次财富增加带来的效用呈逐次递减态势，那么财富损失带来的负效用必定总是大于等量财富增加带来的正效用。这就是我的那位客户给我的讯息。

你可以将自己的财富想象成一堆砖头，较大的砖头位于底部，越往上砖头越小。在这堆砖头的顶部，你可移除的任何一块都大于你可添加的一块。失去一块砖头的痛苦势必大于得到一块砖头的快乐。

丹尼尔举了一个例子：有两个各拥有100达克特的人约定玩一场公平的赌局，比如掷硬币，胜负的机会是50—50，没有赌场抽头或任何其他使总赌注下降的因素。掷前每个人下注50达克特，这意味着他们有同样的机会要么变成拥有150达克特，要么变成只拥有50达克特。

一个理性的人是否会同意玩这样一场赌局？赌局结束后每个人财富的数学期望值正好是 100 达克特（150 加 50，然后除以 2），等于每个人的初始财富值。对于每个人来说，期望值都是一样的，就好像他们一开始就没有约定玩这场赌局。

丹尼尔的效用理论揭示了一种不对称性，正是它决定了像上述这样的公平赌局不会具有吸引力。输家失去的 50 达克特比赢家得到的 50 达克特具有更大的效用。正如在那堆砖头里，输家因失去 50 达克特而感到的痛苦超过了赢家因得到 50 达克特而感到的快乐。⊖ 从数学的角度看，零和游戏若以效用来衡量，其实是输家游戏。对两名玩家而言，最好的决策就是拒绝玩。

丹尼尔用这个例子来警告赌徒们：即使在公平的赌局里，总效用也会下降。他指出了这一令赌徒沮丧的结果：

> 大自然警告人们远离骰子……每个在公平运气型游戏中下注的人，不管他下多少注，都是在做非理性的事……他下的注占自己财富的比重越大，他的不理性程度就越高。

以效用来衡量，公平的赌局其实是输家的游戏，大多数人都会同意丹尼尔的这一观点。我们是心理学家和经济学家所称的"风险厌恶者"（risk averter）。这一名称具有深刻的含义。

想象一下你面临两种选择：确定能获得一件价值 25 美元的礼品，或玩一场赌局，有 50% 的机会赢得 50 美元、50% 的机会一无所获。这场赌局的数学期望值正好是 25 美元，等于礼品的价值，但这个期望值是不确定的。风险厌恶者会选择礼品而非赌局。然而，不同的人

⊖ 这是一个过度简化的说法。任何绝对损失的效用取决于输家的财富数量。此处隐含的假设是，两名玩家拥有同样多的财富。

有不同的风险厌恶程度。

你可通过"确定性当量"(certainty equivalent)这个指标来衡量自己的风险厌恶程度。赌局的数学期望值需要升到多少,你才会选择赌局而非礼品?50%的机会赢得60美元、50%的机会一无所获,从而使数学期望值达到30美元?是这样的话,赌局的数学期望值30美元就相当于确定能获得的25美元。但是,你也可能选择一场数学期望值仅为26美元的赌局。甚至你可能发现,自己在内心深处其实是风险追求者(risk-seeker),即使赌局的数学期望值低于确定能获得的25美元,你也愿意选择赌局。比如掷硬币得到正面的话你赢40美元,背面的话你一无所获,此时数学期望值只有20美元。但是,在这个例子中,当赌局的期望值升到50美元以上后,大多数人都会选择赌局。不过,彩票游戏的流行提供了一个有趣的例外,因为政府要从彩票销售收入中拿走一大块,所以大多数彩票对购买者而言严重地不公平。

此处有一条重要原理在起作用。假设你的证券经纪人向你推荐了一只投资于最小盘股的共同基金。在过去69年中,股市里盘子最小的20%股票提供了18%的年均回报(资本增值加分红)。这是个相当可观的水平。但最小盘股的波动性也很高:有三分之二的年份,回报率落在了–23%和+59%之间;几乎有三分之一的年份出现了负回报,平均达到–20%。因此,这些股票任何一年的回报前景都是极端不确定的,尽管从长期来看这些股票提供了较高的年均回报。

现在再假设另一个经纪人向你推荐了一只买入并持有标准普尔500指数所有成分股的基金。在过去69年中,这些股票的年均回报率为13%左右,但有三分之二年份的回报率落在了从–11%到+36%的狭窄区间里,而负回报率的平均值为–13%。如果未来大体上类似于过去，且你没有 70 年的时间来观察回报率，那么你是否会为了获得小盘股基金的更高平均期望回报率，而接受更高的回报率波动性？这两只基金中，你会买哪只？

∴

丹尼尔·伯努利改变了人类冒险活动的舞台。他描述了人们在后果不确定的情况下如何根据度量与直觉来决策，这是很了不起的成就。正如他在论文里自夸的那样："因为我们所有的主张都与经验完美契合，所以不能将它们作为基于可疑假设的抽象理论而忽视。"

大约 200 年后，丹尼尔的主张受到了有力的攻击，最终被揭示出未能与经验完美契合。主要原因在于，他作为启蒙运动时代的人，笃信人类理性，但其实他对人类理性的假设并非那么可靠。然而在丹尼尔那篇论文发表后的近 200 年里，直到那场攻击开始之前，效用这一概念在围绕着理性的哲学辩论中广为流行。丹尼尔也许没想到自己提出的效用概念会流行那么久，这在很大程度上应归功于后来的学者们——他们在这一领域展开了独立研究，却对丹尼尔的开创工作知之甚少。

第 7 章

寻找确实可靠性

第二次世界大战期间的一个冬夜,当德军对莫斯科发动了又一场空袭时,一位著名的苏联统计学教授躲进了本地的防空洞。这是他第一次来到这里。他曾多次说道:"莫斯科有 700 万人。为什么我要预期被击中?"他的朋友们见到他时大吃一惊,问什么使他改变了想法。他解释说:"看啊,莫斯科有 700 万人和一头象,而昨晚他们就击中了那头象。"

这个故事是波尔 – 罗亚尔修道院《逻辑》中分析的雷电恐惧症的现代版本,但两者的寓意有重要区别。在此例中,苏联教授明确知晓被炸弹击中的数学概率。因此他的经历真正展示的,是人们在思考概率问题时常遇到的两难境地:当必须进行风险决策时,过往频率与置信度(degree of belief)可能发生冲突。

这个故事的寓意不仅在于此。它呼应了格朗特、配第、哈雷的担忧:当不可能获得关于未来甚或过去的完整信息时,我们手头的信息究竟有多少代表性?700 万人和一头象,哪个更重要?我们应当怎样评价新信息，将其融入根据原有信息得出的置信度？概率论到底是一个数学玩具，还是一个严肃的预测工具？

概率论是一个严肃的预测工具，但"魔鬼在细节中"，在构成概率预测基础的信息的质量中。本章介绍 18 世纪的一系列革命性进展，它们共同塑造了现代世界中人们运用信息和概率论进行决策与选择的方式。

∴

第一个考察概率和信息质量之间关系的人，是另一位年纪更大的伯努利，丹尼尔的伯父雅各布。雅各布生于 1654 年，卒于 1705 年。[1] 当帕斯卡和费马在数学领域成就斐然时，雅各布还是一个孩子。当他的侄子丹尼尔只有 5 岁时，雅各布就去世了。和其他伯努利一样，雅各布聪明、暴躁、狂妄，自认可与艾萨克·牛顿比肩。

光凭他提出的那些问题，雅各布就已经很了不起了，何况他还提供了答案。据雅各布自己说，他在苦苦思索了 20 年后，才开始进行此项研究；他直到去世前不久才完成这项工作，不久后于 1705 年去世。

雅各布是一个冷若冰霜的人，特别是在他生命的晚期，尽管他生活在英王查理二世 1660 年复辟之后的繁荣年代。[○] 同时代更有名的人有约翰·阿布斯诺特（John Arbuthnot），他是安妮女王（Queen Anne）的御医、英国皇家学会的会员，还是一位对概率颇有兴趣的业余数学

○ 他是个满怀诗意的人，要求在自己的墓碑上雕刻美丽的斐波纳契螺旋线（Fibonacci spiral），称它在不改变形状的情况下持续扩展，是"在逆境中坚韧不拔、矢志不渝的象征"，甚至是"我们的肉体复活的象征"。他还要求在自己的墓碑上雕刻这样一句话："万变不离其宗。"（拉丁文：Eadem mutata resurgo）参见 David, 1962, p.139.

家，曾用许多粗俗的例子来证明自己的观点。在一篇论文中，阿布斯诺特探讨了诸如 "一名 20 岁的女子有多大可能性还是处女" 这样的问题。²

早在 1703 年，雅各布·伯努利就首次提出了怎样从样本数据中推算出概率的问题。在一封给朋友莱布尼茨（Leibniz）的信中，他说他发现了一件奇怪的事：人们知道掷一对骰子得到 7 点而非 8 点的概率，却不知道一名 20 岁男子比一名 60 岁男子活得更久的概率。他问道：我们能否通过考察大量处于这两个年龄的男子，找到这个问题的答案？

莱布尼茨不看好这个方法。他在给雅各布的回应中写道："大自然已经制定了规律，这些规律通过事件的循环往复体现出来，但这只适用于大部分情况。不管你在尸体上做过多少次实验，都会有新的疾病肆虐人类。你无法对未来的事物设限以确保它们一成不变。"³ 虽然这封信是莱布尼茨用拉丁文写的，但他特意将 "但这只适用于大部分情况" 用希腊文又写了一遍，也许是为了强调他的这一观点：对于精确计算大自然的意图来说，如雅各布所建议的有限次实验作为样本肯定太小了。㊀

雅各布没有因莱布尼茨的回应而气馁，但的确改变了自己解答这个问题的方式。他一直将莱布尼茨用希腊文写下的告诫记在心上。

雅各布在《猜度术》一书中记载了自己从样本数据中推算出概率的努力，这本书直到雅各布去世 8 年后的 1713 年才由他的侄子尼古拉最终出版。⁴ 雅各布的兴趣在于说明思考的艺术（即客观分析）终于

㊀ 在后来给雅各布的一封信中，莱布尼茨写道："如果根据今天伦敦和巴黎的情况推断大洪水前先人们的死亡率，那么结果肯定谬以千里。"（Hacking, 1975, p.164）

何处、猜度的艺术始于何处。某种意义上，猜度是从部分推断整体的过程。

雅各布的分析始于对以下事实的观察：概率论已经发展到这样一个水平，为了对一个事件发生的可能性做出假设，"只需要计算可能情况的确切数量，然后确定一种情况比另一种发生的可能性大多少"。雅各布接着指出，困难在于概率的使用者几乎总是面对着运气型游戏。到此为止，帕斯卡的成就只能算满足对知识的好奇心。

而在雅各布看来，这一限制是极其严重的，正如他在一段回应莱布尼茨的文字中所说：

> 但是常人怎样才能……弄清人会罹患的所有疾病数量，厘清所有可能出现的情况……以及一种疾病的致命性比另一种高多少，例如传染病比水肿，或者水肿比发热……然后在此基础上预测未来几代人的生死？谁能装作已经参透人心或洞察人体，因而能在取决于心理或身体灵敏度的比赛中准确预测胜负？

雅各布在应用概率法则时，对理论与实践进行了非常重要的区分。例如，我们在讨论帕斯卡三角形时，分析了帕乔利的未完成 balla 赌局和世界大赛假设，它们就与现实世界里的情况大相径庭。在现实世界中，balla 赌局和世界大赛中的竞争者们有着不同的"心智灵敏度或身体敏捷度"，而我在关于如何运用概率来预测结果的过于简化的例子中恰恰忽视了这点。帕斯卡三角形只能提供关于现实世界中此类游戏怎样进行的粗略参考。

运用概率论，我们能够确定赌局获胜或彩票中奖的概率，但在现实世界里，相关信息至关重要。而问题在于，我们永远不会拥有我们想要的全部信息。自然已经确定了规律，但它们只适用于大部分情况。从自然中抽象出来的理论更易被人接受：我们要么拥有我们需要的信息，要么并不需要信息。正如我在引言中引用的费希尔·布莱克的话：世界在查尔斯河畔的麻省理工人眼里，比在哈德逊河畔的华尔街人眼里更井井有条。

我们在讨论帕乔利假设的 balla 赌局和世界大赛时，玩家的长期记录、身体能力、智商水平都被忽略不计。就连游戏本身的内容也不被考虑。理论完全取代了信息。

现实世界中的棒球迷像股市中的老手那样收集大量统计数据，因为他们需要信息来判断球员和球队的比赛能力，正如判断上市公司的盈利能力。然而，球赛和股市预测专家的过往记录表明，就算他们拥有大量信息，对最终结果概率的预测也充满了疑问和不确定。

帕斯卡三角形和概率领域的所有早期工作仅仅回答了一个问题：出现某种结果的概率是多少？大多数情况下，对这个问题的回答价值有限，因为缺乏普遍性。当我们说 A 玩家有 60% 的机会赢得特定的一局 balla 时，我们到底知道什么？这一机会是否意味着，他具备足够的技能，因而能在 60% 的赌局里击败 B 玩家？一系列赌局的胜利不足以确认此预期。那么，只有在 A、B 两名玩家对赌多少局以后，我们才有信心说 A 玩家更厉害？今年的世界大赛结果给了我们多少关于以下问题的信息：获胜球队始终（而非仅在这届中）是最佳球队的概率是多少？吸烟人群死于肺癌的比例较高，这表明吸烟有多大可能性使人折寿？一头象在空袭中被炸死，这表明前往防空洞躲避空袭的价值有多大？

但是，现实生活中的情况常常要求我们依靠样本准确衡量整体的概率。只有在很少的情况下，运气型游戏的结果才会重现，此时我们能在事情发生前预测结果的出现概率，即雅各布·伯努利所言"从事实推断结果"（a priori）。而在大多数情况下，我们不得不根据事后出现的情况估算概率，即"从事实推断原因"（a posteriori）。"从事实推断原因"就意味着试验并修改置信度。比如，莫斯科有 700 万人，但在一头象被纳粹的炸弹炸死后，教授决定躲进防空洞。

::

对于如何根据有限的现实信息估算概率这个问题，雅各布·伯努利做出了两大贡献。首先，他在别人尚未认识到需要定义此问题的时候，就对此问题进行了定义。其次，他提出了一个仅包含一条要求的解决方案。我们必须假设"在类似的情况下，未来某一事件的发生（或不发生）将遵循过去观察到的规律"。[5]

这是一个堪称伟大的假设。雅各布也许曾抱怨，在真实世界里，信息往往是不完整的，因此人们无法运用简单的概率法则来预测结果。但他承认，除非我们能够假设过去是对未来的可靠指导，否则对概率进行事后估算也是不可行的。而那个假设的难度无须多说。

过去，或者我们选择分析的任何数据，都只是现实的一部分。这点对于从数据推断整体至关重要。对于大千世界，要获得与一个骰子有六个数字面、一个欧式轮盘有 37 个数字槽（美式则有 38 个）相同的置信度，我们永远也不会拥有所需的全部信息（也承担不起获取全部信息的成本）。现实是一系列相互联系、相互依存的事件，显然不同于上一局的结果丝毫不影响下一局的运气型游戏。运气型游戏将每件事都简化成一个明确的数字，但在现实生活中，与精确量化相比，我们更多使用"一些""许多""不太多"等模糊表述。

第 7 章 寻找确实可靠性　119

本书剩下的部分基本上都与雅各布·伯努利有关。从此处开始，围绕风险管理的辩论将集中在如何运用他提出的三大必要假设：充分信息、独立试验、量化评估的有效性。在判断我们能否基于统计和信息预测未来时，上述假设的有效性至关重要。实际上，雅各布的假设塑造了我们看待过去的方法：事实发生之后，我们能否解释发生了什么，还是必须将事件归因于运气（也就是说我们无法解释发生了什么）？

::

不管存在怎样的阻碍，出于实用的目的，我们都需假设雅各布的必要条件得到了满足，即使我们深知现实不同于理想情况。雅各布·伯努利和本章所述的其他数学家发展出了一套方法，为我们提供了一套强大工具，使我们能够基于过去有限的信息，测算未来结果的概率。

雅各布·伯努利从事实推断原因的概率计算理论就是"大数定律"（Law of Large Numbers）。不同于普遍的观点，这条定律并不为验证所观察到的事实提供方法，这些事实仅仅是整体真相的不完全代表。这条定律也没有说，观察的次数越多，你就越接近真相。大数定律的作用不是提高实证检验的质量，因为雅各布听取了莱布尼茨的建议，放弃了通过实证检验寻找确切答案的最初想法。

雅各布试图找到一种不同的概率。假设你反复抛一枚硬币。大数定律不会告诉你，随着你抛硬币次数的增加，正反面的出现概率都趋近于50%。简单的数学就能告诉你这点，不需要你反复抛硬币。大数定律告诉你的是，随着抛硬币次数的增加，出现以下情况的概率将相应提高：得到正面的次数占抛硬币总次数的比重偏离50%的幅度小于某一特定值（无论它多小）。"偏离"（vary）一词是关键。我们想求得的，不是真实平均值50%，而是观察平均值与真实平均值之间误差低于某一水平（如2%）的概率；换句话说，随着抛硬币次数的增加，观察平均值落在真实平均值上下2%以内的概率将提高。

这并不意味着，抛硬币无限次后，误差就不存在了。雅各布明确指出了这点。此外，误差未必将缩小到可被忽略的程度。大数定律告诉我们的只是：抛硬币的次数越多，观察平均值偏离真实平均值的幅度就越可能低于某一特定水平。始终存在这样一种可能性：观察值偏离真实平均值的幅度超出某一特定水平。比如，莫斯科的700万人口显然不足以使那位统计学教授满意。

大数定律和平均数定律不是一回事。数学告诉我们，每次抛硬币得到正面的概率是50%，但每次抛硬币的结果都是彼此独立的，既不受上一次影响，也不影响下一次。结果，即使抛硬币100甚至100万次得到正面的比例只有40%，大数定律也不能保证再抛一次得到正面的概率高于50%。在你连输多局后，大数定律并不能救你。

为了用例子说明大数定律，雅各布假设一个罐子里有3000个白鹅卵石和2000个黑鹅卵石（自那时以来此类例子成为概率理论研究者和数学考试出题者的最爱）。他规定，我们不知道每种颜色鹅卵石的数量。我们不断地从罐子中抽取鹅卵石，仔细看一下颜色，然后放回罐里。如果不断抽取能最终给我们"确实可靠性"（moral certainty，即实际存在但并非绝对的确定性）去相信罐里白石对黑石的比例为3∶2，那么雅各布得出结论说："我们能用从事实推断原因的方法确定黑白鹅卵石的比例，其准确度相当于我们在知道它们的数量后从事实推断结果。"[6] 他的计算表明，从罐里抽取25 550次就足以显示，有超过1000/1001的可能性，结果处于真实比例3∶2的上下2%以内。那对于你来说就是确实可靠性。

雅各布对"确实可靠性"一词很看重。他从概率的定义中衍生出了这个词，而他对概率的定义受到了莱布尼茨的启发。雅各布断言道："概率就是确定性的程度，与绝对确定性不同，正如部分与整体不同。"[7]

但是，关于"确定性"究竟意味着什么，雅各布比莱布尼茨思考得更深。个人对确定性的判断引起了雅各布的注意，而当我们几乎完全确定时，就存在确实可靠性。当莱布尼茨最初提出这一概念时，他将其定义成"无限大的可能性"（infinitely probable）。就连雅各布自己也认为 1000/1001 的可能性已足够大，但他愿意保持灵活："如果地方执法官为确实可靠性设定限度，那将非常有用。"[8]

::

此时雅各布欢欣鼓舞，他宣称：和运气型游戏中的预测一样，我们能对任何不确定的数量做出科学的预测。他将概率从理论世界提高到了现实世界：

> 如果我们不以罐子为例，而以大气层或人体为例，它们包含了无数种不同的过程或疾病，就像罐子里装着鹅卵石，那么，对于大气层或人体，我们也应该能够通过观察来确定一种事件的发生频率将比另一种高多少。[9]

然而，雅各布似乎在那罐鹅卵石上遇到了麻烦。他的计算结果，也就是需要抽取 25 550 次才能得到确实可靠性，一定使他感到大得难以忍受。他的家乡巴塞尔当时总人口数也不到 25 550。我们猜测他不知道接下来该怎么办，因为他的书就此打住了，没有任何后续内容，除了一条伤感的评论，说太难找到真实的例子，让所有观察值都满足相互独立的要求：

> 如果所有事情都可以重复，那么我们会发现，一切事情都有确定的原因，遵循确定的规律。这样的话，我们将被迫假设，在显然纯属巧合的事件中，存在确定的必然性，或曰"命运"。[10]

但不管怎样，雅各布的鹅卵石罐子值得永远被人铭记。正是借助这些鹅卵石，人类首次尝试衡量乃至定义不确定性，并且计算一个经由实证确定的数字接近真实值的概率（即使这个真实值仍然未知）。

∴

雅各布·伯努利于1705年去世。他的侄子尼古拉继承了伯父的研究工作，即根据已知的观察结果推断未来概率，同时撰写了《猜度术》一书。尼古拉的成果于1713年发表，雅各布的书也于同一年问世。

雅各布研究概率问题的起点是，观察值和真实值之间的误差处于特定范围内；然后，他计算了将概率提升到该水平所需的观察次数。尼古拉则试图改变这一研究模式。他将观察次数视为给定值，然后计算了观察值处于特定范围内的概率。在一个例子中，他假设出生时男性与女性的比例为18∶17，那么在14 000人中，男性人数的期望值是7200。然后他计算出，男性人数处于7037（=7200−163）和7363（=7200+163）之间的概率至少为1∶43.58。

1718年，尼古拉邀请一位名叫亚伯拉罕·棣莫弗（Abraham de Moivre）的法国数学家加入自己的研究工作，但棣莫弗拒绝了他：

"但愿我有能力将《机会的学说》（*The Doctrine of Chances*）应用于经济与政治，但这件事还是由更能干的人来做吧。"[11] 不管怎样，棣莫弗给尼古拉的回复显示，概率与预测的应用在短短几年中有了长足发展。

棣莫弗出生于 1667 年，比雅各布小 13 岁。他的家庭是法国新教徒。在当时的法国，非天主教徒面临着日益高涨的敌对氛围。[12] 在 1685 年，当棣莫弗 18 岁时，路易十四废除了南特敕令（Edict of Nantes），后者是由身为新教徒的亨利四世于 1598 年颁布的，赋予胡格诺派（Huguenots）新教徒与天主教徒同样的政治权利。随后，法国禁止新教传播，儿童一律接受天主教教育，外来移民也被禁止。棣莫弗因自己的信仰而入狱两年多，所以痛恨法国及与法国相关的一切东西。他于 1688 年设法逃到了伦敦，那时光荣革命刚刚荡涤了天主教的最后残余。之后他再也没回过祖国。

棣莫弗在英格兰过得很潦倒。他虽然努力过多次，但从未获得正式的学术职位。他的谋生手段包括教人数学、教赌徒和保险经纪人应用概率论。他在圣马丁巷（St. Martin's Lane）的老屠夫咖啡馆（Slaughter's Coffee House）保留了一个非正式的办公室，他几乎每天下午授课完毕后都去那儿。他和牛顿是朋友，且在 30 岁时就入选了英国皇家学会，但他一直颇为内向、愤懑，不善交际。他于 1754 年在贫病交加中去世，享年 87 岁。

1725 年，棣莫弗出版了第一本保险数学书《生存者年金》（*Annuities upon Lives*），其中包含了对哈雷布雷斯劳生命表的分析。虽然这本书主要关于数学，但它提出了一些重要问题。那些问题与伯努利们尝试解决的难题有关，后来棣莫弗对它们进行了深入研究。

统计学历史专家史蒂芬·斯蒂格勒（Stephen Stigler）提供了一个

关于棣莫弗年金研究的有趣例子。哈雷的生命表显示，在布雷斯劳的346名50岁男子中，只有142名（41%）活到了70岁。那只是一个小样本。在何种程度上，我们能基于该结果推断50岁男子的期望寿命？棣莫弗不能用这些数字来确定一名50岁男子有低于50%的机会在70岁前去世的概率，但他能够回答以下问题："如果真实的机会是1/2，那么142/346或更小比例的发生概率是多少？"

棣莫弗在概率领域的第一部专著是《抽签的计量》(*De Mensura Sortis*)。这部作品最初于1711年发表在英国皇家学会的《哲学学报》上。1718年，棣莫弗对这篇论文进行了大幅扩展，发布了名为《机会的学说》的英文版本，并将其奉献给好友艾萨克·牛顿。这本书大获成功，于1738年和1756年两次再版。牛顿曾对学生说："你们去找棣莫弗先生吧，他比我更懂这些东西。"《抽签的计量》也许是第一部将风险明确定义为损失可能性的学术著作："损失任何金额的风险是期望的反面；对于风险，真正的计量指标是承受风险的金额与遭受损失的概率之乘积。"

1730年，棣莫弗终于向尼古拉·伯努利的项目求教，希望弄清楚样本与整体的代表关系。他在1733年发表了完整的解答，将其收入了第2版和第3版的《机会的学说》。他开篇就承认，雅各布和尼古拉"表现出了卓越的技能……但还需要某些东西"。特别是，两位伯努利采用的方法显得"异常烦琐、艰深，很少人这么做"。

需要进行25 550次试验，这显然令人望而生畏。正如詹姆斯·纽曼所说，即使雅各布愿意接受均等概率（50/100）的"非确实可靠性"（immoral certainty），让结果处于真是比例3∶2的上下2%以内，也需要8400次抽样。按今天的标准看，雅各布选择1000/1001的概率本身就让人费解，因为大多数统计学家已经接受1/20的概率作为显著性（significant，"确实可靠性"在今天的行话）的充分证据。

棣莫弗在这些问题上取得的进展是数学史上最重要的成就之一。他利用微积分和帕斯卡三角形的基础结构（称为二项式定理），展示了一组随机抽样值是怎样分布在平均值周围的。例如，假设你从雅各布的罐子里连续抽取 100 个鹅卵石，每次抽取后都放回，记录白石与黑石的比例。然后再假设你连续抽取多次，每次抽 100 个球。棣莫弗能够预先大致地告诉你，这些比例值中有多少个将靠近全部抽样结果的平均比例值，以及这些比例值将怎样分布在总体平均值的周围。

棣莫弗提出的分布今天被称为"正态曲线"（normal curve）或"钟形曲线"（bell curve）。在这条曲线上，最多的观察值聚集在中央，靠近全部观察值的平均数（均值）。然后，这条曲线向两侧对称地向下倾斜，在均值两侧有相等数量的观察值，坡度起初较大，后来在两端趋于平坦。换言之，远离均值的观察值比靠近均值的观察值更少出现。

基于这条曲线的形状，棣莫弗能够计算一个统计指标，用它来反映观察值围绕均值的离散程度。这个指标今天被称为"标准差"（standard deviation），对于判断一组观察值是否包含足以代表总体的样本至关重要。在正态分布中，约有 68% 的观察值将处于全部观察值均值的 1 个标准差以内，约有 95% 的观察值将处于均值的 2 个标准差以内。

标准差能够告诉我们，研究对象是否处于"头在烤箱里，脚在冰箱中"的情况——此时的平均温度不能反映这个可怜人的真实感受，因为大部分样本值远离均值。标准差还能告诉我们，雅各布的 25 550

次抽样将提供关于黑白鹅卵石占比的极准确估计，因为远离均值的异常值（outlier）不会太多。

棣莫弗发现，随着相互独立的随机观察值数量的增加，一种秩序浮现出来了。他将这种秩序归因于上帝的计划。这意味着，在适当的条件下，通过正确计量，人们能够征服不确定性，从而驯服风险。棣莫弗这样总结自己的研究成果："虽然总可能出现异常值，且其出现概率可能很大，但随着时间的推移，那些异常值将与某一秩序的重现不成比例，而那种秩序自然而然地来源于上帝的最初设计（original design）。"[13]

::

棣莫弗在数学方面很有天赋，能够估算一定数量的观察值落在真实比值周围特定范围之内的概率。这一天赋带来了许多实际应用。

例如，所有制造商都担心次品穿过流水线到达客户手中。大多数情况下，要求百分百完美是不现实的，因为我们身处的世界似乎不可救药地拒绝完美。

假设一名大头针厂经理希望将每 10 万根产品的平均次品数控制在 10 根以下，即平均次品率不超过 0.01%。[14] 为了了解情况，他从刚下流水线的大头针中随机抽取了 10 万根作为样本。经过检查，他发现有 12 根缺了头部，多于希望的 10 根。那么，这一差异有多重要？如果这家厂的平均次品率的确是 0.01%，那么从 10 万根样本中发现 12 根次品的概率有多大？棣莫弗的正态分布和标准差提供了答案。

但是，人们通常希望解答的不是这种问题。更常见的情况是，人们事前并不知道这家厂的平均次品率。真实平均次品率可能高于

0.01%。关于平均次品率超过 0.01% 的可能性，那 10 万根样本揭示了什么？如果样本数增加到 20 万根，我们能多知道些什么？平均次品率处于 0.009% 和 0.011% 之间的概率是多少？ 0.007% 和 0.013% 之间呢？随机抽取的 1 根针恰巧是次品的概率又是多少？

在此场景中，数据是给定的（10 根针、12 根针、1 根针），而概率是未知的。此类问题构成了名为"逆概率"（inverse probability）的主题：如果在 10 万根大头针样本中发现了 12 根次品，那么真实平均次品率为 0.01% 的概率是多少？

::

对于此类问题，一位名叫托马斯·贝叶斯（Thomas Bayes）的牧师给出了最有效的解答。贝叶斯出生于 1701 年，生活在英国肯特郡。[15] 他是不尊奉英格兰国教会的新教徒（Nonconformist），拒绝大多数由英格兰国教会在亨利八世与罗马教廷决裂后从天主教那儿保留下来的宗教仪轨。

关于贝叶斯，我们知道的不多，尽管他还是英国皇家学会的会员。有些统计学教科书说他是一个"神秘的人"。[16] 他在世时从未发表过数学方面的作品，去世后才有两篇论文发表，但当时并未引起多少关注。

不过，这两篇论文中的一篇《论机会学说问题的求解》具有高度的原创性，使贝叶斯获得了在统计学、经济学及其他社会科学中的不朽地位。这篇论文为现代统计方法奠定了基础。统计推断是最早由雅各布·伯努利提出的重大问题。

贝叶斯于 1761 年去世。在一年前签署的遗嘱中，他将这篇论文的手稿和 100 英镑留给了理查德·普莱斯（Richard Price），贝叶斯在遗嘱中提道，"我猜想他现在是纽因顿格林（Newington Green）的一位牧师。"[17] 很奇怪贝叶斯居然不清楚普莱斯的住址，因为后者不仅仅是伦敦北部伊斯灵顿（Islington）的一位牧师。

理查德·普莱斯是一位品德高尚的人士，热切推崇人类自由，特别是宗教自由。他相信自由的来源是神圣的，因此是道德行为的基础。他宣称，与其做某人的奴隶，不如做自由的罪人。在 18 世纪 80 年代，普莱斯写了一本关于美国革命的书，名为《对美国革命的重要性和使它造福于世界的途径的观察》（Observations on the Importance of the American Revolution and the Means of Making it a Benefit to the World）。在这本书里，他表达了"美国革命是由上帝决定的"这一信念。他冒着人身风险，照顾了一些被押解到英格兰营地的美国战俘。他的朋友有本杰明·富兰克林、亚当·斯密等。当斯密撰写《国富论》时，普莱斯和富兰克林一起阅读并评论了几章书稿。

有一项自由令普莱斯感到困惑：借的自由。他非常担心英国因对法国及北美殖民地作战而迅速膨胀的国家债务。他批评国债是个"无底洞"，称其为"国之大恶"。[18]

普莱斯不仅是一位牧师、一名热切的人类自由捍卫者，他还是一位数学家，凭借对概率的研究获得了英国皇家学会的会籍。

1765 年，三名公平保险公司（Equitable Society）的人请普莱斯帮忙设计一套死亡率表，作为寿险与年金的定价依据。研究过哈雷、棣莫弗等人的成果后，普莱斯在《哲学学报》期刊上发表了两篇文章。据他的传记作者卡尔·科恩（Carl Cone）说，普莱斯在撰写其中第二篇时，因冥思苦想而一夜白首。

普莱斯从研究保留在伦敦的记录开始,发现这些记录中的期望寿命远低于实际数。[19] 然后他转而研究北安普敦郡(Northampton),那儿的记录保留得比伦敦好。他于1771年通过《对继承年金的观察》(*Observations on Reversionary Payments*)一书发布了自己的研究成果,这本书直到19世纪都被奉为此领域的圣经。凭借这部书,普莱斯赢得了"精算学之父"的美名。如今,所有保险公司都将复杂的精算工作作为计算保费的基础。

然而,普莱斯的书里有严重错误,部分原因是数据不够全面,遗漏了大量未登记的出生人口。此外,他高估了青年人的死亡率,低估了老年人的死亡率。他对流入及流出北安普敦的移民的估算也有瑕疵。最严重的是,他似乎低估了期望寿命,结果使得寿险保费远高于合理水平。公平保险公司因这一错误而大发其财,而英国政府因使用同一张死亡率表计算年金而损失惨重。[20]

∴

两年后,在贝叶斯去世后,普莱斯将贝叶斯的一篇"非常精巧"的论文寄给了英国皇家学会的约翰·坎顿(John Canton),还附上了一封信,介绍了贝叶斯写这篇论文的意图。1764年,英国皇家学会将贝叶斯的这篇论文刊登在了《哲学学报》上。尽管如此,这篇论文仍然又埋没了20年。

贝叶斯这样描述自己尝试解答的问题:

问题

已知某一未知事件已经发生和不发生的次数,求解其在一次试验中发生的概率处于任何两个给定水平之间的机会。[21]

这个问题恰好是雅各布·伯努利大约60年前提出的问题的逆问题。贝叶斯问的是，当我们只知道某事件已经发生和不发生多少次时，怎样计算其发生概率。换言之，一根大头针要么是次品，要么是完美的，如果我们从100根样本中检出了10根次品，那么总体（而非任何100根样本）的次品率处于9%和11%之间的概率是多少？

普莱斯给坎顿的信反映了，经过100年的发展，概率分析已融入现实决策。普莱斯写道："每个审慎的人都将认识到，现在所讲的问题并非学术研究中的好奇猜测，而是需要得到解答，从而为所有关于过去与未来的推理提供可靠依据。"[22] 他接着说道，无论是雅各布·伯努利，还是棣莫弗，都没有以这种方式提出此问题，尽管棣莫弗将找到自己答案的过程描述成"概率研究领域最难的工作"。

为了证明自己的观点，贝叶斯用了一种新颖的方式：一张台球桌，先丢出第一个球，让它滚过台球桌，停在任何一处。再以同样的方式反复丢出第二个球，统计它停在第一个球右边的次数。这就是"某一未知事件已经发生的次数"。第二个球停在第一个球的左边就是该事件不发生。第一个球停下来的位置就是一次试验，其概率可从第二个球的"发生"和"不发生"次数中推算出来。[23]

贝叶斯算法（Bayesian system）的主要应用是，根据新信息修正基于旧信息的概率，用统计学家的话来说就是比较后验概率（posterior probability）和先验概率（prior probability）。在台球桌这个例子中，第一个球的停留位置代表先验概率，根据第二个球的停留位置反复修正对第一个的估计则代表了后验概率。

根据获得的新信息，修正基于旧信息的推断，这一做法源于以下哲学理念：在一个动态的世界中，在不确定性的条件下，不存在单一的答案。正是因为这一理念，贝叶斯的贡献才显得如此现代。数学家史密斯（A.F.M. Smith）曾这样总结道："在我看来，任何试图对复杂的不确定性问题证明单一解答的科学推断，都是对理性学习过程的拙劣模仿。"[24]

虽然由于篇幅限制我无法在此详述贝叶斯算法，但我在本章附录中给了一个用贝叶斯算法进行分析的例子。

∷

本章提到的所有成就有一个最激动人心的特点，那就是认为不确定性能被衡量。不确定性指的是未知的概率。我们可以说，当信息正确、某事件不发生时，或者当信息不正确、某事件发生时，某事物是不确定的。

雅各布·伯努利、亚伯拉罕·棣莫弗、托马斯·贝叶斯向我们展示了，怎样根据实证的事实，推断原先未知的概率。这些成就令人瞩目，因为它们需要敏捷的思维，且大胆探索了未知世界。当棣莫弗提出"最初设计"这一概念时，他丝毫没有掩饰对自己成就的赞叹。他对此津津乐道，在另一处写道："如果我们不用形而上学的尘埃蒙蔽自己，就能快速、容易地认识伟大的造物主和一切的统治者。"[25]

进入18世纪后，启蒙运动将求知奉为人类活动的最高形式。科学家们得以拭去眼前的形而上学尘埃。求知和创新不再面临任何阻碍。而在维多利亚时代（Victorian era），1800年前人类为驯服风险而做的努力继续获得推断。

附录 7-1　一个应用贝叶斯统计推断法的例子

我们回到那家大头针公司。该公司有两座工厂，老的那座占总产量的 40%。这意味着随机抽取的一根大头针有 40% 的概率来自老厂，这就是先验概率。我们发现老厂的次品率是新厂的两倍。如果一名客户来电话投诉说发现了一根次品针，那么该找新厂还是老厂？

一方面，先验概率意味着这根次品针最有可能来自新厂，因为它占总产量的 60%。而另一方面，新厂的次品只占两厂全部次品的三分之一。当我们根据此信息修正先验概率后，那根次品针来自新厂的概率只有 42.8%，来自老厂的概率则为 57.2%，这就是后验概率。

第8章

非理性世界的至高法则

卡尔·弗里德里希·高斯（Carl Friedrich Gauss）于1855年去世，享年78岁。在人生的最后27年里，高斯一直住在德国哥廷根，仅离家住宿过一次。[1]因为高斯不喜欢旅行，所以他婉拒了多家欧洲顶尖大学的聘请和授奖。

和其他许多数学家一样，高斯也曾是一名神童。他的母亲对此非常高兴，但他的父亲却不那么乐意。他的父亲是一名干体力活的粗人，对小高斯的智力早熟深感厌恶，因此对他异常苛刻。高斯的母亲则竭尽全力保护他，鼓励他进步，因此高斯深爱自己的母亲。

现在流传着大量关于高斯异常早慧的故事。他对数字有超凡的记忆力，将整张对数表记在了大脑里，能脱口而出。18岁时，高斯就对十七边形的几何特性有所发现，这样的天才自2000年前的古希腊数学家以来从未出现过。他的博士论文《单变量有理整代数函数皆可分解为一次或二次式的定理的新证明》(*A New Proof That Every Rational Integer Function of One Variable Can Be Resolved into Real Factors of the First or Second Degree*）被奉为代数学的基础定理。他所用的概念不新，但证明方法是新的。

作为一名数学家，高斯享誉全球。当 1807 年法军逼近哥廷根时，拿破仑命令他的军队绕过这座城市，只因"有史以来最伟大的数学家居住于此"。[2] 这真可谓"皇恩浩荡"，但名气是一把"双刃剑"，当得胜的法军要求德国人赔款时，他们向高斯索要 2000 法郎。从购买力看，那相当于现在的 5000 美元，对一位大学教授来说可不是小数目。㊀一个有钱的朋友伸出了援手，却被高斯拒绝。但在高斯再次说"不"前，著名的法国数学家皮埃尔·西蒙·拉普拉斯侯爵（Marquis Pierre de Laplace，1749—1827）为他付了这笔钱。拉普拉斯说，他之所以要做这件善事，是因为小他 29 岁的高斯是"世上最伟大的数学家"，[3] 这样就将高斯从拿破仑的评价往下移了几级。随后一位匿名的德国崇拜者送给了高斯 1000 法郎，以帮助他偿还拉普拉斯。

拉普拉斯是一位多姿多彩的人物，值得在此处荡开一笔。我们在第 12 章中还会遇到他。

高斯研究的一些概率问题也是拉普拉斯思考多年的。和高斯一样，拉普拉斯也曾是一名数学神童，着迷于天文学。但两人的共同点仅此而已。拉普拉斯的职业生涯跨越了法国大革命、拿破仑时代、君主制复辟时期。在那个年代，任何希望攀上高位的人都必须具备不同寻常的应变能力。拉普拉斯雄心勃勃，灵活善变，因而确实攀上了高位。[4]

1784 年，法王任命拉普拉斯为皇家炮兵部队巡视员，薪水可观。但在共和国成立后，拉普拉斯立即宣称自己"对王族深恶痛绝"。[5] 拿

㊀ 法郎兑美元的汇率在那些年里稳定在 5∶1 左右。按照 1807 年的购买力，2000 法郎相当于 400 美元。1807 年 1 美元的购买力是今天的 12 倍。

破仑掌权后，拉普拉斯迫不及待地宣布积极支持新领袖，而新领袖则任命他为内政部长，并封他为伯爵。拿破仑其实是在拉法国最受尊敬的科学家给自己站台。然而只过了短短六个月，拿破仑就免去了拉普拉斯的职务，转而任命了自己的兄弟，还说道："他是一个糟糕的行政官员，过分执着于细枝末节。"[6] 这就是学者过于接近权力的结果！

后来拉普拉斯报了这一箭之仇。他曾在大作《分析概率论》(*Théorie analytique des probabilités*) 的 1812 年版中写道"谨将本书献给伟大的拿破仑"，但 1814 年版里就没有这句话了。他还将政治风向的转变与其论著的主题联系起来，写道："只要精通微积分，就能以很高的概率，预测意图统治世界的帝国的衰落。"[7] 法王路易十八登基时，考虑到拉普拉斯的影响力，授予他侯爵封号。

∷

与拉普拉斯不同，高斯深居简出，惯于秘不示人。他有大量重要的数学研究成果从未发表，因此其他数学家不得不重做他做过的许多工作。此外，他发表的论文往往重结果而轻方法，其他人只能努力寻找通向他的结论的道路。高斯的传记作者埃里克·坦普尔·贝尔 (Eric Temple Bell) 认为，如果高斯更乐于提供信息，那么数学的发展可以加快 50 年："一些东西藏在他的日记里数十年，如果发表的话，能为他赢来多项荣誉。"[8]

名气加上神秘，使得高斯无可救药地自命不凡。虽然他的成就主要是在数论领域（费马也着迷于此），但他对费马的开创性工作没有帮上什么忙。他对挑战了数学家 100 多年的费马大定理不屑一顾，称其为"一个孤立的命题"——"我对它不感兴趣，因为我可以轻而易举地提出大量这样的命题，而它们既不能被证明也不能被证伪。"[9]

高斯并非在空夸海口。早在 1801 年，24 岁的高斯就发表了用典雅拉丁文撰写的《算术研究》(*Disquisitiones Arithmeticae*)——数论领域具有历史意义的开创性著作。这本书对数学家以外的人来说艰深晦涩，但对高斯自己而言是美妙乐章。[10] 他在数论中找到了"魔幻般的魅力"，醉心于发现并证明诸如以下的关系：

$$1 = 1^2$$
$$1 + 3 = 2^2$$
$$1 + 3 + 5 = 3^2$$
$$1 + 3 + 5 + 7 = 4^2$$

这些等式体现了一种规律：从 1 开始 n 个连续奇数之和等于 n 的平方。以此类推，从 1 开始 100 个连续奇数（即从 1 到 199）之和等于 10 000，从 1 开始 500 个连续奇数（即从 1 到 999）之和等于 250 000。

高斯确实试图证明他的理论工作有重要的实用意义。1800 年，一位意大利天文学家发现了一颗新的小行星，将它命名为谷神星（Ceres）。一年后，高斯开始计算它的轨道。在那之前，他算出了月相表，人们可在其中查找任何一年复活节的日期。高斯做这些的很大原因是想赢得美誉。但是，他也想像托勒密、伽利略、牛顿等著名前辈那样，投身于对天体运行规律的探寻，并且希望在天文领域超越他的恩人拉普拉斯。不管怎样，谷神星的问题本身就很吸引人，因为相关数据非常贫乏，且谷神星围绕太阳公转的速度相当快。

经过大量计算后，高斯拿出了准确的答案，能够预测谷神星在任何时刻所处的确切方位。在此过程中，他积累了计算天体运行方位的本领，能在一两个小时内算出一颗彗星的轨道，而其他科学家需要三四天。

高斯对自己的天文学成就特别自豪,觉得在追随偶像牛顿的步伐。出于对牛顿的崇拜,高斯每当听到人说一个落下来的苹果启迪牛顿发现了万有引力定律,就会勃然大怒。他这样评论那个传说:

> 愚蠢!一个好管闲事的笨蛋问牛顿怎样发现了万有引力定律。为了摆脱这个无知之徒,牛顿回答说一个苹果掉下来砸在他鼻子上。于是那个人心满意足地离去了,自以为通晓了一切。[11]

高斯对人类总体上持悲观看法,反对当时日益流行的民族主义情绪,反对战争,认为对外征服是"不可理喻的疯狂之举"。也许正因厌世,他才拒绝远游。[12]

∷

高斯对风险管理并不特别感兴趣。但是,概率、大数、抽样等研究工作中的一些理论问题吸引了他,这些研究工作由雅各布·伯努利开启,棣莫弗和贝叶斯接棒。虽然高斯对风险管理不感兴趣,但他在这些领域的成就是现代风险控制技术的核心。

高斯在概率领域最早的研究成果于1809年发表在《天体运动论》(*Theoria Motus*)一书中。在这本书中,高斯说明了怎样根据多次独立观察得到的最频繁路径,测算天体运行的轨道。当拉普拉斯于1810年注意到这本书时,他热切地扑了进去,并开始研究高斯未阐明的一些问题。

高斯对概率论的最大贡献,来自一个与概率完全无关的领域——大地测量学,即利用地球曲度提高地理测量准确性的学问。由于地球是圆的，地面上两点之间的距离不等于它们之间的直线距离。如果两点相距仅几英里⊖，那么此差异微不足道；但如果两点相距 10 英里以上，那么此差异相当显著。

1816 年，高斯受邀对巴伐利亚进行一次大地测量，并将结果与他人对丹麦和德国北部的测量结果联系起来。此项任务对于高斯这样一位抱残守缺的学究来说，大概颇为无趣。他不得不在崎岖不平的野外地带工作，努力和公务员及其他科学家沟通，而他打心底里觉得他们都没自己聪明。此项研究一直延续到了 1848 年，形成了满满 16 卷的成果。

因为无法测量地面上的每一平方英寸，所以大地测量工作需要根据所研究区域内的样本距离进行估算。高斯分析了估算结果的分布情况，发现尽管它们相差颇大，但随着估算次数的增加，结果似乎围绕着一个中心点聚集。那个中心点就是均值（mean），统计学里用它来称呼所有观察值的平均数。那些观察值在均值两侧的区域内呈对称分布。高斯的测量次数越多，这幅图景就越清晰，越像棣莫弗 83 年前描绘的钟形曲线。

其实，风险管理与大地测量之间颇有联系。日复一日地，高斯对巴伐利亚的群山进行了无数次测量，试图估算地球曲度，积累了大量数据。正如我们在研判未来趋势时会回顾过往经验那样，高斯不得不检视自己积累的观察值，从中寻觅规律，研究地球曲度如何影响巴伐利亚不同地点之间的距离。通过检视观察值在均值两侧的分布状况，他能够判断观察值的准确性。

其实，高斯尝试解答的问题与我们做风险决策时面临的问题如出

⊖ 1 英里 = 1.609 344 千米。

一辙。平均而言，我们可预测纽约 4 月下多少场雨？如果不带雨衣去纽约度一周假，那么不遇上下雨的概率有多大？如果我们打算驾车横穿美国，那么在这 3000 英里路上遭遇车祸的风险有多大？明年股市下跌超过 10% 的风险有多大？

高斯为回答这些问题设计了一套框架，我们对它已很熟悉，通常不会费神考虑它出自哪里。但若缺少这套框架，我们就没有系统性的方法，用于确定是否该冒特定的风险，或对眼前的风险进行评估。我们将不能判断手头的信息有多少准确。我们将无法估算某一事件的发生概率，诸如降雨、一名 85 岁男子去世、股市下跌 20%、俄罗斯赢得戴维斯杯（Davis Cup）、民主党主导国会、汽车安全带失灵、一家石油勘探公司发现油井等。

这一解答问题的过程从钟形曲线开始，该曲线的主要意义在于估算误差而非准确性。如果我们的每一次估算都精准无误，那么故事就到此结束了。如果每个人、每头象、每株兰花、每只刀嘴海雀都和其他所有同类一模一样，那么地球上的生命将与现实大相径庭。但是，生命多是求同存异的，某一个体不能代表整体。通过揭示正态分布，我们用钟形曲线化无序为有序。下一章我们将"遇到"的弗朗西斯·高尔顿这样热情洋溢地描写正态分布：

> 这一"误差频率法则"……在最混乱无序的地方寂静无声地主导一切。世界越是混乱，这条法则越是体现得完美。它是非理性世界的至高法则。哪里存在大量的无序样本，哪里就能发现深藏不露的极美秩序。[13]

我们大部分人首次遇到钟形曲线是在学生时代。老师批改试卷的结果通常符合钟形曲线，极端结果很少出现。普通学生得到普通成绩，如 B-、C+、80% 等。差等生和优等生的成绩对称分布于平均成绩两侧。即使所有试卷都很优秀或都很糟糕，最优秀的学生也能获得 A，最差的学生也会获得 D，而大多数学生落在 A 和 D 之间。

许多自然现象，如一群人的身高、他们的中指长度，都呈正态分布。正如高尔顿所提出的那样，正态分布有两个必要条件：有尽可能多的样本，且样本彼此独立。除非先有无序，否则不可能找到秩序。

若样本彼此不独立，则可能犯大错。1936 年，一本今天已停刊的杂志《文摘》（*Literacy Digest*）组织了一次民意测验，旨在预测即将举行的总统大选结果。那次大选的对决者是富兰克林·罗斯福（Franklin Roosevelt）和阿尔弗雷德·兰登（Alfred Landon）。该杂志寄出了约 1000 万张采用可返回明信片形式的测验选票，对象是从电话号码簿和汽车登记簿中选出来的人。很大一部分选票返回了，其中 59% 选兰登，41% 选罗斯福。而在大选日，兰登只获得了 39% 的选票，远少于罗斯福的 61%。这是因为，在 20 世纪 30 年代中期，拥有电话和汽车的人很难构成美国投票人的一个随机样本，他们的投票偏好深受自身经济条件影响，而他们的经济条件远好于当时的普罗大众。

∷

真正彼此独立的观察值可提供许多关于概率的有用信息。请看掷骰子的例子。

一枚骰子有六个侧面，每一面朝上的概率相同。如果我们用一张图来展现掷一次骰子时每个数字的掷出概率，那么它们（都为六分之一）可连成一条水平线。这张图绝对不像正态分布曲线，而只掷一次的样本除了掷出的那个具体数字外，不能告诉我们任何其他关于骰子的信息。我们面临的局面就像盲人摸象。

现在让我们掷 6 次骰子,看看会发生什么(我用电脑做了这个实验,确保掷出的数字是随机的)。第 1 轮得到的 6 个数字是 4 个 5、1 个 6、1 个 4,平均值为 5.0。第 2 轮得到 3 个 6、2 个 4、1 个 2,平均值为 4.7。这些信息并不算多。

经过 10 轮后,平均值开始集中在 3.5 上下,而那恰好是 1 至这 6 个数字的平均值,也正好是 1 次掷出 2 枚骰子的数学期望值的一半。我得到的 10 个平均值中,6 个高于 3.5,4 个低于它。我接下来又掷了 10 轮,得到的 10 个平均值也是参差不齐,3 个低于 3.0,4 个高于 4.0,1 个高于 4.5,1 个低于 2.5。

下一步,我算出了前 10 轮、每轮 6 次掷骰子的平均值。虽然每一轮的 6 个结果都呈无序分布,但是这些平均值的平均值为 3.48!这个平均值让我满意,但标准差 0.82 让我觉得太大了。㊀换言之,这 10 轮中有 7 轮的平均值处于 4.30(= 3.48 + 0.82)和 2.66(= 3.48 – 0.82)之间,其余则偏离平均值更远。

现在我命令电脑模拟 256 轮,每轮 6 次掷骰子。最初的 256 轮产生了一个几乎正中目标的平均值 3.49,而标准差降到了 0.69,所有各轮的平均值中约有三分之二处于 2.80 和 4.18 之间,只有 10% 低于 2.5 或高于 4.5,有超过半数处于 3.0 和 4.0 之间。

我用电脑重复了 10 遍这样的 256 轮,然后算出了这 10 组样本(每组 256 轮)每一组的平均值,这 10 个平均值的总平均值(grand average)为 3.499(我保留到小数点后 3 位以显示离 3.5 有多近)。但令我印象深刻的是,标准差降到了区区 0.044。10 组样本(每组 256

㊀ 标准差是棣莫弗发明的指标,用于衡量观察值围绕均值的离散程度。在正态分布中,约有三分之二(68.26%)的观察值处于均值加减一个标准差的区间内,约有 95.46% 的观察值处于均值加减两个标准差的区间内。

轮掷骰子）中，有 7 组的平均值处于 3.455 和 3.543 之间的狭小范围内，平均值低于和高于 3.5 的各有 5 组。接近完美。

正如雅各布·伯努利所发现的那样，数量很重要。上述发现——平均值的平均值奇迹般地降低了围绕总平均值的离散程度——被称为"中心极限定理"（central limit theorem）。这条定理最初由拉普拉斯于 1809 年提出，随后他就于 1810 年注意到了高斯的《天体运动论》。

平均值的平均值揭示了更多重要信息。我们做上述实验用的是一枚常见的 6 面骰子，每一面朝上的概率相等，呈水平线分布，一点儿都不像正态分布。但随着电脑反复掷骰子，积累越来越多的样本，我们获得越来越多关于这枚骰子特点的信息。

每掷 6 次骰子，得到的平均值很少接近 1 或 6，很多处于 2 和 3 之间或 4 和 5 之间。这一特点早在约 250 年前就被卡尔达诺发现并告诉他的赌徒朋友们了。掷一枚骰子多次，得到的平均值应该为 3.5。因此，掷两枚骰子多次，得到的平均值应该为 3.5 的两倍，也就是 7。正如卡尔达诺所展示的，在 7 的两侧，从 7 到 2 或 12，这些数字的出现概率同步递减。

∷

正态分布构成了大多数风险管理手段的核心。保险业务的基础就是正态分布，因为芝加哥的一场火灾不会由亚特兰大的另一场引起，某时某地某人的死亡不会与另一时间另一地点另一个人的死亡相关。保险公司对不同年龄和性别的数百万人进行抽样统计，获得的经验数据表明期望寿命呈正态分布。因此，寿险公司可对每一人群的期望寿命做出可靠评估。他们不但能测算平均的期望寿命，还能估计每年实际经验数据可能达到的偏离度。而在考虑病史、吸烟习惯、住所、职

业活动等更多数据后，保险公司能更准确地测算期望寿命。⊖

有时，正态分布会提供比样本可靠性更重要的信息。当观察值彼此依赖（即一件事的发生概率取决于先前发生的另一件事）时，它们很少（但并非不可能）呈正态分布，往往不是对称地分布于均值两侧。

在这些情况下，我们可通过反向推理获益。如果独立性是正态分布的必要条件，那么我们能假定钟形曲线分布的观察值是彼此独立的。现在，我们可以开始问几个有意思的问题。

股价涨跌与正态分布有多少相似？市场行为研究的一些权威专家坚称，股价是"随机漫步"的，像步履蹒跚、摸索着去抓路灯杆的醉汉一样，没有目标，没有规划。他们相信，股价和轮盘、骰子一样毫无记忆，每次观察都完全独立于上次。下一分钟的股价变化不受过去一分钟、昨天乃至前天的影响。

要判断股价涨跌是否真有独立性，最好的法子是看它们是否呈正态分布。有很多令人印象深刻的证据，支持我们将股价涨跌视为正态分布。这并不意外。在充分竞争、高度活跃的股票市场上，每个投资者都试图战胜所有其他人，新信息迅速反映在股价中。如果通用汽车发布一期令人失望的业绩，或者默克制药推出一款万众瞩目的新药，那么股价不会静止不动，让投资者慢慢分析这些新闻。没有哪个投资者肯比别人行动得慢，因为那意味着损失或少赚。所以，大量的投资者会几乎同时抛售通用汽车或抢购默克制药，立即将股价打压或推升至充分反映新信息的水平。因为新信息的到来是随机的，所以股价的

⊖ 理查德·普莱斯的经验提醒我们，必须确保好的数据质量，否则就会"垃圾进，垃圾出"。

涨跌不可预测。

在 20 世纪 50 年代，芝加哥大学的哈里·罗伯茨（Harry Roberts）教授报告了支持上述观点的证据。[14] 罗伯茨使用计算机从一个数列中随机抽取数字，该数列具有与股市价格变动相同的平均值和标准差。然后他画了一张图，展示那些随机数的依次变化。结果呈现出了一些形态，而它们与分析师预测市场走势时所依据的形态相同。所以，实际的价格变化和计算机生成的随机数彼此难以区分。这样看来，也许股价真的没有记忆。

图 8-1 展示了标准普尔 500 指数的月度、季度、年度涨跌幅度，该指数是专业投资者最偏好的股市指数。数据从 1926 年 1 月到 1995 年 12 月，共计 840 个月度观察值、280 个季度观察值、70 个年度观察值。⊖

这几张图虽然彼此不同，但有两个共同点。首先，正如 J.P. 摩根（J.P. Morgan）所言，"市场将会波动"，股市是一个动荡不已的地方，或涨或跌。其次，落在 0 点右侧的观察值多于落在左侧的，这意味着平均来看涨多跌少。

正态分布提供了对随机漫步假设的更严格检验，但除了一点：即使随机漫步可以描述股市的现实，即使股价的变化完美地呈现为正态分布，均值也不会等于 0。上升倾向应在意料之中。从长期来看，随着经济扩张、企业营收及利润攀升，普通股股东的财富持续增长。由于涨多跌少，股价的平均涨跌幅应该大于 0。

⊖ 熟悉统计学的读者会提出，我应该在后面的讨论中使用对数正态分析。但对于不熟悉统计学的读者，现在这种形式的介绍更易于理解。若为了将准确性提高一点点而把内容写得很复杂，那样会得不偿失。

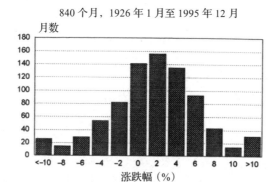

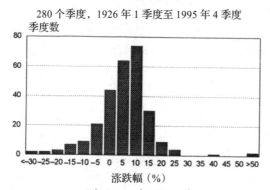

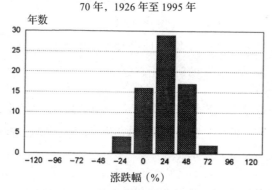

图 8-1　1926 年 1 月至 1995 年 12 月标准普尔 500 指数的月度、季度、年度涨跌图

实际上，股价年度涨幅（不含分红收益）的平均值为 7.7%，标准差为 19.3%。这意味着，如果未来与过去相似，那么将来三分之二的

年份里，股价的波动在 −11.6% 和 +27.0% 之间。股价上涨超过 46.4% 或下跌超过 31.6% 的年份各只有 2.5%，即 40 年里只会出现 1 年。

在抽样的这 70 年里，股价上涨的有 47 年，大约是每 3 年中有 2 年。下跌的有 23 年，而在这 23 年里有 10 年股价下跌超过了一个标准差，即大于 12.1%。事实上，那 22 个糟糕年份的平均跌幅达到了 15.2%。

注意这三张图有不同的坐标轴。纵轴显示观察值的数量，三张图显然不同：对于任何一段时期，月数多于季度数，季度数多于年数。横轴显示结果值的范围，三张图也不同，因为一年的股价波幅大于一个季度，一个季度的股价波幅大于一个月。横轴上的每个数字衡量左边数字与该数字之间的价格变化。

我们先来看 840 个月涨跌幅这张图。月度涨跌幅的均值是 +0.6%。如果我们将每个观察值减去 0.6% 以消除股市自然上涨倾向的影响，那么平均涨跌幅变成 +0.000 000 000 000 000 02%，上涨的月份占 50.6%，下跌的月份占 49.4%。第一四分位数（中位以下 204 个值处）为 −2.78%，第三四分位数（中位以上 204 个值处）为 +2.91%，呈现几乎完美的对称正态分布。

月度涨跌幅的随机性也体现在较小的样本上，如与上月同方向变化的月份。连续两个月同方向涨跌的情况只占约 50%，连续五个月同方向涨跌的情况只占约 9%。

月度涨跌幅这张图确实较像正态曲线。但请注意图上边缘处的少量大幅涨跌。一条正态曲线不该两端翘尾。

现在我们看 280 个季度涨跌幅这张图。此图也与正态曲线相似，不过离散度很高，两端又翘尾。20世纪30年代有两个季度跌幅超过了三分之一，还有两个季度涨幅接近了90%！现在股市不如过去那么动荡了。自第二次世界大战结束以来，每个季度的涨跌幅都在 –25%和 +25% 之间。

季度平均涨跌幅为 +2%，但标准差达到了 12.1%，这表明 +2% 的平均涨幅没有太多代表性。有 45% 的季度未达到季度平均值 2%，超过它的则有 55%。

70年涨跌幅是三张图里最整齐的一张，但横轴尺度四倍于季度图，令大幅涨跌显得格外突出。

这三张图上，坐标轴的差异不仅是使不同期间变得可比的技术手段。坐标轴告诉我们一条重要信息。如果一名投资者买入一组股票并持有它 70 年，那么收益将非常可观。而如果一名投资者期望每三个月赚到 2%，那么结果会很惨（注意，我在这里用的是过去式，我们不知道股市的过往记录是否决定着未来走势）。

因此股市的记录看上去颇像随机漫步，至少在 840 个月涨跌幅这张图上，因为如果股价涨跌幅不像每次掷骰子那样彼此独立，数据就不会这样围绕着均值分布。对上涨倾向进行调整后，上涨和下跌的记录基本持平；连续多月上涨或下跌的现象很少见；不同时期的波动率相当接近理论水平。

假设我们能运用雅各布·伯努利的限制条件，即未来将与过去相似，那么我们可基于这些信息，计算股价在任何一个月达到特定涨跌幅的风险。标准普尔数据表中的月度涨跌幅均值是 0.6%，标准差是 5.8%。如果股价变化真是随机分布的，那么任何一个月股价涨跌幅

在 –5.2% 和 +6.4% 之间的概率为 68%。假设我们想知道任何一个月股价下跌的概率。答案是 45%，略低于一半。但是，任何一个月股价跌幅超过 10% 的概率只有 3.5%，这意味着每 30 个月才发生一次。上涨或下跌达到 10% 的情况则每 15 个月发生一次。

我们看到，840 个月度观察值中，有 33 个或约 4% 偏离月度平均值 +0.6% 超过两个标准差，即跌幅超过 11% 或涨幅超过 12.2%。虽然 33 次超级震荡少于我们在完全随机观察值中可预期的数量，但其中 21 次是下跌，而理论上这个数量应为 16 或 17 次。在一个具有长期上涨倾向的市场中，816 个月里的股灾次数应该少于 16 或 17 次。

就极端情况来看，股市不是随机漫步的。在极端情况下，股市更可能毁灭而非创造财富。所以，股市是一个危险的地方。

::

直到现在，我们的故事主要围绕着数字。我们从古代印度人、阿拉伯人、希腊人，一直讲到 19 世纪的高斯和拉普拉斯，占据舞台中央的始终是数学家。我们的主题是概率，而非不确定性。

而现在，这个舞台要变一下了。现实生活不像帕乔利的 balla 游戏，并非一系列独立或相互无关的事件。股市走势极似随机漫步，但这种相似性并不完美。平均值有时是有用的指标，但很多时候有误导性。还有很多时候，数字根本没有用，我们不得不依靠猜测应对未来。

这并不意味着数字在现实生活中无用。关键在于，要明白数字何时有意义，何时没有。所以，现在我们需要回答一组全新的问题。

例如，被炸弹击中的风险该根据什么来评估，700 万人还是一头大象？以下月平均涨跌幅中，我们该用哪一个来确定股市的常态：

1926 年至 1995 年的 +0.6%，1930 年至 1940 年的 +0.1%，还是 1954 年至 1964 年的 +1.0%？

换言之，当我们说"常态"时，我们指的是什么？某个平均值对常态的描述有多好？作为一个行为指标，某个平均值的稳定性和代表性有多强？当观察值偏离过去的平均值时，它们将来回归该平均值的可能性有多大？如果它们确实回归，那么它们会止步于该回归值还是突破它？

还有一些少见的情况，比如股市连涨五个月。是不是任何东西上升之后必定下降？骄兵必败吗？一家陷于困境的公司咸鱼翻身的可能性有多大？一名狂躁症患者会不会迅速陷入或摆脱抑郁？旱灾何时才能结束？繁荣是否近在眼前？

要回答所有这些问题，必须区分常态和非常态。许多冒险机会来源于对常态的偏离。当分析师说某股票"被低估"时，他们是在说投资者可现在低价买入，等股价回到正常水平后卖出获利。而有时很难区分常态与非常态。心理抑郁或狂躁状态可能延续终生。1932 年，胡佛总统及其顾问相信政府刺激只能延缓经济自行回归常态的过程，因而不肯干预经济，结果经济迟迟不见复苏。

人们对"常态"的理解与对"平均值"的理解一样深。但维多利亚时代英格兰的业余科学家弗朗西斯·高尔顿在高斯等先辈的研究基础上，提出了一套新框架，帮助人们区分可衡量的风险和那种要求我们对未来进行猜测的不确定性。

高尔顿不是一名寻求永恒真理的科学家。他注重实用，爱好科学，但仍是业余人士。不过，他的创新与成就对数学和现实决策产生了持久影响。

第 9 章

头脑古怪的人

弗朗西斯·高尔顿（Francis Galton，1822—1911）家境优渥，从未为生存而工作过，仅 20 岁出头时在一家医院短暂干过一阵。[1]但在本书提到的众多人物里，他是最有魅力、最受喜爱的之一。他是查尔斯·达尔文的大表弟，时常搞些发明，热衷于到白人从未涉足的非洲各地探险。他对风险管理理论做出了重大贡献，但那份贡献源于他笃信的一个邪恶理念。

高尔顿爱好——或者说痴迷于——测量。他常说："只要可能，数一数。"[2]他孜孜不倦地记录头、鼻子、手臂、腿的尺寸，人的身高和体重，眼睛的颜色，女性继承人的生育率，讲座中人们显出烦躁的次数，德比（Derby）马赛观众脸上颜色的变化程度。他对街上的女孩按魅力程度分类，遇到漂亮女孩就在左边口袋中的卡上扎一个孔，遇到姿色平庸的就扎右边口袋里的卡。在他的英国"美女地图"上，伦敦女孩得分最高，阿伯丁最低。他研究了 1 万份法官判决书，观察到刑期大多为 3、6、9、12、15、18、24 年，少数为 11 或 13 年，没有

17年。在一场牛展会上，他统计了800名参观者对一头公牛重量的估计，发现"估计的平均值基本正确，偏离实际值不到百分之一"。³

高尔顿于1884年建立了一个"人体测量实验室"（Anthropometric Laboratory），测量并记录形形色色的人体数据，甚至包括指纹。高尔顿之所以对指纹感兴趣，是因为它们不随年龄的增长而改变。1893年，他就这个主题发表了一部200页的专著，很快促成了指纹在警务中的普遍应用。

在1849年的一次非洲狩猎之旅中，高尔顿也表现出了对测量的痴迷。当他抵达今天纳米比亚的一个霍屯督人（Hottentots）村子时，他发现当地人的身材很好——"足以令我们这儿的女性发狂"。⁴有一名女子特别吸引了高尔顿的注意。⁵作为一名钻研科学的人，他报告说，"我特别想获得她身材的准确测量值。"尽管不会说霍屯督语，也不知该怎样开展此项"研究"，但高尔顿依然达到了自己的目标，他写道：

> 突然间，我的目光落在了我的六分仪上。我灵机一动，从各个方向观测了她的身材，记下数值……然后，我大胆地拉出我的卷尺，测量了我和她站立处之间的距离，从而获得了基线和角度。根据这些，我运用三角函数和对数函数算出了结果。

高尔顿是典型的维多利亚时代的英国人，四处游历，似乎整个世界是他的私人地盘。在那次非洲狩猎之旅中，由于担心当地酋长可能袭击他的营地，他骑上了一头公牛，来到村里最大的木屋，硬是将牛头扭进了屋里。他的营地从未被人袭击过。

在另一个村子，高尔顿拒绝配合这样一个社交仪式：主人漱口后，将漱口水吐在客人脸上。这在当地可算犯忌了。当南格若国王（King Nangoro）让查潘吉公主（Princess Chapange）招待高尔顿一晚时，他惊骇地看到公主"满脸赭土和黄油"。他记录道："我穿着一套精心保存的白色亚麻套装，所以我赶紧将她打发走了。"

对于世界上有些地方聚居着白色皮肤的人，南格若国王觉得难以置信。在他看来，高尔顿及其朋友是少见的不断迁徙者，或是某种不正常的人。高尔顿的一个同伴不得不多次在国王面前脱去衣服，以表明自己全身都是白色的。

高尔顿的好奇心永无止境。当他在剑桥读书时，有个马戏团路过那里。他居然直接走进了狮笼，成为那个马戏团历史上第四个进过狮笼的人。他喜欢在晚上 10 点到凌晨 2 点之间学习，为此发明了一套名为"苏醒机"（Gumption-Reviver）的设备，用于向自己头上洒冷水以保持头脑清醒。他还发明了一套用于在水下读书的装置，结果有一次因在浴缸里读书入迷而差点淹死。

∷

我们很快就会看到，高尔顿对测量的痴迷和他的创新能力带来了令人厌恶的后果。尽管如此，我们仍须承认，他对统计学和风险管理学做出了重要贡献。和卡尔达诺一样，高尔顿坚持用实验检验自己的想法，结果发现了新的统计学理论，尽管他的主要目标并非寻找新理论。

高尔顿将统计学的视线带进了日常生活，在那里人们呼吸、流汗、婚配、琢磨未来。我们现在远离赌桌和星辰，那些是早期数学家赖以推导出理论的手段。高尔顿不仅注重理论，还致力于现实。

虽然高尔顿从未评论过雅各布·伯努利，但他的工作反映了伯努利的这一主张：概率研究是一个可用来分析人的身心健康状况的基本工具。他还追随了格朗特和普莱斯的脚步，那两人的兴趣主要在于人类社会的组织方式，而非自然科学。高尔顿及其他创新者的发现最终促成了复杂的风险控制与测量工具的诞生，这些工具今天广泛应用于商业和金融领域。

::

高尔顿在一个富裕而有知识气息的家庭中长大。他的外祖父伊拉斯谟·达尔文（Erasmus Darwin）是当时最有名的医生之一，而且兴趣远不止于医学。他发明了机械渡轮和抽水马桶，试验了风车和蒸汽机，还写了《植物的爱情》（*The Loves of the Plants*），在这本书里用 2000 行诗描述了多种植物的繁殖过程。1796 年，65 岁的伊拉斯谟发表了两卷本的《动物学》（*Zoonomia, or the Theory of Generations*）。虽然这本书在七年里出了三版，但它重理论而轻事实，故未引起科学界的重视。不过，《动物学》这本书和 63 年后查尔斯·达尔文发表的经典著作《物种起源》（*The Origin of the Species*）惊人地相似。

据高尔顿自己说，他 4 岁时就能阅读任何用英语写的书，能背诵"全部拉丁语名词、形容词、主动语态动词，以及 52 行拉丁语诗歌"，还能用 2、3、4、5、6、7、10 做乘法。[6]

16 岁时，高尔顿开始在伯明翰学习医学。但是，他称自己在病房和解剖室的经历为"恐怖，恐怖，恐怖！"[7] 在查尔斯·达尔文建议他认真学习数学后，高尔顿前往剑桥学习数学和古典文化。[8]

高尔顿 22 岁时，他的父亲去世了，给 7 个子女留下了大笔遗产。

高尔顿觉得可以做任何自己喜欢的事了，于是放弃了正式学习。受达尔文的加拉帕戈斯群岛之旅启迪，高尔顿前往非洲，逆尼罗河而上，然后骑骆驼到喀土穆，全程达 1000 英里。回到伦敦后，他赋闲 4 年，然后再次奔赴非洲。他在 1853 年写了一本关于非洲的书。凭借那本书，高尔顿加入了英国皇家地理学会（Royal Geographic Society），获得了该学会颁发的一枚金质奖章，还赢得了科学界的接纳。1856 年，高尔顿成了英国皇家学会的会员。

高尔顿 27 岁那年的第二次非洲之行严重影响了他的健康，原因既有旅途劳顿，也有阵发性的短时抑郁。他终身受着抑郁的困扰。他称抑郁时的自己为一个"头脑扭曲的人"。[9]

∷

作为一名业余科学家，高尔顿痴迷于遗传学，而对商业或经济学毫无兴趣。但是，他对"理想平均后代类型""父代类型""平均祖代类型"等的研究带来了重大的统计发现，此项发现成了预测学和风险管理学的基础。

遗传学研究的是关键特征的代际传承，这些特征包括智力、眼睛颜色、尺码、行为等。遗传学注意异常值，也就是特征不符合标准的个体。但是，遗传学更注重一个物种所有成员的趋同性。在趋同性（即向平均值集中的趋势）中，蕴藏着一个强大的统计学工具，它和风险管理的多个方面密切相关。

高尔顿的主要目标是想了解，在特定家族中，才智是怎样代代相传的，这些家族包括达尔文和伯努利家族。高尔顿曾希望自己的聪明才智往下传承，但他和他的妻子没有孩子，他的兄弟们和一个妹妹亦如此。他还尝试从他认为最聪明的家族中寻找"最出类拔萃的天才"。

1883 年，高尔顿将这片研究领域命名为"优生学"（eugenics），这个词的希腊语词根意指"好"。半世纪后，纳粹打着优生学的旗号，对他们认为没有才智或价值的数百万人进行惨无人道的灭绝。

高尔顿是否该对那场惨剧负责，这是一个充满争议的话题。没有证据显示他会容忍那样的野蛮恶行。在他看来，一个好的社会有义务帮助并教育那些"天赋异禀"的个人，而不管他们有着怎样的财富状况、社会阶层、族裔背景等。他建议邀请并欢迎"其他土地上的移民和难民"来英国，并鼓励他们的后代成为英国公民。但与此同时，他似乎研究过怎样限制不够聪明或健康的人生殖，还建议说在一个好的社会中，"弱者可在禁欲的修道院里找到温情与庇护"。[10]

不管别人怎样利用高尔顿的优生学，这门学科的重要意义远远超出了他直接研究的小范围问题。简而言之，优生学证明了这句老话：生活因变化而精彩。当伊诺巴斯（Enobarbus）向克利奥帕特拉（Cleopatra）献词时，他说道："年龄不能令她枯萎，习俗不能使她乏味。"虽然总是同一个女人，但她有时是情人，有时是朋友；有时热情似火，有时冷若冰霜；有时是勾人的荡妇，有时是歹毒的敌人；有时温顺驯良，有时刻薄寡恩。她是一位"千面娇娃"。

今天地球上活着 55 亿人，其中每一个都是独特的个体。美国佛蒙特州生长着无数棵枫树，每一棵都不同于其他任何一棵，但没有哪棵会被误认成白桦或铁杉。通用电气（General Electric）和百健公司（Biogen）的股票都在纽约证券交易所挂牌，但各自面临完全不同的风险。

克利奥帕特拉的娇娃千面，今日世上的亿万个人，佛蒙特州的枫树、白桦、铁杉，纽约证券交易所的挂牌股票，他们中的哪一个是可以代表总体的典型？每一个个体和同类中的其他个体差异有多大？乌干达的一名儿童和斯德哥尔摩的一名老妇差异有多大？这些差异是系统性的特征还是随机影响的结果？我们所说的"常态"到底指什么？

在寻找这些问题的答案时，高尔顿很少提及早期数学家，也不重视格朗特等社会统计学家。不过，他长篇引用了比利时科学家朗伯·阿道夫·雅克·凯特勒（Lambert Adolphe Jaques Quetelet）于 19 世纪二三十年代所做的实证研究。凯特勒比高尔顿年长 20 岁，他孜孜不倦地调查社会情况，和高尔顿一样痴迷于测量。[11]

::

凯特勒年仅 23 岁时就从根特大学（University of Ghent）取得了第一个理学博士学位。那时他已学过艺术，写过诗歌，还与人合编过一部歌剧。

凯特勒还是统计历史学家史蒂芬·斯蒂格勒所说的"科学企业家兼科学家"。[12] 他协助创办了多个统计学会，包括伦敦皇家统计学会（Royal Statistical Society of London）和国际统计大会（International Statistical Congress）。他为比利时统计局担任地区联络人多年。在 1820 年前后，他在比利时领导了一场兴建一座天文台的运动，尽管他那时对天文学知之甚少。当那座天文台建成后，他争取到了政府资助，赴巴黎用三个月时间学习天文学和气象学，以及怎样管理天文台。

凯特勒在巴黎期间，见到了多位顶尖的法国天文学家和数学家，向他们学到了一些概率知识。他还可能见过拉普拉斯，当时后者 74 岁，即将发表巨作《天体力学》（*Mécanique Céleste*）的末卷。凯特勒迷上了概率，后来写了三本关于概率的书，最后一本是1853年写成的。他还将学到的概率知识运用在了现实生活中。

凯特勒1820年从巴黎回到布鲁塞尔，然后在皇家天文台工作，同时对法国人口统计数据展开了研究，并开始规划即将到来的1829年人口普查。1827年，他发表了一篇题为《关于低地国家的人口、出生、死亡、监狱、济贫院等的研究》的文章，批判了收集和分析社会统计数据的程序。凯特勒很想用拉普拉斯于18世纪80年代设计的方法测算法国人口。按照那套方法，需要从30个省里随机抽样，然后根据样本估算人口总体情况。

不久，一位同事说服凯特勒放弃了那套方法。问题在于，主管法国人口普查的官员无从知晓手中的样本具有多少代表性。每个地方都有特定的风俗与传统，它们都会影响出生率。另外，正如哈雷和普莱斯所发现的那样，一项调查的代表性可能受人口流动影响，就连小地方亦如此。和伊诺巴柏斯不同，凯特勒发现法国的社会结构过于丰富多样，无法依据一个有限的样本来概括。于是，法国决定进行一场全面的人口普查。

鉴于这些经验，凯特勒开始尝试通过社会测量（social measurement）来解释，为什么不同的人和地方之间存在差异。如果差异是随机性的，那么每次抽样都应看到几乎一样的数据；而如果差异是系统性的，那么每一组样本都应显著不同于其他组。

在这个想法的推动下，凯特勒积极开展了社会测量工作。斯蒂格勒这样描述：

> 他按照月份、城市、气温、时辰等维度，分别统计了出生和死亡的数据……他调查了不同年龄、职业、地方、季节、监狱、医院的死亡率。他考虑了……身高、体重、生

长速度、力量等因素……还设计了有关醉酒、精神错乱、自杀、犯罪的统计数据。[13]

基于这些工作，凯特勒写成了《论人和人类能力的发展》(A Treatise on Man and the Development of His Faculties)，这本书最初于1835年以法语出版，后来译成了英语。凯特勒为"能力"(faculty)选择的法语词是"physique social"。凯特勒凭借此书一举成名。有人在一份顶尖学术期刊上评论道："我们认为，这本书的出现开创了人类文明的新纪元。"[14]

《论人和人类能力的发展》一书中，并非只有枯燥的数据和艰涩的文字。凯特勒给这本书设了个到今天还活着的主角："常人"（法文"l'homme moyen"，英文"average man"）。此项发明把握住了公众的想象力，令凯特勒声名鹊起。

凯特勒尝试定义各个群体中常人的特征，这些群体包括罪犯、酒鬼、士兵、死者等。常人成了各个群体的典范。凯特勒甚至推测道："如果任何一个时代的某一个人拥有常人的全部特征，那么他就集所有伟大、优秀或美丽的东西于一身。"[15]

并非每个人都同意这点。对凯特勒此书批评得最严厉的，是著名数学家兼经济学家安东尼·奥古斯丁·库尔诺（Antoine-Augustin Cournot），他是概率方面的权威。库尔诺指出，除非我们遵循概率法则，否则"我们无法清晰判断测量值的精确性……也无从得知是哪些条件促成了商业企业的成功"。[16]库尔诺对"常人"这一概念嗤之以鼻，他指出：多个直角三角形的各条边的平均值并不能构成一个直角三角形；一个彻头彻尾的"常人"并不是人，而是怪物。

面对批评，凯特勒毫不退缩。他坚信可以为任何年龄、职业、地点或族裔识别出常人。此外，他宣称能够找到一种办法，预测为什么某个人属于某个群体而不属于另一个。这是新的一步，因为到那时为止，还没有人敢用数学和统计学来区分因果。凯特勒写道："结果是和原因成正比的……观察的个体越多，（物理或道德）异常情况的影响就越小，从而让一般事实成为主流，这就是社会存在并得以保存的方式。"[17] 到 1836 年，凯特勒已就这些想法写了一本书，将概率应用于"道德与政治科学"。

凯特勒对因果关系的研究引人入胜。例如，他仔细分析了刑事案件中影响被告人定罪率的因素。平均来看，所有被告人中有 61.4% 的人被判有罪，但被判有对人之罪的概率低于 50%，而被判有对物之罪的概率高于 60%。若被告人是 30 岁以上、投案自首而非畏罪潜逃、受过良好教育的女性，则定罪概率低于 61.4%。凯特勒还尝试判断，偏离平均值 61.4% 的情况是显著的还是随机的，他在对被告人的审判中寻找确实可靠性。

凯特勒发现，钟形曲线无处不在。在几乎每种情况下，"误差"或偏离平均值的程度都按拉普拉斯和高斯的预测，对称地以正态形式分布在平均值的两侧。那些数列美丽而平衡，高峰位于平均值，使凯特勒相信自己珍爱的"常人"概念是正确的。凯特勒根据自己的统计调查做出了一些推论，而每个推论的背后总有一条钟形曲线。

例如在一次试验中，凯特勒测量了 5738 名苏格兰士兵的胸围。他为该群体拟合了一条正态分布曲线，然后比较了实际值与理论值。那次拟合近乎完美。[18]

在那之前，人们已发现高斯正态分布在自然界中无处不在，而凯特勒的研究成果发表后，人们发现这一规律似乎深藏在社会结构和人体特征中。凯特勒总结道：苏格兰士兵与正态分布近乎完美的拟合表明，个体围绕着平均值的偏离是随机的，而不是该群体内部任何系统性差异的结果。换句话说，这个群体基本上是同质性的，一般苏格兰士兵完全能够代表所有苏格兰士兵。克利奥帕特拉首先是一个女人。

然而，凯特勒的一项研究发现，有时观察值不能与正态分布曲线上的理论值完美拟合。他分析了10万名法国应征入伍士兵的身高，发现有太多人处于最矮的一类，因此分布状况并非正态。凯特勒认为，身高太矮是免除兵役的理由之一，所以测量值肯定被逃避兵役者扭曲了。

库尔诺称"常人"是一种怪物，是因为他怀疑概率论是否能应用于自然界以外的社会数据。他指出，人的分类维度有无数种。凯特勒认为，一组呈正态分布的人类测量值只能意味着，样本个体之间的差异是随机的。但是，库尔诺怀疑那些差异可能并不是随机的。比如，任何一年中出生的男性可以按多个维度来分类：父母年龄、所处地区、星期几、族裔、体重、妊娠期、眼睛颜色、中指长度等。那么，你怎样才能有信心说哪个新生儿是"常人"？库尔诺认为，人类无法判断哪些数据有统计意义，哪些数据仅仅是随机结果。他写道："同样（对平均值）的偏离可能导致多种不同的判断。"[19] 有一点库尔诺没有提到，但现代统计学家都熟知，那就是：大部分人类测量结果反映出营养状况的差异，这意味着它们往往也反映出社会地位的差异。

今天，统计学家将引起库尔诺的怀疑的做法称为"数据挖掘"（data mining）。他们说，如果你"拷打"数据足够久，数字就会证明任何你想证明的东西。库尔诺觉得，凯特勒根据有限数量的观察值推断总体情况，是危险的做法。从同样大小群体中抽取的第二组观察值可能展现不同于第一组的特点。

毫无疑问，凯特勒对正态分布的痴迷使他过度自信了。然而，他的分析在当时产生了极大影响。后来的著名数学家兼经济学家弗朗西斯·伊西德罗·埃奇沃思（Francis Ysidro Edgeworgh）造了一个词语——"凯特勒主义"（Quetelismus），用于描述这样一股热潮：在根本不存在正态分布的地方，或在不满足发现真正正态分布条件的地方，硬是要发现正态分布。[20]

∴

1863年，高尔顿第一次读到凯特勒的论文，深受震撼。他写道："一个平均值只是一个孤证。但如果与其他孤证汇集起来，就会浮现出正态分布。有些人讨厌统计数据，但我发现它们充满了美和乐趣。"[21]

凯特勒的这一发现令高尔顿着迷：正态分布无处不在，尤其是在身高、胸围等人体测量值中。[22] 高尔顿自己也曾从剑桥学生的7634个数学期末考试得分里发现过钟形曲线。[23] 他在桑赫斯特皇家军事学院（Royal Military College at Sandhurst）申请人的考试得分中也发现了类似的统计分布。

在高尔顿看来，钟形曲线最重要的一点是表明特定数据可放在一起，作为一个相对同质化的实体来分析。反过来也正确：不呈正态分布时，意味着"不同的系统"。高尔顿指出："这一假设从未被证伪。"[24]

但是，高尔顿关心的是差异性，而非同质性。他关心的是克利奥帕特拉，而非一般女性。在开创优生学的过程中，他甚至在可测特征

基本符合正态分布的群体内部寻找差异。他的目标是按"自然能力"将人分类。他这样写道:

> ……那些促成一个人表现卓越的智力和性格特点……他会受到内在动力的驱使,攀登通往卓著成就的阶梯,并且有实力抵达顶峰……表现卓越和天赋异禀,在很大程度上是一回事。[25]

高尔顿从事实开始研究。在1866年至1869年期间,他收集了大量证据,用于证明才智和成就具有遗传性。他将这些发现收在了自己最重要的著作《遗传的天才》中。这本书还包括一个关于凯特勒著作的附录,以及高尔顿对伯努利家族人物的刻薄评论。在这本书开头,高尔顿估算了他认为称得上"杰出"者在总人口中的比例。根据刊登在《伦敦时报》(London Times)上和收录在一本传记手册中的讣告,高尔顿测算出英国中年以上人口中每4000人出现一位杰出人物,也就是说当时英国大约有5000位杰出人物。

虽然高尔顿说自己不关注才智低于平均水平的人,但他确实测算了英国2000万居民中"白痴和弱智"的人数,这个数字是5万,即每400人中就有1个,10倍于杰出人物。[26] 不过,他真正关心的还是杰出人物。他总结道:"我相信,没有谁能够怀疑的确存在一些出类拔萃的人,一些天生的王者。"[27] 高尔顿没有忽视"强有力的女性",但他说:"才智过人的女性少而又少,这也许可令男性舒心。"[28]

高尔顿相信,如果身高和胸围符合凯特勒的假设,那么头部大小、脑重量、神经纤维乃至心智能力应该也都符合。他展示了凯特勒的发现和他自己对英国人从白痴到天才的测算有多么相符。他得出了一个意料之外而又不可否认的结论:天才得到的栽培和白痴得到的贬抑一样多。[29]

除此之外，高尔顿希望证明，遗传是天才的唯一来源，其他诸如"幼儿园、学校、职业生涯"等都不是。[30] 遗传的确显得很重要，尤其是在高尔顿列出的参数内。例如他发现，在286位法官的近亲属中，每9人就有一位是另一位法官的父亲、儿子或兄弟，这个比例远高于总体人口的水平。他还发现，许多法官亲属是军官、小说家、诗人、医生等（高尔顿明确将神职人员排除在杰出人物之外）。㊀他失望地注意到，他列出的"手印"这个维度不能区分杰出人物和"天生白痴"。[31]

不过高尔顿发现，杰出才智往往并不长久，容易"早夭"。在杰出人物的儿子里，只有36%也是杰出人物。更糟的是，在杰出人物的孙辈中，只有9%是杰出人物。他试图解释为什么杰出家族往往会逐渐衰落，指出那些家族显然有个迎娶女继承人的习惯，而女继承人肯定来自不育之家。如果她有许多兄弟姐妹要分享家庭财富，那么她分到的财富不足以使她被归入"女继承人"类别。这个说法令人惊讶，因为高尔顿本人在与6名兄弟姐妹分享父亲的遗产后，生活得颇为安逸。

∷

查尔斯·达尔文读了《遗传的天才》后，对高尔顿说："我这辈子还没读过比这本更有趣、更有原创性的书……一部令人难忘的作品。"[32] 他建议高尔顿继续分析遗传统计数据，而高尔顿其实并不需

㊀ 高尔顿肯定会将卡尔达诺归入"杰出人物"一类，但他会怎样看待卡尔达诺那些不成器的子嗣？高斯也是一位杰出人物。他的五个子女中，一人是杰出的工程师，两人移民至美国成了杰出的企业家（也是为了逃离父亲的专横控制），他们中有一位精通多种语言，嗜好赌博，还成了数学家。

要鼓励,因为他正在创立一门新的学科——优生学。他迫切希望发现并保存他认为的那些"人类精英"。在他看来,精英们应该多生,草根们应该少生。

但是,高尔顿始终面临着一道难题:观察值会偏离均值。他不得不解释正态分布内部存在的差异。他认识到,要解答这道难题,就必须弄清数据为何会呈现为一条钟形曲线。对这道难题的研究导致了一项不同寻常的发现,它直到今天还影响着我们的大部分决策。

高尔顿于 1875 年发表了他的第一阶段研究进展。他提出,无处不在的围绕均值对称分布可能是正态分布影响的结果,这些影响可按最不常见、常见、最常见、常见、最不常见的次序排列。高尔顿假设,即使在每种影响的内部,也会有轻微、显著、最显著、显著、轻微的类似排列。他的核心观点是,"中等"影响(无论好坏)的发生频率远高于极端影响。

1874 年前后,高尔顿利用一套他称作"梅花机"(Quincunx)的装置,向英国皇家学会展示了这一观点。[33] 梅花机看上去像一架倒置的弹珠台:有一个类似于沙漏的狭窄颈部,那儿固定着大约 20 枚钉子;底部很宽,有一排小格子。弹珠从上面掉下来,通过颈部随机地碰撞钉子后,落进底部格子的情况基本符合高斯分布——大部分堆积在中央,小部分分布在两侧,从中央向两侧递减。

1877 年,高尔顿结合对重要论文《典型遗传法则》(*Typical Laws of Heredity*)的解读,提出了一款新的梅花机(我们不知道他是否真造了一台)。这台机器在弹珠落下的半路上也设置了一排格子,弹珠落进这些格子时也呈正态分布。当这些格子的任何一个被打开后,里面的弹珠往下掉，落进底部的那排格子，又呈正态分布！

这项发现意义重大。每一组弹珠，无论大小，也无论距离其他各组多远，都倾向于呈现正态分布，大部分落在中央（或我们更熟悉的平均值）。而当所有各组汇成一组后，正如第一台梅花机所展示的那样，所有弹珠落下后依然呈正态分布。由此看来，总体的正态分布是各组平均值的平均值。

达尔文曾在1875年建议高尔顿做一个实验，高尔顿在实验过程中产生了一个想法，而第二台梅花机就直观地体现了这个想法。那个实验的对象，不是骰子、星辰甚至人类，而是豆荚里的甜豌豆。甜豌豆适应力强，产量很大，不会异体受精。每个豆荚中的豆子大小基本一样。在称重并测量几千颗甜豌豆后，高尔顿将十份样本（每份涵盖七档不同重量）分送给了九位朋友，包括达尔文。这些朋友分布在不列颠群岛各处，高尔顿请他们按照详细规定的条件种植那些甜豌豆。

对结果进行分析后，高尔顿报告说，那七档不同甜豌豆的后代重量呈现出和梅花机弹珠一样的正态分布，而每一份样本的后代也都呈正态分布。高尔顿称，导致这一结果的，并不是"不同组合的细小影响"，而是"遗传的过程，那是非常重要的影响"。[34] 因为一群人中才智出众者很少，所以他们的后代中才智出众者也很少；因为大多数人才智平平，所以他们的后代也大都才智平平。庸人总是多于能人。甜豌豆按照小、大、小的次序呈正态分布，确认了高尔顿的这一想法：族裔主导着后代的特征。

这个实验还揭示了其他奥秘。表9-1分别列出了父代豌豆及其后代的直径。

表 9-1　父代豌豆与后代的直径 [35]（单位：百分之一英寸）

父代	15	16	17	18	19	20	21
后代（均值）	15.4	15.7	16.0	16.3	16.6	17.0	17.3

请注意，父代的直径分布范围比后代的更宽。父代直径平均值为 0.18 英寸，分布范围为 0.15～0.21 英寸，即均值加减 0.03 英寸的区间。后代直径平均值为 0.163 英寸，分布范围为 0.154～0.173 英寸，即均值加减仅仅 0.01 英寸的区间。总体来看，后代的分布状况比父代的更紧密。

基于这个实验，高尔顿提出了"均值回归"原则。他写道："回归是这样一种趋势——理想的平均后代类型偏离其父代，向其大致而言的平均祖代类型回归。"[36] 如果没有这样一种收敛的过程，大豌豆就会产出更大的后代，小豌豆就会产出更小的后代，世界上就会充斥着侏儒和巨人，自然界就会一代比一代更古怪，最终完全失控或走向我们无法想象的极端。

高尔顿雄辩而又不无夸张地总结道：

"孩子的遗传特征部分来自父母，部分来自祖代……他的家谱上溯得越远，他的祖代就越多、越丰富，直到他们不再与从一般人中随机抽取的任何同样丰富的样本有差异……这条法则决定了，任何天赋异禀都难以完全地传承下去……这条法则一视同仁，无论是好的特征，还是坏的特征，都同样地在传承中消减。它不鼓励才能出众的父母过度期待孩子继承自己的一切优点，也不支持父母过度害怕孩子继承自己的一切缺点和疾病。"[37]

对于高尔顿来说，不管他怎样雄辩地陈词，这一发现都是坏消息。但是，这促使他努力推广优生学。基于这一发现，我们显然应该尽量扩大"平均祖代类型"的影响,方法就是限制低端人群的繁衍,从而减少正态分布的左侧部分。

高尔顿在 1885 年报告了一次实验,进一步确认了回归现象。那时他刚当选为英国科学促进会(British Association for the Advancement of Science)的主席。为了这次实验,高尔顿组织了一场公开调查,向回应者给予现金奖励,从而获得了大量数据。这些数据覆盖了 205 对夫妻和他们的 928 名成年孩子。

这次实验中,高尔顿关注的是身高。和在甜豌豆实验中一样,他的目标是研究某一特征怎样通过遗传从父母传给孩子。为了分析观察值,他必须调整男性和女性之间的身高差异。他将每位女性的身高乘以 1.08,然后将每对父母的身高加起来除以 2,将获得的值称为"中亲"(mid-parents)。此外,他必须确保不存在个头相近者结婚的系统性倾向。他的计算结果"足够接近",因此他可以假设不存在此类倾向。[38]

统计结果令人吃惊。从表 9-2 列出的数字,我们一眼就能看出,父母较高的话,孩子也往往较高,反之亦然。较大的数据向中心聚集,这表明每组孩子的身高都呈正态分布,每组父母的孩子的身高也呈正态分布。最后,请比较最右侧一列和最左侧一列。"中位数"(median)表示一组中高于和低于该数字的个体各占一半。对于身高达到 68.5 英寸或更高的中亲,其孩子身高的中位数都低于中亲身高;对于身高低于 68.5 英寸的中亲,其孩子的身高往往超过他们——正如甜豌豆所表现的那样。

基于正态分布和均值回归现象,高尔顿对遗传的过程进行了计算,比如最高的父母有多大比例生出高于同代人但矮于父母的孩子。当他的结果被一位职业数学家确认时,高尔顿写道:"对于数学分析的权威与魅力,我第一次佩服得五体投地。"[39]

表 9-2 205个中亲及其928个成年孩子的数据（按身高排序）

中亲身高(英寸)	<61.7	62.2	63.2	64.2	65.2	66.2	67.2	68.2	69.2	70.2	71.2	72.2	73.2	>75.7	成年孩子合计数	中亲合计数	中位数
>73.0	—	—	—	—	—	—	—	—	—	—	—	—	—	—	4	5	—
72.5	—	—	—	—	—	—	—	—	—	—	—	—	3	—	19	6	72.2
71.5	—	—	—	—	1	3	4	3	5	10	4	9	2	2	43	11	69.9
70.5	1	—	—	1	1	1	3	12	18	14	7	4	3	3	68	22	69.5
69.5	—	—	1	16	4	17	27	20	33	25	20	11	4	5	183	41	68.9
68.5	1	—	7	11	16	25	31	34	48	21	18	4	3	—	219	49	68.2
67.5	—	3	5	14	15	36	38	28	38	19	11	4	—	—	211	33	67.6
66.5	—	3	3	5	2	17	17	14	13	4	—	—	—	—	78	20	67.2
65.5	1	—	9	5	7	11	5	7	7	5	2	1	—	—	66	12	66.7
64.5	1	1	4	4	1	5	5	—	2	—	—	—	—	—	23	5	65.8
<64.0	1	—	2	4	1	2	2	1	1	—	—	—	—	—	14	1	—
合计数	5	7	21	59	48	117	138	120	167	99	64	41	17	14	928	205	—
中位数	—	—	66.3	67.8	67.9	67.7	67.9	68.3	68.5	69.0	70.0	—	—	—	—	—	—

资料来源：Francis Galton, 1886, "Regression Toward Mediocrity in Hereditary Stature," Journal of the Anthropological Institute, Vol. 15, pp. 246-263.

高尔顿的分析最终引出了"相关性"（correlation）的概念。该指标用于衡量两组数据相互之间的关联程度，这些数据可以是父母和孩子的身高、降雨量和庄稼收成、通货膨胀率和利率、通用汽车公司和百健公司的股价等。

::

为高尔顿作传的卡尔·皮尔逊（Karl Pearson）本人也是一位杰出的数学家，他说高尔顿"带来了一场科学理念的革命，改变了科学乃至人生哲学的面貌"。[40] 皮尔逊没有夸大其词，因为均值回归是一个轰动性的发现。高尔顿改变了人们对概率的认识：从基于随机性和大数法则的静态概念，转变成了异常值的后代势必向中心回归的动态过程。从极限向中心回归的变化与运动是不断发生、不可避免、不可预见的。由于这一过程的普遍存在，除正态分布以外的任何结果都是无法想象的。推动力的方向总是朝着平均值，朝着恢复常态，朝着凯特勒所言的常人。

均值回归现象催生了冒险和预测活动。在它的基础上形成了种种说教，比如"久涨必跌""骄兵必败""富不过三代"。基督教《圣经》中，约瑟夫为法老解梦时，心里就明白七年丰饶之后往往跟随着七年饥荒。J.P. 摩根说"市场会波动"时，也是指这个现象。它也是所谓逆向投资者的信条：当他们说某只股票被"高估"或"低估"时，他们指贪婪或恐惧已促使市场将该股价格推到了偏离其内在价值的水平，而价格势必向内在价值回归。基于均值回归，赌徒梦想在连输几盘后连赢几盘。基于均值回归，医生告诉我"时间的解药"将疗好我心里的伤。当赫伯特·胡佛（Herbert Hoover）承诺"繁荣近在眼前"时，他相信经济在 1931 年就将复苏，可惜均值回归并未在他预期的时间发生。

弗朗西斯·高尔顿生性高傲，从未遭遇过挫败。他的众多成就广受认可。他活得很长很充实，和一名小他很多岁的女性亲属一起旅行、写作，最后作为一名鳏夫去世。他从不因痴迷于数字和事实而忽视大自然的精彩。他对大自然的丰富多彩津津乐道：

> "令人费解的是，为什么统计学家普遍将自己的目光局限在平均数上，而不喜欢更全面地审视。他们对充满魅力的多样性不感兴趣，就像平坦的英国乡村里一位本地人那样，对瑞士的所有看法就是，如果将那里的山填进那里的湖，就能一举解决两个麻烦。"[41]

第 10 章

豆荚与危险

均值回归已成为许多决策机制的理念基础,这是有充足理由的。在现实生活中,很少出现永无止境地增大或缩小的情况。树木不会长到天上去。当我们根据过去推断将来时,我们应想想高尔顿的豌豆实验。

但是,如果均值回归呈现为这样一条稳定的规律,那么预测为何还那么难?我们为什么不能都像约瑟夫在法老面前那样先知先觉?最简单的回答是,在自然界中起作用的因素不同于在人类心理中起作用的那些。大多数预测的准确性取决于人类的决定,而非大自然的决定。大自然尽管变幻莫测,却比一群试图做决定的人可靠得多。

为什么说均值回归这条规律难以可靠地指导决策?有三个原因。首先,它发挥效力的过程有时很慢,会受某些冲击影响。其次,回归的力量可能太强,以至于局面不能在到达均值后立即稳定下来,而是围绕着均值展开波动,重复且不规则地往两侧偏离。最后,均值本身可能并不稳定,昨天的旧常态可能被今天的新常态取代,而这种取代也许是无法预知的。因此,只因经济见底后终会回升,就贸然预言"繁荣近在眼前",是极端危险的。

::

均值回归几乎已成股市的金科玉律。"低买高卖""见好就收""多头和空头都能赚钱,唯有追涨杀跌者赚不到",华尔街永远流传着此类箴言。它们的主题其实只有一个:如果你赌今天的常态会永远延续下去,那么与跟风操作者相比,你会更快变得富有,且面临着更小的破产风险。但是每天都有许多投资者违背这条纪律,因为他们在情绪的左右下,无法做到低卖高买。由于受到贪婪和恐惧的驱动,他们无法独立思考,只能盲目跟风。

始终牢记均值回归,这不是件容易的事。因为我们不知道明天会发生什么,所以与承认明天可能发生某些未知变化相比,更容易的做法是,假定未来将和现在差不多。一只已经涨了一阵的股票似乎比一只已经跌了一阵的更值得买入。我们一般认为,股价上涨意味着公司蒸蒸日上,股价下跌意味着公司江河日下。为什么要逆趋势而动呢?

在追求安全方面,专业投资者和非专业投资者一样。例如在1984年12月,桑福德-伯恩斯坦公司(Sanford C. Bernstein & Co.)的分析师们发现,倾向于预测公司增长将快于平均水平的分析师会持续高估公司的实际业绩,而倾向于预测公司增长将慢于平均水平的分析师会持续低估公司的实际业绩。⊖ "平均来看,"这些分析师报告说,"公司的实际业绩不达预期。"[1]

后果很清楚:对于预期靓丽的股票,其股价攀上脱离现实的高

⊖ 顺便说一句,我和桑福德-伯恩斯坦公司没有关系。

峰；而对于预期惨淡的股票，其股价跌进脱离现实的低谷。随后，就会发生均值回归现象。那些头脑更清醒、心态更坚定的投资者会在他人恐慌抛售时逢低吸纳，然后在他人贪婪追涨时逢高出货。当公司公布实际业绩时，跟风操作者往往后悔不迭。

历史告诉我们，许多传奇性的投资者利用均值回归赚了大钱，他们的操作正是低买高卖。这些人包括伯纳德·巴鲁克（Bernard Baruch）、本杰明·格雷厄姆（Benjamin Graham）、沃伦·巴菲特（Warren Buffett）。逆向投资的好处已经得到大量学术研究的确认。

然而在所有逆向投资者中，只有少数赚了大钱的才广受关注。至于那些失败者，我们很少听到。他们失败的原因，要么是错估了回归的时间，要么是错估了回归的均值。

想想那些在1930年年初股市崩盘后不久就贸然扫货的投资者，当时股价已自前期高点下跌50%左右。随后股价又下跌了80%，直到1932年秋季才触底。或者，想想在1955年年初抛售股票的投资者，当时道琼斯工业指数终于回升到了1929年的顶峰，在过去6年里涨了两倍。在接下来的9年里，股价又涨了一倍。在这两个例子中，股市并未如投资者所预期的那样回归"常态"，而是进入了"新常态"。

∵

在讨论"股市行为是否受均值回归制约"这个问题时，我们实际上在问，股价是否可预测，以及如果可预测的话，在什么情况下可预测。在这个问题得到解答之前，没有哪个投资者能确定该冒什么风险。

一些迹象会告诉我们，某些股票涨得过高或跌得过低了。1985

年，在美国金融协会（American Finance Association）的年会上，经济学家理查德·塞勒（Richard Thaler）和沃纳·德邦特（Werner Debondt）提交了一篇题为《股市是否反应过度》的论文。[2] 为了检验股价在某一方向上的极端走势是否会引发均值回归，并且最终演变成反方向的极端走势，两位经济学家研究了1000多只股票自1926年1月至1982年12月的三年回报率。他们将每个三年期间跑赢市场平均回报率的股票归入"赢家"，将每个三年期间跑输市场平均回报率的股票归入"输家"。然后，他们计算了接下来三年期间各组股票的平均回报率。

他们的发现很清楚："过去的半个世纪里，平均来看，输家组合在组合创建后三年期间跑赢大盘，回报率比大盘高出19.6%。赢家组合跑输大盘，平均回报率比大盘低5%左右。"[3]

虽然德邦特和塞勒的检验方法受到了一些批评，但他们的发现已被其他分析者用不同的方法确证。当投资者对新信息反应过度而忽视长期趋势时，均值回归就会将一般的赢家变成输家，输家变成赢家。这一转变往往有些滞后，从而带来了赚钱的机会。实际上我们可以说，市场首先对一波短期信息反应过度，然后变得反应不够，同时等待新的不同性质的短期信息到来。[4]

原因很简单。股价一般随着公司财富的变化而涨跌。如果投资者过于关注短期情况，他们就会忽视很多证据，这些证据表明公司盈利的短期飙升往往是不可持续的。此外，遇到问题的公司不会让问题永远存在下去。经理人会痛下狠心，行动起来，使公司重回正轨。否则他们会失去工作，被更有激情的人取代。

均值回归决定了没有其他可能。如果赢家恒赢、输家恒输，那么我们的经济体中将只剩下越来越少的几家垄断巨头，而根本没有小企业。

在日本和韩国，一度风光无限的垄断巨头们现在江河日下，原因就是均值回归以不可抗拒的进口浪潮的形式呈现，侵蚀巨头们的经济实力。

专业投资管理人的业绩表现也受制于均值回归。今天业绩突出者到了明后天往往业绩平平，反之亦然。这并不意味着成功的管理人必将失手或落后的管理人终会转运——尽管这些情况确实往往发生。投资管理人失利的原因往往是，没有哪一种投资风格永远适合市场。

前面在讨论圣彼得堡悖论时，我们提到投资者在给股票估值时会遇到无限回报的难题。投资者不受限制的乐观情绪必然会将成长股的价格推升至不切实际的水平。当股价在均值回归的作用下暴跌时，就连最好的成长股组合管理人也会显得愚蠢。20世纪70年代末就出现过一波类似的小盘股投资热潮。当时有学术研究称，小盘股虽有更大风险，但从长期看是最成功的投资。到了1983年，均值回归再度发挥威力，小盘股在随后若干年里持续跑输大市。这一次，就连最好的成长股组合管理人也显得愚蠢。

1994年，领先的公募基金业绩发布机构晨星（Morningstar）发布了下面这张表（见表10-1）。其中列出了各类基金在分别截至1989年3月和1994年3月的两段5年期间的业绩表现。[5]

表 10-1　业绩表现

投资标的	截至 1989 年 3 月的 5 年	截至 1994 年 3 月的 5 年
国际股票	20.6%	9.4%
收入	14.3%	11.2%
成长与收入	14.2%	11.9%
成长	13.3%	13.9%
小盘股	10.3%	15.9%
激进成长	8.9%	16.1%
平均	13.6%	13.1%

这张表直观展现了均值回归的威力。两段 5 年期间的平均表现几乎一样，但从第 1 段到第 2 段的业绩波动非常剧烈。第 1 段 5 年里跑赢平均回报的 3 类基金到第 2 段就跑输了，而第 1 段 5 年里跑输平均回报的 3 类基金到第 2 段却跑赢了。

这一均值回归的证据令人印象深刻，或许可作为不停更换基金的投资者的投资参考。它表明，最聪明的策略是抛掉最近表现最好的基金，将资产转移进最近表现最差的基金；这一策略无异于抛出涨幅最大的股票、买入跌幅最大的股票。如果你觉得这一逆向投资策略很难实施，那么还有另一条途径能达到同一目标，那就是完全凭直觉操作。抛出跑输的基金，买入跑赢的基金，但在这么做之前先等待两年。

∴

股票市场的整体情况是怎样的？道琼斯工业指数、标准普尔 500 指数等是否可预测？

第 8 章中的几张表显示，年度或更长期间的股市表现并不太像正态分布，而月度或季度的更像，虽然并不精准。凯特勒会解释说，那证明了股价的短期波动是独立的，今天的涨跌不能用来预测明天的走势。股市无法预测。随机漫步理论被用来解释出现此现象的原因。

那么，长期走势怎样解释？毕竟，大多数投资者，就连那些缺乏耐心的人，待在市场里的时间也长于一个月、一个季度或一年。专业投资者持有资产组合的时间往往长达几年甚至几十年，尽管他们不时会调仓换股。股市的长期走势是否真的不同于短期走势？

如果随机漫步理论是对的，那么今天的股票价格就包含了所有相关信息。唯一能使股价变化的因素是新信息。因为我们无从得知未来会出现怎样的新信息，所以不存在可供股价回归的均值。换言之，不存在"暂时"的股价，即在移到其他价位之前暂时处于的价位。也正因如此，股价变化不可预测。

但是还有两种可能性。如果德邦特和塞勒关于市场对最近新闻反应过度的假说适用于市场整体而非个股，那么随着长期趋势的浮现，主要平均指数的表现会呈现均值回归现象。如果投资者在某些经济环境下感到异常恐惧（如 1932 年、1974 年和 1968 年、1986 年相比），那么股价会随着投资者恐惧的延续而不断下跌，只有在情况好转、曙光出现后才会回升。

这两种可能性都支持我们无视短期波动、把握长期趋势。不管市场怎样走，长期平均回报都应呈现正态分布。如果真是这样，那么从几个月甚至一两年的期间来看，股市是个凶险的地方；但从 5 年甚至更长的期间来看，损失惨重的风险并不大。

出版于 1995 年的一本专著为此观点提供了有力支持。这本专著的出版方是投资管理与研究协会（Association for Investment Management & Research），作者是贝勒大学（Baylor University）的两位教授威廉·雷切斯坦（William Reichenstein）和杜伐利·多赛特（Dovalee Dorsett）。[6] 基于广泛的研究，他们得出结论：在市场经历过几段坏时期后，可以预测将迎来几段好时期，反之亦然。这一发现与随机漫步理论直接相抵触，后者否认股价变化可预测。股价就像豌豆荚，不会永远只向一个方向变化。

数学告诉我们，一系列随机数的方差应随着该数列长度的增加而变大。方差这个指标表示观察值围绕着平均水平分布的离散程度。3

年期观察值的方差应是 1 年期的 3 倍，10 年期观察值的方差应是 1 年期的 10 倍。此外，如果数字不是随机的（因为有均值回归的作用），那么数学告诉我们变化方差与期间年数的比值将小于 1。⊖

雷切斯坦和多赛特研究了标准普尔 500 指数从 1926 年到 1993 年的数据，发现 3 年期回报率方差只有 1 年期回报率方差的 2.7 倍，8 年期回报率方差只有 1 年期回报率方差的 5.6 倍。当他们将一些股票和债券组合起来后，发现这些投资组合的回报率方差与期间年数的比值小于仅由股票构成的组合。

显然，股票市场的长期波动性低于极端情况下的水平。也就是说，股市大幅波动之后，投资者最终会听从高尔顿的建议，而不是跟随花衣魔笛手（Pied Piper）的引导继续舞下去。

这一发现给了长期投资者深刻的启示，因为它意味着长期回报率的不确定性远低于短期。雷切斯坦和多赛特提供了大量历史及预测数据，他们的主要发现可以由以下两段话概括（基于经通胀调整后的结果）：[7]

"对于一段长达一年的持有期，股市投资者有 5% 的可能性亏掉至少 25% 的资金，还有 5% 的可能性盈利超过 40%。从 30 年来看，一个 100% 股票组合的升值幅度小于 20% 的可能性只有 5%，此组合持有者的财富增长到初始本金 50 倍以上的可能性也为 5%。

"随着时间推移，高风险证券与保守型投资之间的回报

⊖ 利率的历史记录明显表现出了相反趋势，即均值"回避"（aversion）。一个趋势一旦确立了，其持续下去的概率就大于回归的概率。从 2 年期看，90 天美国国债的收益率方差是 1 年期数据的 2.2 倍；从 8 年期看，方差接近 1 年期数据的 32 倍；至于更长期间的利率，也有类似现象，只不过没那么明显。

率差距急剧扩大。从 20 年来看，一个全由长期公司债券组成的组合增值至原来 4 倍以上的可能性只有 5%，而一个全由股票组成的组合增值至原来 8 倍以上的可能性高达 50%。"

不过，这项辛苦的研究未能给我们指明致富的捷径。我们通过观察发现，长期持有是一条很难坚持下去的道路。雷切斯坦和多赛特只告诉我们 1926～1993 年发生了什么。虽然长期投资回报的计算结果看上去相当诱人，但对它们的分析却是百分百的后知之明。更糟的是，从多年来看，就连年度回报率的微小差异在经过多年后也会变成投资者财富之间的较大差距。

∴

德邦特和塞勒报告了股价对新信息过度反应的现象，其原因是人类有过度重视近期情况、忽视长期趋势的倾向。毕竟，我们往往对正在发生的事情了如指掌，而对未来某一不特定日期将要发生的事情所知甚少。

然而，过度强调现在可能扭曲现实，导致决策失误和评价失准。例如，一些观察家批评了过去四分之一个世纪里美国生产率增速的放缓。实际上，那段时期的生产率增速远远高于表面上的数字。悲观者如果有均值回归的意识，就会纠正错误看法。

1986 年，美国普林斯顿大学的经济学家威廉·鲍莫尔（William Baumol）发表了一项颇有启迪意义的生产率长期趋势研究成果。他的数据来自 72 个国家，上溯至 1870 年。[8] 这项研究聚集于鲍莫尔所称的"收敛过程"（process of convergence）。按照这一过程，1870 年生产率水平最低的国家拥有最高的长期提升率，而 1870 年生产率水平最高的国家后来提升率最低。这与甜豌豆实验的结果类似。随着每组国家向着均值回归，提升率的差异缓慢而确定地缩小了最落后国家与最先进国家的生产率差距。

在鲍莫尔分析覆盖的 110 年里，生产率最高和最低国家的生产率比值从 8∶1 收敛到了区区 2∶1。鲍莫尔指出："令人吃惊的是，这显然意味着，只有 1870 年的每工时国内生产总值（GDP per work-hour）这一个变量具备实际意义。"[9] 经济学家通常认为对生产率增长有贡献的因素，如自由市场、高储蓄及高投资倾向、"稳健"的经济政策等，此时却显得并不重要。于是，鲍莫尔得出结论说："各国不管采取怎样的措施，其生产率都将落在命中注定的水平附近。"[10] 这一全球现象确切地再现了高尔顿的小范围实验。

从这个角度看，对美国经济表现的评价需要大幅修正。进入 20 世纪后，美国长期是所有工业国中每工时 GDP 最高的，所以近年来生产率提升相对较慢应属正常。随着生产率基数的攀升，每次科技爆炸带来的推动作用越来越小。实际上，鲍莫尔的数据显示：美国的生产率提升速度无论是在过去 20 年，还是在 20 世纪的大部分年份，都处于"中等水平"。在 1899 年至 1913 年间，美国的生产率增速已经落后于瑞典、法国、德国、意大利、日本。

虽然日本的长期增速领先于其他发达国家（除了第二次世界大战期间），但鲍莫尔指出，日本在 1870 年时拥有最低的工人平均产出水平，目前该指标依然落后于美国。但是，随着科技的进步、教育的普及、规模经济的实现，上述收敛过程是不可阻挡的。

鲍莫尔提出，自 20 世纪 60 年代晚期以来对美国生产率增速的不满是评论家们短视的结果。他指出，从 1950 年前后到 1970 年美国生产率水平的飞跃并不是命中注定的，即便对于美国这样注重科技导向的国家也不是。长期来看,那次飞跃只不过是一次异常发展,大致抵消了20世纪30年代和第二次世界大战期间生产率锐减的影响。

即使主题事项完全不同,鲍莫尔的主要结论仍与德邦特及塞勒的基本一致:

> "我们如果不系统性地考察那些影响现在并将持续深远地影响未来的过去事件,就无法理解当前的现象……长期视角很重要,因为经济学家和政策制定者不能根据短期发展判断长期趋势及后果,因为短期发展可能受倏忽万变的情况主导。"[11]

∷

有时长期趋势体现得太晚,即使均值回归的确发生,也来不及拯救我们。伟大的英国经济学家约翰·梅纳德·凯恩斯写过这样一段著名的话:

> "长期来看,我们都会死。如果经济学家在风暴肆虐时只能告诉我们,风暴过后海面会逐渐恢复平静,那么他们给自己定的任务就太容易、太没用了。"[12]

我们都不得不活在短期里。当务之急是使船别沉下去,我们不敢等到海面恢复平静的那一天才行动。即使海面恢复了平静,那也可能只是两场风暴间不知会持续多久的暂时平静。

当均值自身也在不停变化时,依赖均值回归预测未来往往是危险的。雷切斯坦和多赛特的预测假设未来将与过去相似,但没有哪条自然法则这样规定。假设以后全球真的变暖,那么连续几年高温后未必是连续几年低温。假设某人罹患精神病而非仅仅是神经质,那么他的抑郁症可能是持久性而非间或性的。假设人类破坏环境，那么大旱之后未必跟着洪水。

如果说大自然有时不呈现均值回归，那么人类行为不同于甜豌豆，肯定会出现中断，我们对此并无有效的风险管理机制。高尔顿认识到了这种可能性，警告道："平均值只是一个孤立事实，但如果加上另一个孤立事实，就会浮现出几乎与观察值对应的正态格局（Normal Scheme）。"[13]

前面我们评论过大多数人几个世纪以来一成不变的日常生活。自大约200年前工业革命启动以来，有诸多"其他孤立事实"被加入到"平均值"中，以至于定义"正态格局"变得越来越难。当我们面临不连续性的威胁时，根据既定趋势做决策是危险的，因为看上去一成不变的趋势可能突然变化。

有两个例子，显示了人们可能因过于信赖均值回归而受蒙蔽。

1930年，当胡佛总统断言"繁荣近在眼前"时，他并不是有意欺骗公众。他对自己的断言很有信心。毕竟历史总是支持这一看法。每次萧条开始之后终会结束。㊀从1869年到1929年，除了第一次世界大战期间，只有7年商业活动是下降的，而连续下降两年的时期只有1907～1908年（从一个非常高的水平下降）；实际GDP的年均跌幅为1.6%，最大一次跌幅为5.5%。

但是，产值在1930年下降了9.3%，在1931年下降了8.6%。GDP在1932年6月触底，比1929年的峰值低了55%，甚至低于1920年短

㊀ 那时人们将萧条（depression）称为"恐慌"（panic），"萧条"是对相关经济形势的委婉称呼。后来，"衰退"（recession）成了广为接受的委婉称呼。至于一场衰退要发展到多深才会被专家称为"萧条"，普通人只能猜测。

暂萧条的最低位。60 年的历史突然变得无足轻重。问题的部分原因是，长期推动产业发展的蓬勃动力突然丧失了。即便是在 20 世纪 20 年代的经济热潮中，经济增速也低于根据 1870～1918 年数据测算的长期趋势。前进动能的减弱和一连串国内外政策的失误叠加，再加上 1929 年 10 月股市崩盘的冲击，将繁荣延后了好多年（相较于胡佛预测的时间）。

另一个例子：1959 年，发生了一件从历史角度绝对无法解释的事。直到 20 世纪 50 年代末，持有股票给投资者带来的收入都高于持有债券。每当普通股分红收益率和债券收益率接近时，前者都会回升，因而总是高于后者。随着股价跌落，投资于股票的每一美元能带来更多的收入。

这似乎是天经地义的。毕竟，股票的风险大于债券。债券是规定了何时偿还债务本金、怎样支付债务利息的合约。如果借款人对某一债券违约，那么他们将会破产，他们的信用将受损，他们的资产将被债权人控制。

然而，股东对公司资产的求偿权排在公司债权人之后。股票是永续年金，不存在一个必须向股东分配公司资产的到期日。此外，股票红利的分派由董事会决定，公司并无义务向股东分派红利。上市公司的红利总额在 1871 年和 1929 年间出现了 19 次下降，从 1929 年到 1933 年缩减了 50% 多，在 1938 年锐减了 40% 左右。

所以难怪，只有当股票带来的收入高于债券时，投资者才买入股票。并且，每当股票带来的收入接近债券时，股价就下跌。

到 1959 年，这种情况改变了。那时股票价格飙涨，债券价格下跌。这意味着债券利息对股票价格的比率大幅上升，同时股票红利对股票价格的比率下降。债券和股票之间的原有关系消失了，债券收益率最终超过了股票，两者差距甚至大于股票收益率高于债券时的差距。

导致这一逆转的原因很明显。通货膨胀是现在与过去的主要区别之一。从1800年到1940年，生活成本平均每年上涨仅0.2%，有69年是下降的。1940年的生活成本指数只比140年前高28%。在这种情况下，持有按固定数量美元计价的资产是一件愉快的事，而持有无固定美元金额的资产是一件高风险的事。

第二次世界大战及其后果改变了这一切。从1941年到1959年，年均通胀率为4.0%，生活成本指数除了一年外每年都上涨。由于物价持续攀升，债券从一种低波动性的金融工具，变成了一种风险极高的投资品。到1959年，美国财政部1945年发行的年利率2.5%的债券价格已经从1000美元跌到了820美元，而那820美元的购买力只有1949年时的一半！

同时，股票红利快速上涨，在1945年和1959年间增长了两倍，这期间只有一年下降（幅度仅2%）。投资者不再将股票视为价格和收入变化不可预知的高风险资产。为今天的分红而付出的代价显得越来越不重要。重要的是未来分红不断增加。随着时间的推移，那些红利预计会超过债券的利息，因此股票的资本价值会相应地上涨。溢价买入股票、抛出收益固定的债券是明智之举，因为股票具备成长机会并能对抗通胀。

虽然这个新世界的轮廓在1959年之前很久就浮现了出来，但只要投资者的主体是有着旧日记忆的人们，资本市场的原有关系就很难改变。例如，经历过1929年大崩盘的我的父母就一直对我说，眼前若隐若现的趋势只是反常现象。他们满怀信心地说，走势在几个月后就会恢复常态，股票价格将下跌而债券价格将上涨。

我仍然在等待。某种不可想象的事情也许会发生，这对我的人生观和投资观产生了持久的影响。它持续影响着我对未来的态度，使我质疑根据过去推测未来的做法。

∴

那么，在判断未来将怎样时，我们能在多大程度上依赖均值回归？对于这样一个在某些情况下具有强大效力，在另一些情况下却导致灾难的概念，我们应该怎样运用？

凯恩斯承认："作为活着、移动着的生物，我们被迫行动起来……即使我们已有的知识不足以计算出一个数学期望值。"[14] 换言之，利用经验、直觉、惯例等，我们试图根据过去推测未来。约翰·肯尼斯·加尔布雷思（John Kenneth Galbraith）最早提出"传统智慧"（conventional wisdom）这一概念，现在它常常带有贬义，似乎我们大部分人深信的东西都必定是错误的。但是，如果没有传统智慧，我们就无法做出长期决策，很多情况下将手足无措。

我们应该足够灵活地将均值回归仅仅看作一个工具。它不是一种有着永恒教条和庄重仪式的宗教。如果像胡佛总统或我的老同事那样机械地运用它，均值回归就只是胡言乱语。在运用均值回归时，一定要严密考察基本假设的合理性。弗朗西斯·高尔顿就睿智地提醒我们，除了平均值以外，还应从更多角度来全面审视。

第 11 章

幸福的构成

到此为止,我们的叙述一直围绕着概率的理论及度量方法:帕斯卡三角、雅各布·伯努利在一罐黑白球中对确实可靠性的探求、贝叶斯的台球桌、高斯的钟形曲线、高尔顿的梅花机。就连可能是选择心理学研究第一人的丹尼尔·伯努利,也确信自己所说的"效用"是可度量的。

现在我们转到另一个方向上的探索:我们应该承受哪些风险,对冲哪些风险,考虑什么信息?我们对于未来的信念有多么坚定?简而言之,我们怎么将管理引入风险应对?

面临不确定性时,理性与度量对于决策至关重要。理性的人以客观的方式处理信息:他们在预测未来中犯的任何错误都是随机性的,而不是顽固偏向乐观或悲观的结果。他们应对新信息时,依据的是一组明确的偏好。他们知道自己想要什么,他们以支持自己偏好的方式利用信息。

偏好意味着喜爱某个事物甚过另一个,所以此概念中包含着权衡。偏好是一个很有用的概念,但其实际应用还需要一套衡量方法。

这正是丹尼尔·伯努利在1738年发表论文时所考虑的。他写道:"如果忽视我的想法,将其视为基于不可靠假说的抽象理念,那将是错误的。"伯努利将效用作为偏好的度量单位,用于计算我们喜爱某个事物甚过另一个的程度。他说,世上满是我们想要的东西,但不同人愿意为它们支付的金额不同。对于某样东西,我们拥有的越多,我们愿意为得到更多而付出的金额就越少。[1]

伯努利的效用概念是一项重大创新,但他仅仅从一个维度来研究效用。今天我们认识到,"不落人后"的欲望会使我们想要的越来越多,即使按任何客观标准衡量,我们都已拥有足够数量。此外,伯努利将自己的论证建立在这样一个游戏的基础上:当彼得掷出的硬币第一次正面朝上时,保罗就赢了;而当彼得掷出的硬币背面朝上时,保罗不失去任何东西。"损失"(loss)一词未出现在伯努利的论文里,也没出现在随后200年的效用论专著中。而这个词一旦出现,效用论就成了人们计算为了获取不确定收益而应冒多少风险时的首选工具。

但伯努利效用概念的影响力仍是显而易见的,因为他对"人的本性"(the nature of man)的洞察持续获得共鸣。决策理论和风险评估学的每一次进步都受益于他为定义、量化、指导理性决策所做的努力。

有人也许以为,效用论和决策学的历史将由伯努利们(特别是大名鼎鼎的科学家丹尼尔·伯努利)主导。然而事实并非如此,后来效用论的大部分发展成果都是新的发现,而非伯努利最初构想的延伸。

问题是否在于伯努利用拉丁语写作?肯尼斯·阿罗指出,伯努利关于风险度量新理论的论文直到1896年才被译成德语,第一个英语译本迟至 1954 年才登载在一份美国学术期刊上。然而，拉丁语直到 19 世纪还是数学界的通用语言，高斯对拉丁语的使用也未妨碍他的想法获得普遍关注。但不管怎样，也许正因为伯努利使用的是拉丁语，所以注意到他的成果的主要是数学家，而非经济学家和人类行为学家。

阿罗认为还有一个更重要的问题。伯努利使用数字来度量效用，而后来的研究者们倾向于将效用作为设定偏好的工具。毕竟，"我喜爱这个甚过那个"不等于"这个在我看来值 × 个效用"。

::

18 世纪末，英国著名哲学家杰里米·边沁（Jeremy Bentham, 1748—1832）重新发现（前人已有论述）了效用论。你今天还能在伦敦大学学院（University College, London）的特殊场合看到边沁的遗体。按照他的遗嘱，他的干尸被置于一个玻璃柜中，保持坐姿，以一个蜡像替代头部，双脚之间放着他的帽子。

边沁的重要著作《道德与立法原理导论》（*The Principles of Morals and Legislation*）出版于 1789 年，充满了启蒙精神。书中写道：

> "大自然将人类置于痛苦和快乐这两个主人的管辖之下。他们只能自己判断应该做什么、必须做什么……效用原理认识到了这点，将其作为基石，用推理和法则建立起幸福观的理论体系。"[2]

边沁接着这样解释效用："……任何物品中可产出利益、优势、快乐、好处或幸福的一种属性……它的这种扩大社会幸福感的倾向超过其减小社会幸福感的倾向。"

在这里，边沁笼统地谈论生活。但在 19 世纪，经济学家将效用作为一个工具，用来发现价格从买卖双方互动决策活动中形成的机制。这条迂回之路直接导向了供需法则。

按 19 世纪主流经济学家的说法，当买卖双方考虑眼前可得的机会时，未来是确定的。双方只需关注一个机会是否比另一个更好，而无须考虑受损的可能性。结果，不确定性和景气周期不在主流经济学家的视野以内。他们花费时间分析那些驱动人们为一块面包或一瓶波尔多葡萄酒支付某一金额的心理及主观因素。至于人们也许没钱购买一块面包或一瓶波尔多葡萄酒，那些经济学家根本不考虑。维多利亚时代的杰出经济学家阿尔弗雷德·马歇尔（Alfred Marshall）曾说："没有谁应该从事一份使他不成为一名绅士的职业。"[3]

典型的功利主义者威廉·斯坦利·杰文斯（William Stanley Jevons）对数学颇有兴趣，在上述领域贡献良多。他于 1837 年出生在利物浦，自小渴望成为一名科学家。然而，迫于生计，他成了澳大利亚悉尼皇家造币厂的一名鉴定员。当时悉尼是淘金热中的一座新兴小镇，人口迅速逼近 10 万。10 年后杰文斯回到伦敦，开始学习经济学，后来大部分时间在伦敦大学学院担任政治经济学教授。他是在威廉·配第之后第一个入选英国皇家学会的经济学家。他还是最早建议将"政治"二字从词组"政治经济学"中剔除的学者之一。此举体现了这门学科的抽象化倾向。

不过，杰文斯在 1871 年发表的大作却名为《政治经济学理论》（*The Theory of Political Economy*）。[4] 这本书开宗明义说："价值完全取决于效用。"接着，杰文斯写道："我们只需仔细研究效用变化的自然法则，弄清效用和我们已拥有商品数量之间的关系，从而得到一套令人满意的交换理论。"

这里，我们又遇到了伯努利的核心观点：效用随着我们已拥有商品的数量而变化。在那本书中，杰文斯还以维多利亚时代绅士特有的方式表达对此的看法："我们的需求越是细致化、知识化，它们越是难以满足。"

杰文斯自信已解答了价值问题，声称以量化方式表达一切事物的能力已使经济学领域的笼统表述不再有意义。对于不确定性的问题，他宣称用得自过往经验与观察的概率就能解决："对概率估计值的检验方法是，计算结果要和实际平均值相符……我们在日常生活中频繁进行此类计算，有时很准确，有时不太准。"

杰文斯用数页篇幅回顾了前人将数学引入经济学的历史，却丝毫不提伯努利。对于自己的成就，他倒是毫不含糊：

"在帕斯卡之前，有谁想过对怀疑和信念进行度量？有谁想过，对不足挂齿的运气型游戏的探究，会导致一个极其显赫的数学分支——概率论——的创立？

"现在，快乐、痛苦、劳力、效用、价值、财富、金钱、资本，等等，无疑都是可以用数量来表达的概念。实际上，我们在产业和贸易中的一切行动，无疑都取决于量化的权衡利弊。"

∵

杰文斯对自己的成就颇感自豪，这反映出维多利亚时代人们对测量的热衷。随着时间推移，生活中越来越多的事物被量化。与工业革命相伴的科研大发展强化了这一趋势。

英国的首次系统性人口普查早在 1801 年就开展了。在整个 19 世纪，保险业对统计数据的应用日益复杂化。许多富有正义感的人希望从社会统计数据中觅得纾解工业化弊病之道。他们着手改善贫民窟的生活状况，对抗犯罪，降低文盲率，以及减少穷人的酗酒现象。

然而，有些将效用测量应用于社会的建议并不可行。与杰文斯同时代、富有创新精神的数理经济学家弗朗西斯·埃奇沃思（Francis Edgeworth）甚至提议研制"快乐测量仪"（hedonimeter）。迟至20世纪20年代中期，年轻聪明的剑桥数学家弗兰克·拉姆齐（Frank Ramsay）还在尝试研制"心理电流测量仪"（psychogalvanometer）。

一些维多利亚时代的人抗议说，对万事万物进行测量的热潮带有物质主义的意味。1860年，弗洛伦斯·南丁格尔（Florence Nightingale）在向高尔顿及其他人求教后，向牛津大学申请为应用统计学科提供资助，结果遭到了断然拒绝。著名统计学家兼统计学历史学家莫里斯·肯德尔（Maurice Kendall）说道，"我们的高等学府似乎仍陶醉在最后的中世纪魔曲里……经过30年的努力后，弗洛伦斯最终放弃了。"⊖5

但是随着时间推移，人们越来越努力地追求对社会科学进行与自然科学同等程度的量化。自然科学的词汇逐渐渗透进了经济学。例如，杰文斯提到了效用和自利的"力学"（mechanics）。均衡、动能、压力、函数等概念从一个领域跨进了另一个领域。今天，金融领域还在使用金融工程、神经网络、遗传算法等术语。

杰文斯作为经济学家，还有另一个方面的工作值得一提。因为在

⊖ 在传记作家爱德华·库克（Edward Cook）的笔下，弗洛伦斯·南丁格尔是一位"激情洋溢的统计学家"。她和高尔顿一样，热衷于采集数据。她还十分推崇凯特勒，正是后者启迪她进行了医疗等社会统计领域的开创性工作。参见肯德尔和普莱克特1977年的论文（310～327页）。

自然科学领域受过训练,所以他不可避免地注意到眼前的一个现实:经济波动。就在发表《政治经济学理论》两年后的 1873 年,欧洲和美国一场为期 20 多年的经济繁荣结束了。商业活动直降 3 年,迟迟不见复苏。美国 1878 年的工业产出仅比 1872 年高 6%。在接下来的 23 年中,美国商品与服务的价格几乎不间断地下跌了 40% 左右,令西欧和北美许多人的生活苦不堪言。

这一破坏性的过程是否导致杰文斯质疑李嘉图及其追随者的如下观点:经济体系自会稳定于最优的产出及就业水平?根本没有。他反而提出了一套理论,根据太阳黑子对天气的影响,天气对收成的影响,收成对价格、工资、就业水平的影响,探讨景气周期。在杰文斯看来,经济的问题在于天地,而非理念。

关于人们怎样做决策、怎样做选择的理论似乎与现实生活脱节了。但不管怎样,那些理论还是流行了近 100 年。即使是在 20 世纪 30 年代大萧条时期,不少人还坚信经济波动是某种意外情况,而非经济体系中固有的、受冒险行为推动的事件。胡佛在 1930 年信誓旦旦地说繁荣近在眼前,这反映出他相信:引发大崩盘的,是某种偶发的异常情况,而非经济体系中的结构性弊病。1931 年,凯恩斯自己也在这句话中表达了维多利亚时代特有的乐观主义:"我深信,经济问题只是一场可怕的、暂时的、毫无必要的混乱。"[6] 是的,他用了"毫无必要"(unnecessary)这个词。

1900～1960年
模糊之云与对精确的要求

AGAINST
THE
GODS

第 12 章

对人类无知的度量

我们对度量的信心经常归于失败,而我们拒绝承认这点。"昨晚他们就击中了那头象。"对于此类事件,我们最通常的解释是将其归于运气——好运气或者坏运气。

如果一切归于运气,那么风险管理就毫无意义。但用运气来解释一切会使真相受到蒙蔽,因为因与果被分割开来了。

当我们说某人走了霉运时,我们帮他脱卸了对已发生的事情应承担的所有责任。而当我们说某人走了好运时,我们拒绝承认他为取得成果而付出的努力。但我们对此能够有多大把握?决定结果的,究竟是运气还是选择?

除非我们能够区分纯属随机的事件和基于因果关系的事件,否则我们无从得知"所见"是否"所得",以及"所得"是如何得来的。当我们承受某一风险时,我们在对某一决策的结果下注,但我们并不确切地知道将有怎样的结果。风险管理的精髓在于,尽量扩大我们对结果有一定控制力的领域，同时尽量缩小我们绝对不能控制结果、无法看清因果关系的领域。

::

当我们说"运气"（luck）这个词时，我们指的是什么？拉普拉斯深信世上并无诸如运气这样的东西，还干脆将运气称为"危险"（hazard）。在《关于概率的哲学随笔》（*Essai philosophique sur les probabilités*）一书中，拉普拉斯断言：

> "现在和过去的事情之间，有一条基于如下原理的纽带——有果必有因……所有事情，就连那些看上去并不遵循伟大自然法则的琐碎小事，也像太阳东升西落那样必定符合这一原理。"[1]

这一断言呼应了雅各布·伯努利的如下观点：如果一切事情都可以重演，那么我们会发现每一件事都对应着"确定的原因"；就连那些看上去最为偶然的事，也都是"特定的必然性，或者说命运"的结果。我们还能听到，棣莫弗向"原始设计"（original design）的力量屈服。拉普拉斯认为存在一个知晓一切因果关系的"全知"，因此对不确定性的观念嗤之以鼻。按照他所处时代的精神，拉普拉斯预测人类将达到那种"全知"水平，依据是人类在天文、机械、几何、引力等方面的研究成果。他将那些成果归功于"人类特有的、使其高于动物的一种倾向"，"人类在这方面的进步将民族、时代区别开来，成为他们真正的荣耀"。[2]

拉普拉斯承认，有时很难在看似没有原因的地方找出原因。但他也告诫说，不要在只有概率法则产生效力的时候强说某一结果是由哪个具体原因导致的。他举了个例子："在一张桌上，我们看到排成'CONSTANTINOPLE'（君士坦丁堡）的一行字母，就会判断这一排列结果不是随机产生的。但如果这个单词不存在于任何语言中，我们就应该不会怀疑它出自任何具体原因。"[3] 如果这行字母是"BZUXRQVICPRGAB"，那么我们根本不会去想它的含义，尽管从字母的随机排列上看后者的出现概率和前者相同。从一个装有1000个数字的瓶里抽到一个"1000"时，我们会大吃一惊，但抽到"457"的概率也是千分之一。拉普拉斯总结道："一个事件越是特别，就越需要得到有力证据的支持。"[4]

1987年10月，股市狂泻了20%多。那是自1926年以来股市第4次单月下跌超过20%。但是，1987年的暴跌似乎没有一个清晰的来由。关于那次暴跌的原因，人们至今众说纷纭，达不成共识。它不可能没有原因，但那个原因很难找到。尽管那次暴跌非常特别，但人们还是找不到关于其来源的"有力证据"。

∷

比拉普拉斯晚出生约100年的另一位法国数学家进一步强调了因果概念，以及信息在决策中的重要性。据詹姆斯·纽曼说，儒勒·昂利·庞加莱（Jules-Henri Poincaré，1854—1912）是这样一个人：

> "……他一看就是一位典型的法国博学之士。个头不高，身材微胖，脑袋硕大，胡须浓密，近视，驼背，啰唆，健忘，戴着一副拴有黑丝带的夹鼻眼镜。"[5]

庞加莱也曾是一名神童，长大后成了法国顶尖的数学家。

然而庞加莱犯了一个大错，那就是低估了他的一位学生的成就。

这位学生名叫路易·巴舍利耶（Louis Bachelier），于 1900 年凭论文《投机理论》(The Theory of Speculation)[6] 在巴黎索邦大学（Sorbonne）获得了学位。庞加莱在这篇论文的评语中写道："巴舍利耶先生表现出了原创性和精确性，但这篇论文的主题过于冷门。"这篇论文只获得了二等评价，而非最高评价。对于想在学术界找到一份体面工作的人来说，最高评价是不可或缺的。巴舍利耶后来一直未能找到那样一份工作。

巴舍利耶的这篇论文在 50 多年后偶然地赢得了学术界的关注。年纪轻轻的他用一套数学理论来解释法国政府债券的期权定价机制，比爱因斯坦发现电子运动还要早 5 年，而后者为金融学里的随机漫步理论提供了依据。此外，他对投机过程的描述领先于今天的诸多金融市场理论。"二等评价"！

巴舍利耶这篇论文的中心思想是，"投机者的数学期望值为零。"从这一惊人论断生发出了众多理念，它们今天体现在方方面面，从交易策略、衍生工具的运用，到最复杂的投资组合管理技术等。巴舍利耶虽然遭到了冷遇，但知道自己面对的是一项宏大课题。他写道，"显然，现在这个理论通过对概率的微积分运算，能解答投机研究领域的大部分问题。"

但是，我们必须回到庞加莱，巴舍利耶的克星。像拉普拉斯那样，庞加莱相信一切事情都有原因，只是凡人未必能够参透。"一个无限强大、无限了解自然法则的大脑也许能预测一切事情。如果存在这样一个大脑，那么我们不能和它玩任何运气型游戏，因为我们必输无疑。"[7]

为了凸显因果关系的效力，庞加莱描绘了一个没有因果关系的世界。他引用当时法国天文学家卡米耶·弗拉马里翁（Camile

Flammarion)的想象,关于一名观察者以快于光速的速度驶入太空:

> "对他而言,时间会变个方向(从正向变为负向)。历史会倒退,滑铁卢战役会早于奥斯特里茨战役……他看到的一切都好像源自一种处于不稳定均衡状态的混乱。整个世界似乎都成了随机的。"[8]

但在一个存在因果关系的世界里,我们如果知道原因,就能预测结果。这样,"对无知者而言的机会,对科学家而言就不是。机会只是对无知的度量。"[9]

但随后庞加莱问道,这样一个关于机会的定义是否完全令人满意。毕竟,我们可以援引概率法则来做预测。我们无法知道哪支球队将赢得世界大赛,但帕斯卡三角形告诉我们,一支输掉第一场比赛的球队有 22/64 的概率在对手再赢三场之前赢得四场比赛。掷一枚骰子得到"3"的概率是 1/6。气象员今天预测明天降雨的概率为 30%。根据巴舍利耶的研究,估价在下一交易日上涨的概率正好为 50%。庞加莱指出,一家寿险公司的高管并不知道每个保单持有人将于何时去世,但"他依赖概率的微积分运算以及大数法则,而且他没有受骗,因为他向股东分红了"。[10]

庞加莱还指出,一些看似巧合的事情实则未必,它们的原因其实来自细微扰动。一个倒立在顶点上的圆锥体只要有一点儿不对称就会倾倒;即使它完全对称,一有轻微的风吹或震动,这个圆锥体也会倒下。正因如此,庞加莱解释说,气象学家才在天气预测方面难有作为:

> "许多人认为祈求下雨或天晴很自然,同时却认为祈求月食很荒唐……如果我们能弄清热带气旋产生和移动的原

因，我们就能对其行进路线加以预测，从而避免大量损失。但我们一直难以做到这点。一切似乎仍取决于运气。"[11]

就连轮盘赌和掷骰子，也受到推动力的细微差异的影响。我们无法观察到这样的细微差异，只好假定轮盘赌和掷骰子的结果是随机而不可预测的。庞加莱在观察轮盘赌之后说道："这就是我心跳加剧、祈求好运的原因。"[12]

晚近发展起来的混沌理论（chaos theory）基于类似的理念。根据混沌理论，许多看似混沌的事情实际上是一套内在秩序的产物，细微的变化常常成为命定崩盘或长期牛市的原因。1994年7月10日的《纽约时报》报道了伯克利大学（Berkeley）计算机科学家詹姆斯·科拉奇菲尔德（James Crutchfield）对混沌理论的天才应用。他说道："银河系边缘某个电子因引力作用而随机地移动，会改变地球上一场台球比赛的结果。"

::

拉普拉斯和庞加莱认识到，我们有时因拥有的信息太少而不能应用概率法则。有次在一场专业投资会议上，一位朋友向我递了张条子，上面写道：

"你拥有的信息不是你想要的；
你想要的信息不是你需要的；
你需要的信息不是你能获得的；
你能获得的信息比你期望的更昂贵。"

我们能收集大大小小的信息，但永远无法收集齐所有的信息。我们永远无法确知自己手中的信息样本有多好。因为有这样一种不确定性，所以做判断是一件难事，基于判断而行动是有风险的。我们甚至不能百分之百地确定明天太阳将升起：这个预测实际上是基于宇宙历史的有限样本。

当信息缺失时，我们只能退而依靠归纳推理，尝试对概率进行猜测。约翰·梅纳德·凯恩斯在一篇关于概率的论文中总结说，统计学概率最终往往毫无用处："证据与事件之间存在着一种关系，而这种关系不一定能被测量。"[13]

归纳推理会导致一些奇特的结论，因为我们试图把握各种不确定因素和风险。诺贝尔奖得主肯尼斯·阿罗对这种现象很有研究。阿罗出生于第一次世界大战快要结束时，在纽约市长大。那时的纽约百家争鸣，学术气氛活跃。阿罗上了公立小学、中学和纽约城市学院（City College），然后到哈佛大学和斯坦福大学任教。现在，他有两个斯坦福大学的荣休教授头衔，一个是运营研究专业，另一个是经济学专业。

阿罗发现，大多数人高估自己所能获得的信息量。当时的经济学家不能理解 20 世纪 30 年代大萧条的发生原因，这使阿罗认识到，他们对经济的了解其实"非常有限"。阿罗在第二次世界大战期间担任过空军天气预报员，那段经历使他相信"自然世界也是不可预测的"。[14] 他写道：

"我们对社会和自然界中万事万物运行规律的了解，始终伴随着相当程度的模糊性。对于确定性的执着已导致无数祸害，无论是历史的不可避免性，还是宏大的外交设计，或者关于经济政策的极端看法。在制定对个人或社会有广泛影响的政策时，需要非常小心，因为我们无法预知后果。"[15]

在阿罗从事天气预报工作时发生了一件事，很能说明不确定性的存在和人类对它的抗拒。一些军官被要求提前一个月预测天气，而阿罗及其统计学家同事发现，那么远的预测比从帽子里随机抽取数字好不了多少。预测者也同意这点，故请求上级撤销此项任务。没想到上级的答复是："总司令明白这些预测质量不高，但他需要用它们来做计划。"[16]

在一篇关于风险的论文中，阿罗提出如下问题：为什么大多数人时不时会赌一把？为什么我们定期向保险公司支付保费？数学概率表明，我们在这两种情况下都将失去金钱。在赌博中，从统计角度看无法期望（尽管有可能）获得盈利，因为存在不利于赌徒的"赌场优势"（house edge）。在保险中，相对于房屋火灾或财物失窃的统计概率，我们支付的保费过高。

那我们为什么还要赌博或买保险？我们赌博，是因为我们希望碰上赢大钱的小概率事件；毕竟对大多数人而言，赌博更多是娱乐而非冒险。我们买保险，是因为我们不能承受房屋被火烧掉或自己过早去世的风险。也就是说，一种选择是100%概率支付小成本（保费）同时有小概率获得大收益（保险赔付），另一种选择是确定获得小收益（节省保费）同时将自己或家人暴露于风险中。在这两种选择之间，我们通常选择前者。

阿罗想象了一家能承保任何种类、任何规模的风险的保险公司或其他风险共担机构，它在阿罗所称的"完备市场"（complete market）中经营。基于此方面的探究，阿罗获得了诺贝尔经济学奖。他的结论是，如果我们能对未来的每一种可能情况都上保险，那么世界会更美好。那时人们会更加愿意冒风险，而离开了冒险行为，经济不可能发展。

为了运用概率法则来决策，我们需进行足够的试验或取得足够的样本，但这常常难以做到。我们根据掷 10 次硬币的结果做出判断，而不会耐心地掷 100 次。这样，在缺少保险的情况下，任何结果都似乎取决于运气。而保险通过汇集和分散众人的风险，让每个人都能受益于大数法则。

实务中，保险只存在于能观察到大数法则的场合。根据这条法则，保险覆盖下的个体必须数量众多且彼此独立，就像扑克游戏中的连续发牌那样。

"独立"一词包含几方面的限制。首先，风险事件的发生原因必须独立于保单持有人的行为。其次，保险所针对的风险不得相互关联，例如当股市大盘跳水时任何个股的可能走势，或者由一场战争所造成的破坏。最后，只有在能够理性计算损失概率的时候，才有保险的存在空间。因为有了最后这条限制，所以不存在针对一款新裙子大获成功或国家未来 10 年里某个时刻处于战争状态的保险。

::

由于上面这几条限制，可以纳入承保范围的风险远远少于我们一生中实际承受的风险。我们经常面临这样一种可能：做出错误决策，结果后悔不已。我们付给保险公司的保费只是我们为了避免更大且不确定的损失而愿承担的诸多确定成本之一，并且我们努力保护自己免遭错误决策的后果影响。凯恩斯曾经问道："为什么疯人院外的人们希望持有金钱，视其为储存财富的手段？"他的回答是："持有现金可缓解我们的焦虑；要我们放弃持有现金，就得给我们一点补偿，这点补偿可用于衡量我们的焦虑。"[17]

在商业世界里，我们通过签约或握手达成交易。正式合约规定了我们未来的行为,即使情况变化后我们后悔做了那些安排。同时,正式合约保护我们免受交易对手方的侵害。一些企业的产品价格波动频繁,如小麦、黄金等。这些企业会通过大宗商品期货合约来避险。利用期货合约,企业可在生产出产品之前就卖出它们。企业放弃了未来按更高价格出售产品的可能性,以求避免价格波动的不确定性。

1971年,肯尼斯·阿罗与经济学家弗兰克·哈恩(Frank Hahn)一道,指出了金钱、合约、不确定性这三者之间的关系。"如果我们不考虑经济体的过去或将来",我们就不会在合约里提到金钱。[18] 但过去和将来之于经济体,正如经线和纬线之于纺织品。我们做决策的时候,必定会考虑自己在一定程度上了解的过去,以及对自己来说尚属未知数的将来。即使我们面对着阿罗所言的"模糊之云"(clouds of vagueness),合约与流动性也能保护我们免受负面后果的影响。

一些人通过其他手段来避免不确定的结果。他们会召唤专车服务,以消除搭乘出租车或公共交通的不确定性。他们在家里安装防盗警报系统。总之,降低不确定性是一件代价不菲的事。

::

阿罗提出的"完备市场"是基于他对人类生命价值的感知。他写道:"在我看来,良好社会的基本要素是他人的重要性……这些原则意味着对自由的整体承诺……提升经济地位和机会……是提高自由度的一条基本途径。"[19] 然而,对损失的恐惧有时会限制我们的选择。所以,阿罗主张发展保险和风险共担机制,如大宗商品期货合约、股票及债券公开市场。这些设施鼓励投资者持有多元化的资产组合,而不是将所有鸡蛋放在一个篮子里。

然而阿罗警告说，一个人人不怕冒险的社会可能为反社会行为提供土壤。例如，在 20 世纪 80 年代，美国储贷机构（savings and loan association）的存款保险制度给了这些机构的所有者这样一个机会：如果不出事，就能大赚一笔；而如果出事，损失会很小。当最后发生储贷危机时，损失都由纳税人来买单。哪里有保险，哪里就有道德风险。㊀

拉普拉斯和庞加莱之间存有巨大分歧，阿罗和他的同时代人之间也是。经历了第一次世界大战的灾难后，人们不再梦想有朝一日能够知晓一切需要知晓的，以及确定性能够取代不确定性。实际上，随着知识的爆炸，人生的不确定性与日俱增，世界变得越来越难以理解。

就此而言，阿罗是本书目前为止所提到的人里最接近现代的。阿罗的关注焦点，不是概率法则怎样产生效力，也不是观察值怎样向均值回归。他关注的，是我们怎样在不确定性情况下做决策，以及怎样对待已做出的决策。基于他的成果，我们能够更系统性地探究怎样在将要面对的风险和打算承担的风险之间探索出一条新路。波尔 – 罗亚尔修道院《逻辑》一书的作者和丹尼尔·伯努利都感觉到，风险领域的分析思路可能就在前方，但阿罗才是将风险管理理念明确地作为一种实用技艺来应用的第一人。

∷

将风险管理视作一种实用技艺，基于一句简单而有深远影响的老生常谈：当我们的世界被创造出来时，没有谁记得要将确定性加进

㊀ 相反的情况也可能存在。风险常常是一种刺激因素。如果没有风险，那么社会在面对未来时可能变得消极被动。

来。我们没有十足把握，我们永远有所不知。我们手里的信息往往不准确或不完整。

设想有一名陌生人邀你玩掷硬币赌博。她告诉你，她拿出来的那枚硬币是可信的。你怎么知道她没撒谎？于是你决定在同意赌博前先测试一下，方法是掷那枚硬币 10 次。

如果出现 8 次正面、2 次背面，你就会说那枚硬币肯定被动过手脚。而那名陌生人递给你一本统计学书，书上说每 9 次这样的测试就可能有一次这种一边倒的结果。

你心有不甘，援引雅各布·伯努利的教诲，要求有足够的时间来掷那枚硬币 100 次。结果出现 80 次正面！统计学书告诉你，掷 100 次硬币出现 80 次正面的概率非常小——只有大约十亿分之一！

但你仍然不能百分百地确定那枚硬币被动过手脚。即使你掷它 100 年，你也无法百分百地确定。十亿分之一的概率应该足以使你相信，眼前这人是个危险的赌博对家，但依然存在你冤枉他的可能。苏格拉底曾说，看似真相的情况非真相。雅各布·伯努利也坚称，确实可靠性（moral certainty）仍然不及确定性。

在不确定性情况下，选择不是在拒绝或接受一项假设之间，而是在拒绝或不拒绝一项假设之间。你可能判断，自己犯错的概率非常小，因此不该拒绝这项假设。你也可能判断，自己犯错的概率很大，因此应该拒绝这项假设。但只要你犯错的概率不为零（为零的话就是确定而非不确定了），你都肯定不能"接受"一项假设。

正是这一理念，将科学研究和愚昧迷信区分开来。一项假设要站得住脚，就必须可以证伪，必须经得起检验。检验之后，要么拒绝，要么不拒绝,必须明明白白,概率必须可以计量。"他是个好人"这一说法过于模糊,无法检验。"他并非每顿饭后都吃巧克力"这一说法则可以证伪,我们可以收集证据来看看此人过去是否每顿饭后都吃巧克力。如果证据仅仅覆盖一周,那么我们拒绝该假设(我们怀疑他并非每顿饭后都吃巧克力)的概率显然要大于证据覆盖一年时的概率。如果不能取得关于他有规律地吃巧克力的证据,那么检验结果就是不拒绝该假设。但即使很长时间都不能取得证据,我们也没有把握说此人将来每顿饭后都不会吃巧克力。除非我们过去时刻陪在他身边,否则我们无法确定他未曾有规律地吃巧克力。

刑事审判为这条原理提供了一个例子。在美国的法律体系下,刑事被告人无须证明自己的清白,因为不存在"被判清白"这种说法。实际上,有待证明的假设是"被告人有罪",公诉人的任务是使陪审员们确信不该拒绝这个有罪假设。辩护的目的只是使评审团相信:围绕着公诉人的论据,存在足够多的怀疑,以至于应该拒绝有罪假设。正因如此,所以陪审团做出的裁决要么是"有罪",要么是"无罪"。

::

对假设的检验,导致围绕不确定性是否足以拒绝一项假设的激烈辩论,这种情况不仅仅出现在陪审团的会议室里。关于不确定性要多大才足以拒绝一项假设,没有明确的规定。最终,我们必须就多大不确定性是可接受的做出主观判断,然后才能给出定论。

例如,共同基金经理面临着两种风险。第一种显而易见,是业绩不理想的风险。第二种是比不过潜在投资者知道的某个基准的风险。

图 12-1[20] 展示了自 1983 年至 1995 年美国共同基金(American Mutual Fund)股东的年度税前总回报率(分红加股价变化)。该基金

是行业内规模最大、历史最久的股票型共同基金之一。这张图中，该基金的业绩走势以点与点的连线表示，标准普尔500指数的走势则以立柱表示。

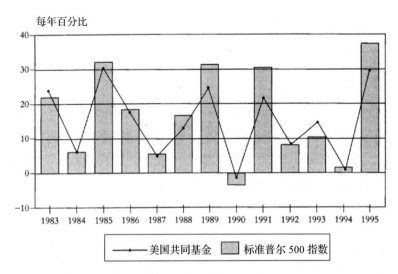

图12-1　1983～1995年美国共同基金和标准普尔500指数总回报率比较

美国共同基金虽然紧密追踪标准普尔500指数，但这13年里只有3年跑赢了它：1983年、1993年，该基金涨幅大于该指数；1990年，该基金跌幅小于该指数。在其余的10个年份里，该基金要么和该指数打成平手，要么跑输该指数。

跑不赢一个未经管理的、由500只股票组成的指数，这究竟是因为美国共同基金的管理人运气不佳，还是因为他们技能不精？请注意，由于该基金的波动性低于标准普尔500指数，在13年中有12年大盘上涨，因此该基金在这12年里可能落后于大盘。而在大盘下跌或走平的年份里，该基金的表现则可能好得多。

不过，当我们对这些数据进行数学压力测试以判断上述结果的显著性时，我们发现美国共同基金的管理人也许确实缺少技能。[21] 上述结果是由运气所导致的概率仅有 20%。换句话说，如果我们对另外 5 段 13 年的期间运行此项测试，那么我们可预期有 4 段期间美国共同基金跑输标准普尔 500 指数。

许多观察者会反对，理由是 12 年这个样本太小，不足以支持那么宽泛的归纳。此外，20% 的概率虽然低于 50%，但也不算小了。当今金融界的惯例是，我们应该先对数字的"统计显著性"（相当于从前所说的确实可靠性）有 95% 的把握，然后才能接受数字的意义。雅各布·伯努利曾说，确实可靠性要求 1001 次尝试中有 1000 次成功。而 95% 的把握对应着 20 次尝试中只有 1 次失败。

但如果我们不能通过 12 次观察获得 95% 的把握，那么我们需要多少次观察？另一项压力测试显示，我们需要追踪美国共同基金相对于标准普尔 500 指数的表现大约 30 年，才能有 95% 的把握确信这么持久的表现落后不仅仅是由于运气。因为那样的检验事实上不可行，所以最好的判断是，姑且认为美国共同基金的管理人合格、称职，接受其在特定情况下的业绩表现。

图 12-2 展现了另一番景象。在图上，我们看到一只名为"AIM 星座"（AIM Constellation）的激进小基金的相对表现。在这段时间里，该基金的波动性远高于标准普尔 500 指数或美国共同基金。请注意，此图中的纵轴高度是图 12-1 的两倍。AIM 星座基金在 1984 年业绩极差，但在另外 5 个年份里大幅跑赢了标准普尔 500 指数。在这 13 年里，AIM 星座基金的年均回报率是 19.8%，标准普尔 500 指数为 16.7%，美国共同基金则为 15.0%。

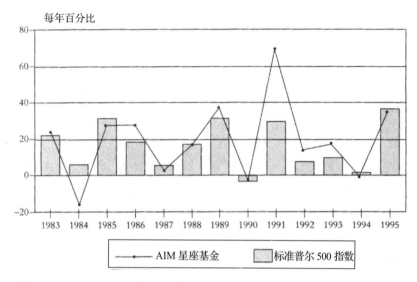

图 12-2　1983～1995 年 AIM 星座基金和标准普尔 500 指数总回报率比较

这样的结果是由运气还是技能所致？虽然 AIM 星座基金和标准普尔 500 指数的回报率相差颇大，但是 AIM 星座基金的波动性更大，使得这个问题难以回答。此外，AIM 星座基金不像美国共同基金那样紧密追踪标准普尔 500 指数：有一年标准普尔 500 指数上涨而该基金下跌，从 1985 年到 1986 年标准普尔 500 指数回报率下降而该基金回报率持平。两者之间的差距缺乏规律，以至于我们就算能预测标准普尔 500 指数的回报率，也很难预测该基金的业绩表现。

由于波动性较高而相关性较低，我们的数学压力测试揭示，运气对于 AIM 星座基金和美国共同基金一样重要。实际上，我们需要有长达一个世纪以上的业绩记录，才能有 95% 的把握说，AIM 星座基金的表现不是凭运气得来的！从风险管理的角度看，有迹象表明，AIM 星座基金为了跑赢大盘，可能冒了更多风险。

::

很多反对吸烟的人痛恨二手烟，支持通过立法禁止在公共场所吸烟。那么，当餐厅里你的邻桌或飞机上你的邻座点起一支烟时，你罹患肺癌的风险到底有多大？你是该接受这个风险，还是该坚持要求对方立即掐灭那支烟？

1993年1月，美国环境保护局（Environmental Protection Administration，EPA）发表了一份510页的报告，标题颇耸人听闻——《被动吸烟对呼吸系统健康的影响：肺癌及其他病症》。[22] 一年后，该局局长卡罗尔·布朗纳（Carol Browner）催促国会委员会尽快批准《无烟环境法案》，该法案包含了一套禁止在公共建筑物内吸烟的复杂规定。布朗纳称，她之所以支持该法案，是因为上述报告说二手烟是一种"已知的人类肺部致癌物"。[23]

关于二手烟，有多少是"已知"的？当身边有人吸烟时，你罹患肺癌的风险是怎样的？

在回答这些问题时，通往确定性的途径只有一条：检查自几百年前人类开始吸烟以来每一个曾于任何时候暴露在二手烟中的人。不过，即使能表明二手烟和肺癌之间的相关性，也不能由此证明二手烟就是致癌元凶。

我们无法对有史以来在任何地方吸过烟的人一一检查，因此所有的科研成果都是不确定的。较强的相关性也许只是运气的结果；在这种情况下，换成一组来自不同时期或地方的样本，或一组来自同样时期、同样地方的不同研究对象，也许会带来相反的发现。

只有一件事是确定的：二手烟和肺癌之间的相关性（而非因果关

系）的概率低于 100%。这个概率与 100% 之间的差距意味着，二手烟也许根本不导致肺癌，更换样本后可能就看不到类似证据。因吸入二手烟而罹患肺癌的风险原来和运气型游戏一样，都取决于概率。

大多数像 EPA 的分析这样的研究，都是将一组人暴露于某事物（或好或坏）下的结果与一个不暴露于同样影响下的"控制组"的结果相比较。大多数新药的检验方法是：让一组人服用该新药，同时让另一组人服用安慰剂，然后比较两组的反应。

在被动吸烟的例子中，分析聚焦于和吸烟的男性一起生活的不吸烟的女性的肺癌发病率。然后，将这些数据与和不吸烟的男性一起生活的不吸烟的女性（对照组）的肺癌发病率相比较。暴露组的反应数和控制组的反应数之间的比率被称为"检验统计量"（test statistic）。检验统计量的绝对规模与围绕着它的不确定性程度构成了决定是否采取某种行动的依据。换句话说，检验统计量帮助观察者将 CONSTANTINOPLE 和 BZUXRQVICPRGAB 及更有意义的情形区分开来。由于涉及多种不确定性，最终的决策常常更基于直觉而非测量，就像判断一枚硬币是否被做过手脚那样。

健康统计学家观察到与评价投资经理业绩同样的做法。通常，当一个结果是由运气导致的概率不超过 5% 时，他们就认为这个结果具有统计显著性。

EPA 对被动吸烟的研究结果不如早前更多关于主动吸烟的研究结果那么有力。即使罹患肺癌的风险显得与暴露量（男性伴侣的吸烟量）高度相关，暴露在二手烟中的女性的肺癌发病率也只有与不吸烟者一起生活的女性的 1.19 倍。此外，这个并不突出的检验统计量是基于仅仅 30 次研究，其中 6 次显示二手烟没有任何影响。由于这些研究中许多是基于小样本，只有 9 次具有统计显著性。[24] 在美国进行的 11 次研究都未达到该标准，但其中 7 次的样本少于 45 例。[25]

最终，该机构承认"EPA 从未宣称少量暴露于二手烟中会给个人带来巨大的患癌风险"[26]，但同时估计"每年约有 3000 名不吸烟的美国人死于由二手烟所导致的肺癌"。[27] 这一结论促使美国国会通过了包含多项公共场所禁烟规定的《无烟环境法案》。

∴

行文至此，不确定性及其背后的运气已经来到舞台中央。而场景已经改变，主要是因为在第一次世界大战结束后的大约 75 年里，世界既面临着旧日的几乎所有风险，也面临着许多新风险。

随着风险数量的增长，对风险管理的需求与日俱增。对这一趋势，没有谁比弗兰克·奈特（Frank Knight）和约翰·梅纳德·凯恩斯更敏感了。我们将在下一章里回顾这两位的开创性工作。除了这二位已不在人世（他们最重要的著作早于阿罗的），后文将提到的所有其他人都还健在。可见风险管理是多么年轻的学问。

我们在下一章里将遇到的概念从未被前文介绍的数学家和哲学家们考虑过，因为他们忙于钻研概率法则，而无暇探究不确定性的奥秘。

第 13 章

卓尔不群的理念

弗朗西斯·高尔顿逝于 1911 年,次年昂利·庞加莱也逝世了。随着他们两人的离世,那个可以回溯到 5 个世纪前的伟大的测量(measurement)时代结束了。这个时代起始于帕乔利关于 balla 游戏的提问。之所以这么说,是因为正是帕乔利的问题(参见第 3 章相关内容),引导大家走上了用概率法则来确定未来的漫漫征途。前面我们谈到的所有数学家和哲学家,到目前为止没有人怀疑过他们拥有可以确定未来的工具。需要引起关注的只不过是事实而已。

我并不想暗示说高尔顿和庞加莱已经完成了任务:风险管理的原则仍然在不断改进。但他们的离世,刚好发生在第一次世界大战这个重大的历史分水岭前夕,同时他们对风险的认知达到了顶峰。

战场上对生命毫无意义的毁灭,战后并不稳定的和平状态,以及俄国革命带来的巨变,终结了维多利亚时代的乐观主义精神。人们不再接受罗伯特·勃朗宁(Robert Browning)所宣扬的"神在天上司宇宙，世间一切皆太平"（God's in his heaven; all's right with the world）。经济学家也不再坚持认为经济动荡在理论上是不可能的，科学也不再百分百都是好的了，而在西方世界里，宗教和家庭习俗也不再会被不假思索地接受了。

第一次世界大战终结了原来的一切。艺术、文学和音乐产生了极端转变，出现抽象的甚至是"惊世骇俗"的艺术形式，与19世纪温和舒适的风格形成了鲜明对比。有两个男人一夜成名。一个是阿尔伯特·爱因斯坦（Albert Einstein），他证明了欧几里得几何学潜藏着内在缺陷；另一个是西格蒙德·弗洛伊德（Sigmund Freud），他宣称非理性才是人性的自然状态。

直至那时，古典经济学家还把经济定义为能够产生最优解的无风险系统。他们承诺稳定性（stability）是有保证的。如果人们存钱多花钱少，利率就会往下降，从而鼓励投资或抑制储蓄，直到消费、储蓄、投资和利率重新恢复均衡。如果企业家想要快速扩张他们的公司，但是储蓄不足，所以没有足够的钱借给他们来扩张，那么利率就会往上升，直到借款和存款的需求达到均衡。除了一些可能的短期调整，这样的经济体系将不会有非自愿性失业（involuntary unemployment）和利润过低的困扰。虽然单个公司和投资人需要承担风险，但经济作为一个整体是无风险的。

这样一种信仰，即使是遭遇了第一次世界大战后的经济困境，竟然还在持续。但即使在当时也已出现少量呼声，认为这个世界和原来看上去的大不同了。1921年，芝加哥大学的经济学家弗兰克·奈特向一位同行写道："关于这个世界到底能被理解多少，存在太多的疑问……只有当出现非常特殊并且关键的情形时，才能用得上类似数学这样的工具去研究。"[1] 在大萧条时期的最困难阶段，约翰·梅纳德·凯恩斯这样呼应奈特的悲观看法：

"每回我们都要面临有机统一、离散性、非连续性的问题——整体不等于所有局部的加总，单纯比较数量对我们没有帮助，小小的变化也能带来很大的影响，那些基于统一性和同质化的假设是不会成立的。"[2]

在他1936年的巨著《就业、利息和货币通论》（*The General Theory of Employment, Interest and Money*）中，对于杰文斯所坚信的"测量的普遍适用性"，凯恩斯直接做了否定。"我们所做的大多数正面决定……只能被看作是源于动物精神（animal spirits）……而不是来自于把量化的收益乘以量化的概率再做一个加权平均。"[3]

身处第一次世界大战后的紧张局势下，要用微积分和概率原理来解决经济问题，应该只有最天真的理论家精心编排好优先顺序，才能装作完成了。数学家和哲学家都不得不承认，现实已经包含了一系列此前人类从未思考过的情形。概率分布已经不再是早前帕斯卡所定义的分布了。它打破了钟形曲线的对称性，并向更不稳定的均值回归，这种均值的不稳定性远高于高尔顿的描述。

对于这些意料之外的情况，学者们一直在寻找进行系统性分析的方法。第一次世界大战前，他们把研究重点放在用于决策的因子上。但现在他们发现决策仅仅只是开始。麻烦存在于决策所造成的结果，而不在于决策本身。如澳大利亚经济学家罗伯特·迪克森（Robert Dixon）所言："不确定性之所以存在于决策过程中，与存在着一个将来关系不太大，最主要是因为存在着一个过去，并且过去还将继续存在着……我们是未来的囚徒，因为我们挣脱不了过去。"[4] 奥玛·海亚姆，那位极端现实主义者，在将近1000年前就有过同样的思想。

> 移动的手指，奋笔疾书着，
> 写呀写：
> 无论你的虔诚还是才智，
> 都无法回头，抹掉半行文字，
> 即使用你所有的眼泪，也无法洗掉任何一个字。

当决策最后导致的结果，在你的一系列概率计算中，甚至从未被考虑到，你会怎么做？虽然是小概率事件，却有更为频繁的路径，你会怎么做？难道过去总是能够揭示未来吗？

奈特和凯恩斯是两位最早以严肃的态度对待此类问题的人。他们都敢于直言，不因循守旧。然而正是他们两人一起再次定义了风险，那个更能被今时所理解的"风险"。

::

1885年，弗兰克·奈特出生于美国伊利诺伊州白橡镇（*White Oak Township*）的一个农场，是家里11个孩子中的老大。[5] 虽然没有高中文凭，但他还是去了两所不太知名的高校读书。这两所学校或许也是他们家能够负担得起的最好的学校了。第一所叫美国大学（American University，和华盛顿哥伦比亚特区的美国大学没任何关系）。这所学校强调节欲克己高于一切，甚至还讲授"关于酒精饮料的政治经济学原理"。他们在全国范围的招生宣传中竭力劝说"家长把不服管教的男孩送到美国大学来"。第二所是密里根（Milligan）学院。该校校长在奈特毕业时，评价他是"我教过的最好的学生……课业成绩最好……既具备专业知识，又拥有商业实战能力"。

奈特说因为自己的腿受不了种地的苦，他才选择做经济学家的。可其实在成为经济学家之前，他先在康奈尔大学（Cornell University）完成了哲学论文。他的教授告诉他"要么别再喋喋不休，要么离开哲学系"，他这才只好转攻经济学。然而麻烦的不单单是他又高又尖的嗓音，另一位教授曾经评价说："他学什么毁什么，会把真正的哲学精神毁了的。"奈特对于人性是无可救药的犬儒主义者。一位稍微温和些的教授告诉他："你出身于恶劣的环境下，那里但凡有些头脑的人，都会质疑一切。"

奈特从 1919 年起开始在艾奥瓦大学（The University of Iowa）讲授经济学，1928 年转到了芝加哥大学（University of Chicago），在那里任教直到 1972 年去世，享年 87 岁。他曾经说过："这（指教书）比为了谋生而打工要好多了。"他上课常常不备课，讲课的风格好似一个自由散漫的乡村男孩，还夹杂着一些拙劣的笑话。

奈特脾气暴躁，却又诚实而专注。他看不起那些自以为是的人。他认为经济理论一点都不含糊或复杂，只不过大多数人从自身利益出发，不愿意承认那些"明显令人不堪"的事实。芝加哥大学社科大楼上镌刻着开尔文男爵（Lord Kelvin）的名言："若你觉得无法去测量，只能说明你知识匮乏，不符合要求。"奈特对此非常不屑，他挖苦说："哦，好吧，如果你觉得无法测量，那不管怎么样，先去测量一下总可以吧。"[6]

::

奈特愤世嫉俗，对道德价值充满疑虑，这让他难以容忍资本主义中的自私自利，何况这种自私自利经常发展成暴力。虽然他承认利己主义能够解释市场行为，但他又十分蔑视这种用于激励市场体系下买方和卖方的利己主义。然而他还是支持资本主义，因为他认为没有其他可以接受的选项了。

奈特没有兴趣为证明他的理论而去挖掘实证。他对于人类的理智性和一致性存在太多的质疑，根本不相信测量他们的行为能够带来任何价值。他嘲讽最厉害的是所谓"经济优先权"，持有这样观点的人，"其观点在我看来根本站不住脚，非常肤浅，只不过是妄想把自然科学的研究成果转换成社会科学的概念而已"。

奈特的这些观点早在他的博士论文里就有所呈现。这篇名为《风险、不确定性和利润》(*Risk, Uncertainty and Profit*)的论文是他于1916年在康奈尔大学完成的，1921年以图书出版物的形式出版发行。无论从哪个学术领域看，这都是第一部清晰阐述了如何在不确定状态下进行决策的重要著作。

奈特把他的分析建立在对风险和不确定性的区分上：

> "不确定性必须与通常意义上的风险严格区分开来，而过往它们从未被正确地区分过……我们将会发现，可测量的不确定性，或者说真正意义上的'风险'……与不可测量的不确定性，完全不一样，因为它实际上根本不是不确定性。"[7]

奈特强调不确定性，这使得他与当时的主流经济理论背道而驰。后者强调决策是在完全确定，或者遵从概率法则的条件下进行的，这种论调直到今天还在特定经济理论中占有一席之地。奈特引用阿罗的文字来说明概率计算的无效："它反映了面对未知时，人类进行尝试和创新的天性。"[8] 奈特显然是 20 世纪的人。

::

奈特提出，当一个体系有很多决策需要建立在对未来的预测基础上时，这当中必然会常常出现预料之外的情况。奈特不认同古典经济学及其强调的所谓完全竞争（perfect competition），因为它建立在一个简化了的假设之上："就这个竞争体系内的所有人而言，他们客观上都是无所不知的。"[9] 在古典经济学中，买方和卖方，工人和资本家，总是被假设已经掌握了他们所需的全部信息，而如果未来是未知的，就可以用概率法则推算并确定结果。

奈特认为，预测之难远不止于用数学求解来预测未来。通过对事物过去发生的频率进行实证分析，人们可以从中学到多少，奈特明显是持质疑态度的。他坚称从事实推断结果并不能消除未来的不确定性。最后他还认为，把事物过去的发生频率作为预测的基础是极度危险的。

为什么这么说呢？当需要对未来前景做出判断时，人们喜欢使用基于过去事件发生频率的外推法（extrapolation），因为只有成年人才能根据过往经验来外推，而小孩子不能。有经验的人知道，通胀有时是与高利率相关的，玩牌或者结婚的对象最好是道德高尚的，浓密的云层预示着坏天气，而在市区街道上开快车是危险的。

企业家通常基于过去推断未来，但他们往往并不知道情况是否已经开始由好变坏或者由坏变好。他们一般只在转折实际发生了以后才恍然大悟。如果他们能够更敏锐地感知即将到来的变化，那么也就不会如此频繁地出现盈利的突然变化。商业世界中出乎意料的情况层出不穷，这证明了不确定性往往会战胜数学概率。

对于其中的原因，奈特是这样阐述的：

"任何一个已知'事件'……都是如此独一无二，以至于没有其他的或者足够多数量的事件，可以构成一张概率表，作为取值的基础，来帮助我们计算所要分析的事件的实际概率。上述内容同样适用于日常大多数情形，而不只是针对企业决策。"[10]

数学概率来自于对相同事件进行大量各自独立的观察，例如掷骰子。奈特把这称为游戏中机会的无定向确定性。㊀[11] 但其实没有一个事件会与之前的事件完全相同，也不会与未来尚未发生的事件完全相同。不管怎么说，人生太短，我们无法积累足够多的样本用于分析。我们可以这么说："我们有60%的把握认为，明年的盈利会增长。"或者这么说："明年，我们有60%的产品表现会更好。"但奈特坚持，此类预测中的错误"必须与概率或者机会彻底区分开来……看似客观地用概率来表述一项判断的正确性，既是无意义的，也会产生致命的误导"。[12] 跟阿罗一样，奈特不喜欢任何的含糊其辞。

奈特的观点与金融市场特别相关，因为在金融市场上，所有的决策都反映了对未来的预期，而意外事件又总是在发生。路易·巴舍利耶（Louis Bachelier）早就评论过："很显然，当前的交易价格就是经过市场认可的价格。如果市场不认可，那么就不会出现这个价格，而是另外一个更高或者更低的价格。"证券价格已经包括了市场调查时

㊀ 奈特很少会用到这类晦涩的词语。无定向确定性是指这种确定是毋庸置疑的，由于逻辑上确定无疑而必然正确。

大家的预期。如果未来与调查显示的预期一致，那么证券价格就不会变动。股票和债券的价格之所以波动，就是源于市场预期与实际情况频繁出现不一致，而投资者原先的预期最终被证明是错的。波动率是不确定性的衡量指标，因此在测量风险时必须被考虑进去。

身处维多利亚时代，高尔顿会预想着价格围绕某个均值波动。而奈特和巴舍利耶并非维多利亚时代的人物，他们没有提及怎样的集中趋势（central tendency）才合适，如果有这种集中趋势的话。在后面的章节里，我们还将更多地讨论波动率。

::

奈特非常不喜欢约翰·梅纳德·凯恩斯，这一点在1940年芝加哥大学准备授予凯恩斯荣誉学位时显露无遗。当时奈特写了一封洋洋洒洒的长信给雅各布·维纳（Jacob Viner），后者当时是芝加哥大学经济学系举足轻重的人物。奈特认为，在决定授予凯恩斯学位这一事情上，相对其他人而言，维纳需要负主要责任。因此，当奈特需要表达对此事的震惊时，维纳是"最合适的人选"。[13]

奈特抱怨说，凯恩斯的著作，以及诸多学者和政客对其著作的狂热，是"这几年给他造成困扰的重要因素"。在肯定了凯恩斯超常的智慧、独创性和思辨技巧后，奈特继续抱怨说：

> "我认为这样的能力，导致了错误和颠覆性的后果，是整个教育事业所面临的最严重的危险……凯恩斯关于货币特别是货币政策的观点……就好比把城堡的钥匙从窗口扔出去给正在攻打城门的非利士人（Philistines）。"

凯恩斯确信，资本主义市场体系如果要发展下去，需要频繁的政府干预。尽管芝加哥大学的自由市场理论经济学家大都不同意凯恩斯的观点,但他们没有附和奈特的抱怨。他们都认为凯恩斯是一位经济学理论的卓越创新者,授予他荣誉学位是合适的。

也许奈特只是嫉妒凯恩斯,因为他们具有相同的研究思路。比如说,他们都不相信基于概率法则或者在确定性假设基础上做决策的古典经济理论。他们都鄙视"以均值统计来看待日常生活"。[14]凯恩斯在1938年完成了一篇名为《我的早期信仰》(*My Early Belief*)的论文。在文中,他批评了古典经济学家有关人类天生理性的假设,认为这一假设毫无根据且错得离谱。[15]他指出,大多数人有着"强烈而盲目的热情",以及"疯狂和不理性的邪恶冲动"。这些观点不太可能出自一个把城堡钥匙丢给敌方的人。

也许让奈特不满的,是在不确定性和风险的区分上,凯恩斯比他走得更远。而当他发现凯恩斯在《就业、利息和货币通论》中对他的引用时,他一定是恼怒的。全书仅提到奈特一次,而且是在一处脚注里,并且把奈特关于利率的论文贬低为"标准的传统与古典风格",尽管凯恩斯也承认奈特的论文"对于资本的天性有很多有趣且深入的观察"。[16]此时距离奈特对风险和不确定性做出前沿性探索已有15年,但来自凯恩斯的肯定却仅此而已。

::

对比奈特,凯恩斯来自知识与社会阶层的另一面。他1883年出生于一个富裕而显赫的英国家庭,其祖上是英王征服者威廉登陆不列颠的同伴。按照其传记作者罗伯特·斯基德尔斯基(Robert Skidelsky)的说法,凯恩斯不仅是经济方面的权威,还精通其他许多领域。他向来是"高高在上俯视英国和世界的"。[17]凯恩斯的挚友中有多位首相和金融家，还有哲学家伯特兰·罗素（Bertrand Russell）和路德维希·维特根斯坦（Ludwig Wittgenstein），以及众多的艺术家和作家，如里顿·斯特拉奇（Lytton Strachey）、罗杰·弗莱（Roger Fry）、邓肯·格兰特（Duncan Grant）、弗吉尼亚·伍尔芙（Virginia Woolf）。

凯恩斯曾经就读于伊顿公学（Eaton）和剑桥大学（Cambridge），在名师指导下学习经济、数学和哲学。他写得一手好文章，善于发表易引起争议的观点和建议。

凯恩斯的职业生涯始于英国财政部。他曾被派往印度工作，还曾在第一次世界大战期间深度参与财政部的各项工作。战后，他作为财政部首席代表参与了凡尔赛（Versailles）和约的谈判。当他发现和约条款太具有惩罚性从而有可能导致经济崩溃和政局动荡，他辞去了首席代表的职务，转而写了一本书《和约的经济后果》（*The Economic Consequences of the Peace*）。该书很快成了畅销书，为凯恩斯带来了国际声望。

之后凯恩斯回到了他挚爱的剑桥大学国王学院（King's College at Cambridge），在那里从事教学和写作，并担任学校的财务长和投资经理。与此同时，他还是一家大型保险公司的主席兼投资经理。他也积极参与股票投资，这给他的个人财富造成了巨大波动（跟其他同时代的名人一样，他也没能预测到1929年的大崩盘）。他通过投资期货为国王学院赚了不少钱。他自己的财富（一笔普通的继承遗产），在1936年增值到相当于今天的1000万英镑。[18] 他在第二次世界大战时，设计了英国的战时融资体系。战争刚一结束，他就帮助英国与美国协商，获得了大笔贷款。他还为布雷顿森林协议（Bretton Woods Agreement）撰写了很多条款。布雷顿森林协议建立了第二次世界大战后的国际货币体系。

凯恩斯才思敏捷,常常冒出很多新的想法,以至于经常会与他之前所说或所写的有所冲突。但他并不觉得困扰。"当有人劝服我,说我错了,"凯恩斯写道,"我会回心转意的。而你会怎么做?"[19]

∴

1921年,凯恩斯完成了一本书《概率论》(*A Treatise on Probability*)。这项工作早在他从剑桥毕业不久就开始了,当中断断续续用了15年时间才写完。甚至在出国旅行期间,他也把手稿带在身边。与著名画家邓肯·格兰特结伴在希腊骑马旅行时,他就带着手稿。他既想要表达新颖的观点,又非常重视文章的清晰明了,因此写得非常慢。他从未忘记他在剑桥受过的哲学思维教育。他后来回忆说:"在剑桥,我们常常挂在嘴边的一句话就是'你到底想要说些什么?'如果经过反问后,发现这不是真正你所要表达的意思,那么你所说的会被质疑为毫无意义。"[20]

《概率论》对于概率的意义和应用做了卓越的探索。该书有很大篇幅是在评论前人的研究成果。这些人在本书前面的章节中也介绍过。不同于奈特,凯恩斯并没有绝对地区分不确定性和风险,而是相对笼统地对比了在思考未来时,什么是可界定的,什么是不可界定的。但是他跟奈特一样,非常不屑于基于过去事件发生的频率进行决策。他觉得高尔顿所做的豌豆荚类比只能用于自然,而与人类无关。他反对用过去的事件来做分析,但他赞同基于现有的推断来做预测。他最喜欢的表述是"可信度——之前也常常被称作先验概率(a priori probability)"。[21]

凯恩斯的这本书开篇就批判了概率论的传统观点。我们前面提到的许多人都被他点了名,比如高斯、帕斯卡、凯特勒和拉普拉斯。他声称概率理论与我们的日常实际情况没什么关联,当运用"拉普拉斯学派那些有失严谨的推算和夸夸其辞的论断"[22]的时候更是如此。

未来事件的发生确实存在客观概率——"也就是说,它们不受人类变化无常的影响"——但是人类的傲慢无知让我们不愿意去了解真实的概率是什么,所以我们更愿意去做主观臆测。"没有直觉和主观判断的帮助,我们不太可能去发现某种方法来识别特定的概率,"凯恩斯认为,"当我们说一项推断不可能的时候,只是因为我们感觉如此。"[23]

凯恩斯还建议:"我们要摒弃理论研究者的观点,而追随实践者的经验。"他打趣说,大多数保险公司在计算保费时都是凭感觉。他不相信两个同样聪明的经纪人能够持续地得出相同的保费金额,"只要他们的报价能够完全盖过可能的风险"。[24]他举例说,劳合社1912年8月23日公布的美国总统候选人三方选举的赔率,加在一起竟然有110%!一艘叫"瓦拉塔"(Waratagh)的商船在南非海域消失了。当有些残骸被发现时,或当有传言说以前有艘船在同样情况下,没有严重损坏,只是在海上漂流了两个月才被发现时,再保险费率的市场价格随之不断变动。但其实此时"瓦拉塔"沉没的概率已经不会再变化了,而市场依据其沉没概率所做的定价却还在大幅变化。

凯恩斯对所谓的"大数定律"也不屑一顾。仅凭过去同样的事情曾经重复发生,就相信它们在未来也可能发生,实在不是什么好的推断。要想我们有更多的信心,相信它们未来会发生,则只能是在我们发现"新的系列事件,每一个都与其他系列事件存在显著不同的某些时候"。[25]

凯恩斯对于算术平均数也非常鄙视,认为它是"非常不充分的公理"。算术平均数是把一系列的样本数据相加，然后除以样本的个数。与之相比较，"如果我们把这些样本数据相乘而不是相加（几何平均数），对于相同的假设，能做出更一致的（更为合理的）评估"。[26] 当然，算术平均更容易运用，但凯恩斯引用了一位法国数学家的话，大自然并不会因为分析上有困难而苦恼，所以人类也不该为此苦恼。

::

凯恩斯不喜欢用"事件"一词，这是个在概率理论中经常被其前辈使用的术语。他不喜欢的原因是，这个词暗示了预测必须基于过去事件发生的频率。他更偏爱"推断"这个词，因为它反映了未来事件发生概率的可信度。在格林奈尔学院（Grinnell College）任教的经济学家布拉德利·贝特曼（Bradley Bateman）发现，概率对于凯恩斯而言，就是我们分析和评价任务的基础。[27]

如果说凯恩斯相信概率反映的是未来的可信度，而过去的事件只是我们推算中所用到的一部分信息，那么我们也许会认为他把概率看成一个主观概念。然而事实并非如此。虽然凯恩斯在很多方面看上去都很现代，但他偶尔也会展现出维多利亚时代的背景。在写作《概率论》的时候，他相信所有理性的人都会及时发现某个确定性结果的正确概率，并且会保有同样的可信度。"一旦决定我们认知的事实被告知，则什么是可能的，什么是不可能的，也就被客观确定下来了，而且不受我们个人观点的影响。"[28]

为了缓和对这一非现实观点的批评，凯恩斯之后开始更多地关注不确定性如何影响决策以及世界经济。在《概率论》中他也提道："对概率、权重和风险的理解是高度依赖主观判断的……可信度的基础是人类特质的一部分。"[29] 凯恩斯的老朋友，统计学家查尔斯·兰格(Charles Lange)曾经说他很高兴"梅纳德更喜欢脚踏实地而不是代数"。

∷

凯恩斯的经济学观点自始至终都是围绕不确定性展开的——一个家庭储蓄或者消费的不确定性,一个家庭未来会将多大比例的储蓄用于消费的不确定性(以及何时会将储蓄用于消费的不确定性),还有更为重要的,某一特定水平的资本投入能够产出多少利润的不确定性。企业决定投入多少(以及何时投入)来购置新厂房、新机器、新技术和革新生产方式,会影响经济发展。事实上,这些决策一旦做出就很难更改。而在规划的过程中,若是缺少对于如何使用概率的客观引导,这样的决策将是风险极高的。

在凯恩斯发表《就业、利息和货币通论》的15年前,奈特已经发现:"经济发展过程需要对未来做出预期,这一特征是不确定性问题在经济学中存在的根源。"[30] 由于经济环境处于不断变化中,所有经济数据都只针对其发生的特定时点,所以在此基础上进行归纳分析并不靠谱。实时的情况要比归纳出来的有用得多,而从过去事件中提取的样本其实对现在而言没什么用。就算我们知道某件事情在昨天发生的概率是75%,我们也无法推算它在明天发生的概率是多少。而若是一个体系不能依赖过去事件发生的频率分布,那么这个体系天然是不稳定的,出现意外情况也就不足为奇了。

凯恩斯不考虑理想状态下的经济,因为这种状态好比是由一台纯客观的时间机器把过去、现在、将来融合在一起创造出来的。非自愿性失业和利润不及预期等情况如此频繁地发生,因而古典经济学家关于经济的假设很难成立。如果人们决定进行更多的储蓄和更少的消费,那么总消费就会下降而同时投资也会下降。即便储蓄的倾向很高,利率也可能并不会相应地出现下降。凯恩斯论述,利息是对放弃流动性的补偿,而不是对延迟消费的奖励。如果当时的经济环境中缺少动物精神,并且做出一系列新决策的成本很高的话,就算利率下降了,下降的幅度也可能较为有限,不足以鼓励企业家投入新的资本。而一旦做出了决策,新的商业环境就形成了,过去的情形也就无法再延续。

另外一种导致投资下降的原因,可能是企业已经尝试了各种机会想要盈利但都徒劳无功。凯恩斯曾经评价说:"中世纪时人们修建大教堂,为逝者唱挽歌……为逝者做两遍仪式产生的收入,会是做一遍仪式的两倍。但改为在伦敦和约克郡之间修两条铁路,可就没那么好了。"[31] 一首流行于大萧条时期的歌曲《兄弟,能给我一毛钱吗?》(*Brother, Can You Spare a Dime?*),表达了同样的看法:"我曾经盖过一幢楼,但它已经盖好了。我曾经修过一条铁路,但它已经通车了。"

凯恩斯和他的追随者们着重研究货币和商业合同,以此来表明:相对于数学概率,不确定性才是这个真实世界中的压倒性因素。人们渴望保有流动性,人们通过签署具有法律效力的合同来固化今后的安排。这些都证明,在人们做决策时,不确定性是处于首要位置的。我们不会再愿意由过去事件的数学频率引导进行决策了。

凯恩斯反对那些不考虑不确定性的理论。"寄望进行科学预测的经典理论已经显现出无效性,"他写道,"随着时间的推移,这已经严重损害了其实践者的声誉。"[32] 他指责那些古典经济学家脱离现实,说他们是伏尔泰笔下的"康迪德(Candides,又译'天真汉')……远离尘世去侍花弄草。把我们假设成可以不受任何约束,然后教育大家我们身处最美好的世界，而这世上所有的一切也都是最美好的"。[33]

凯恩斯对于此类"康迪德"式的理论很不耐烦，为此他提议与自由主义截然相反的行为方式：政府需要扮演更为积极的角色，不仅要在私人部门需求不足时扩大需求，还要在经济领域内广泛地消减不确定性。时至今日，我们发现凯恩斯用来挽救经济的措施，其造成的后果有时候比经济本身的问题还要坏，而他的研究也还存在一些其他不易发现的缺陷。但是，没有人能够以此来诋毁他对于经济理论以及理解风险所做出的巨大贡献。

在《就业、利息和货币通论》第一章的末尾，凯恩斯写道："古典经济学理论所假设的那些特征，恰恰不符合我们实际所处的经济社会。这就使得其所传授的内容，若被运用于实践中，将产生误导和灾难。"[34] 考虑到1936年时的世界局势，凯恩斯很难得出其他的结论。新的经济理论，必然将以不确定性为核心内容。

∴

1937年，为了回应对于《就业、利息和货币通论》的批评，凯恩斯总结其观点如下：

> "针对'不确定性'的理解……我并非简单区分什么是确定知道的，什么仅是可能的。从这一点上来说，轮盘赌并不受不确定性的影响。在我使用该词的语境中，欧洲的前景是不确定的，未来20年的铜价和利率是不确定的，或者一项新发明何时会被淘汰是不确定的……对于这些事情，没有科学基础来形成可计算的概率。我们对此就是一无所知。"[35]

上述文字隐含了一个非常了不起的观点：我们一无所知。凯恩斯并非在恐吓我们，而是带给我们好消息：未来无可避免，但我们不再受困于其中——我们被不确定性解放了。

换个角度想，从帕斯卡到高尔顿，所有的思想家都告诉我们概率法则是有效的，因为我们无法控制骰子下一次掷出哪个数字，或者我们测量的误差会出现在哪里，或者什么时候正态分布才会恢复。在此情形下，生活中的每件事情都如同雅各布·伯努利的罐子：我们可以从罐子中取出任何一块鹅卵石，但是没办法选择石头的颜色。正如拉普拉斯提醒我们的话："所有事件，即使是那些就其重要性而言非常轻微，因而看起来不遵从大自然法则的事件，也都是必然发生的，就像太阳必然会转动一样。"[36]

简而言之，这是一个关于"无可避免"的故事。如果凡事都遵从概率法则，那么我们会像原始人或者赌徒那样，只能通过向他们的神念咒语来祈求获得帮助。我们所做的一切事情，我们所做的一切决定，我们对动物精神的回馈，都不会对最后的结果造成丝毫影响。世界仿佛已经被全部安排好了似的，这世上所有事情发生的概率都是用数学精心算好的。但这样一来，我们每个人都好似被关在一个四面无窗的牢房里——我们的命运早在几十亿年前，就被蝴蝶扇动着翅膀确定了。

那将多么无趣啊！还好，纯粹由概率来确定的世界，只存在于纸面上或者部分自然现象中。我们的呼吸、流汗、焦虑都与概率无关。概率也阻止不了人类天生就要不断创新进取，奋力挣脱黑暗。

这是好消息，而不是坏消息。一旦我们明白，我们无须接受命运的安排，我们的命运不依靠轮盘赌旋转着的盘面或者我们手中的纸牌，那么我们将成为自由的灵魂。我们自己的决定才是最重要的。我们的决定可以改变世界。凯恩斯挽救经济的建议告诉我们，当我们做出决策时，我们真的改变了世界。

至于这样的改变最后到底是好还是坏，也是取决于我们自己，跟旋转的轮盘毫不相干。

第 14 章

除了卡路里以外什么都算计的人

我们刚才见证了弗兰克·奈特坚决将不确定性提升为风险与决策分析的核心。我们也见识了凯恩斯对古典经济学家的假设发起雄辩而强有力的攻击。但是，即便经历了大萧条和第二次世界大战时期那么多动荡，仍然有人笃信理性行为的存在和测量在风险管理中的主导作用。理论研究此后开始分道扬镳。一派追随凯恩斯，认为"我们其实一无所知"；另一派追随杰文斯，认为"欢乐、痛苦、劳动、效用、价值、财富、货币、资本等，全都可以量化"。

在凯恩斯的《就业、利息和货币通论》发表之后的四分之一个世纪里，在策略博弈（games of strategy）的理论研究中，人们对风险和不确定性的理解有了重大进步。在维多利亚时代，人们相信测量对于解释人类行为是不可或缺的。策略博弈就是源自这个信念的经典实践。该理论重点研究如何决策，但又迥异于其他诸多起源于运气型游戏的理论。

虽然源自19世纪的研究，但博弈论（game theory）骤然中断了其前辈的努力，并没有寄望于将数学的必要性融入决策。在丹尼尔·伯努利和杰文斯的效用理论中，每个人都是独立做出决策的，不知道其他人会怎么做。但在博弈论中，两个或更多人同时在决策，力求使自己得到的效用最大化，而且每个人都已知其他人处于什么状况。

博弈论赋予了"不确定性"新的含义。早前的理论把不确定性作为日常存在的事实，而很少去追溯其源头。博弈论则告诉我们，其他人的意图才是不确定性真正的源头。

从博弈论的角度来看，几乎我们所做的每一个决策都是一系列协商的结果。我们通过这一系列的协商跟其他人做交易，用他们想要的换取我们想要的，以此来降低不确定性。现实生活好像打扑克或者下棋一样，就是一场博弈游戏，当然这其中我们也通过签订合同或者握手成交来免于被骗。

但是与打扑克或者下棋不同，在现实生活的博弈中，我们很难期待自己成为"赢家"。某一项我们判断能够带来最大获益的选择，往往也是风险最高的选项。因为当我们做出选择后，那些会因此而受损的玩家，必将极力阻碍我们。因此，我们往往最后落到一些经过妥协的选项上，而这要求我们在非最优的交易中做到最优；博弈论中用类似"小中取大"（maximin）和"大中取小"（minimax）[一]这样的术语来描述此类决策。我们可以想到太多的例子：买方—卖方，地主—佃农，丈夫—妻子，债权人—债务人，通用汽车—福特汽车，父母—子女，总统—国会，司机—行人，老板—雇员，击球手—投球手，独唱者—伴奏者。

㊀ 也就是指"将最小潜在收益最大化"和"将最大潜在收益最小化"。——译者注

∷

博弈论是约翰·冯·诺依曼（John von Neumann，1903—1957）创立的。[1]这是一位具有极高学术建树的物理学家。冯·诺依曼于19世纪20年代在柏林为开创量子力学（quantum mechanics）做出了重要贡献。在人类发明第一颗原子弹以及之后的氢弹时，他也起了重要作用。他发明了数字计算机，同时还是位颇有建树的气象学家和数学家。他能够心算8位数乘8位数，爱讲黄色笑话和背诵色情打油诗。在他与军方共事期间，他更喜欢跟海军将领相处，而不是陆军将领，只因为海军将领酒量更好。他的传记作者诺曼·麦克雷（Norman Macrae）把他形容为"对所有人都彬彬有礼，除了……他那两个长期受苦的妻子"。其中一位妻子曾经这样评价冯·诺依曼："除了卡路里，他什么都算计。"[2]

有一位对概率分析颇有兴趣的同事，曾经让冯·诺依曼定义什么是"确定性"。冯·诺依曼这样说道，要造一所房子，保证客厅的地板不会塌陷，需要怎么做呢？他建议"可以假设有一架大钢琴，然后有六个男人挤在上面一起唱歌。把他们和钢琴的重量加起来，乘以三倍"，那样就可以保证地板不会塌陷了。

冯·诺依曼出生在布达佩斯一个欢乐的知识分子小康家庭。布达佩斯在当时是欧洲的第六大城市，繁荣且在快速壮大，拥有全世界第一条地铁线，识字率超过90%。居民中有25%是犹太人，包括冯·诺依曼家族。不过冯·诺依曼从来不在乎自己的犹太人身份，除了把这作为开玩笑的素材之外。

在第二次世界大战前，布达佩斯的名人远不止冯·诺依曼。与他同时代的名人还包括同样知名的物理学家利奥·西拉德（Leo Szilard）

和爱德华·泰勒（Edward Teller），以及其他演艺界的明星——乔治·索尔蒂（George Solti）、保罗·卢卡斯（Paul Lukas）、莱斯利·霍华德（Leslie Howard，原名拉兹洛·斯坦纳（Lazlo Steiner））、阿道夫·祖科尔（Adolf Zukor）、亚历山大·柯达（Alexander Korda），以及他们中最著名的莎莎·嘉宝（Zsazsa Gabor）。

冯·诺依曼在柏林一所一流的科学院读书，那所学院曾经拒绝了爱因斯坦的研究经费申请。[3] 之后他去了哥廷根大学（Goettingen），在那里他遇见了一众优秀的科学家：沃纳·海森堡（Werner Heisenberg）、恩利克·费米（Enrico Fermi）以及罗伯特·奥本海默（Robert Oppenheimer）。1929 年冯·诺依曼初访美国就爱上了这个国家。之后他大部分的职业生涯，除了某段时期效力于美国政府，都是在普林斯顿大学的高等研究院（the Institute for Advanced Study in Princeton）度过的。1937 年他加入高等研究院时的月薪是 1 万美元，以购买力平价来算相当于今天的 10 万美元。爱因斯坦在 1933 年到高等研究院任职时，对月薪的期望是 3000 美元，最后他获得的薪水是 1.6 万美元。

1926 年，23 岁的冯·诺依曼在提交给哥廷根大学数学协会的论文中，最早提出了博弈论。这篇论文在 2 年后付梓。魁北克大学（University of Quebec）研究博弈论的著名历史学家罗伯特·伦纳德（Robert Leonard）对于这篇论文是这样推测的：这篇论文不太像是冯·诺依曼独立展现灵感的创作，而是他把无穷的想象力专注于一个已经引发德国和匈牙利数学家一段时间关注的课题上。显然，他写作这篇论文最初的出发点是数学，与决策分析基本无关。

这篇论文的主要内容乍看之下有些琐碎，但其实是高度复杂和数学化的。它的主题是如何针对小时候玩的赌硬币游戏制定合理的策略。两个玩家同时掷出硬币，结果可能是正面，也可能是反面。如果正面同时朝上或者反面同时朝上，那么算 A 赢。如果出现一个正面、一个反面，那么算 B 赢。在我小时候也玩过类似的游戏。对方和我轮流进行，在一方张开手显示一根还是两根手指的同时，另一方喊出"单"或"双"。

根据冯·诺依曼的理论，在与"一个至少具有普通智力水平"的对手玩赌硬币游戏时，诀窍在于别一味尝试去猜对手的意图，而要同时注意别暴露自己的意图。使用任何一种只想要赢而不是避免输的策略，结果都会输掉（请注意，这是关于失败概率的分析，第一次成为风险管理的内生部分）。所以你在玩赌硬币时，出正面或者反面应该采用随机的方式，就像是一台以 50% 的概率随机出硬币的机器。你不能指望用这个策略保证能赢，但用这个策略能保证不会输。

如果你想要通过 10 次里面出 6 次正面的方式来赢，那么你的对手就能够掌握你的游戏方式从而轻松获胜。如果正反不一致算他赢，那么他会在 10 次里面出 6 次反面；反之，他会 10 次里面出 6 次正面来获胜。

所以对这个游戏的双方而言，合理的抉择就是按随机的方式出正反面。那么，猜了很多次后，就会出现有一半次数正反面一致，有一半次数正反面不一致。游戏一开始还有点意思，玩久了就很无聊。

在这个示例中，冯·诺依曼对于数学的贡献是，他证明了当游戏双方理性决策时，这是唯一可能出现的结果。游戏中出现 50—50 的情况，不是概率法则所决定的，而是游戏者他们自身所造成的。冯·诺依曼的论文对此有着清晰的表述：

"……即使有些游戏规则不包含任何'危害'游戏的因素（例如不会被抽头）……依赖于……数学统计因素不过是游戏自身（就算不是全世界）的一部分，因而没有刻意引入的必要。"[4]

::

冯·诺依曼论文所引起的关注表明，他传递了数学的某些重要性。但随后他发现，在数学之外，有更多的内容被包含在博弈论中。

1938年，在高等研究院任职期间，冯·诺依曼在一次与爱因斯坦和朋友的聚会上，认识了德国出生的经济学家奥斯卡·摩根斯特恩（Oskar Morgenstern），后者成了他的首位追随者。摩根斯特恩随即迷上了博弈论，告诉冯·诺依曼他想要写一篇博弈论的文章。尽管摩根斯特恩在数学方面的功底不足以完成这项任务，但他说服了冯·诺依曼一起合作来写。他们的合作一直持续到第二次世界大战期间，成果就是《博弈论与经济行为》(Theory of Games and Economic Behaviour)一书。无论在博弈论的理论领域，还是在博弈论的经济与商业决策实践中，该书都是一本经典之作。这本650页厚的书成稿于1944年，但因为战时纸张紧缺，普林斯顿大学出版社始终没有下决心出版它。直到1953年，在一位洛克菲勒（Rockfeller）家族成员的资助下，该书才得以出版发行。

冯·诺依曼对于经济方面的题材并非完全陌生。他早前曾对经济学有过些许兴趣。当时他想看看，数学对于建立经济发展模型有多大的帮助。但作为一位物理学家兼数学家，他的关注点自然还是落到了对于稳定性的表述上。"既然经济学研究的都是数量，"他写道，"那么它肯定是某种数学科学，即使语言表达可能不同，但事实上的确与静态力学非常类似。"

摩根斯特恩 1902 年出生于德国，在维也纳长大和上学。1931年时他已经具有足够的影响力，能够作为弗里德里希·哈耶克（Friedrich von Hayek）的继任者，担任极具声望的维也纳商业周期研究中心（Viennese Institute for Business Cycle Research）的主任。他是一个稍有些反犹主义的基督徒，在 1938 年德国入侵奥地利后，他即动身前往美国，很快在普林斯顿大学经济系获得教职。[5]

摩根斯特恩不相信经济学可以用来预测商业活动。他认为，消费者、企业家、政策制定者都会对此类预测加以考虑，据此来进行相应的决策和行动。如此一来，又会导致预测者们调整他们的预测，进而使公众做出相应的反应。摩根斯特恩把这种持续的回馈反应比作夏洛克·福尔摩斯（Sherlock Holmes）和莫里亚蒂博士（Dr. Moriarty）相互猜测对方的意图。他认为在经济学中使用统计方法是毫无用处的，除非用来做描述，"但那些顽固分子看起来仍然没有意识到这一点"。[6]

摩根斯特恩不接受在 19 世纪经济学理论中占主导地位的完全预期假设（the assumption of perfect foresight）。他坚称在任何特定时刻，都没有人能够知道其他每个人将要做什么。"因此，无限制的预测与经济的稳定性是相互矛盾的。"[7] 这个结论获得了弗兰克·奈特的高度评价。奈特还邀请摩根斯特恩把这篇论文从德语翻译成英语。

摩根斯特恩看上去不那么讨人喜欢。诺贝尔奖得主（同时也是那本长期畅销的经济学教科书的作者）保罗·萨缪尔森（Paul Samuelson）曾经评价他是"拿破仑式的（Napoleonic）人……经常援引一些物理学或者其他学科的权威"。㊀[8] 另一位同事则回忆说，普林

㊀ 这种感觉也许是相互的。摩根斯特恩也曾看不起萨缪尔森的数学知识，他抱怨说，"冯·诺依曼说过，萨缪尔森关于稳定性的观点含混不清。"因此他预言，"就算用 30 年时间，萨缪尔森也弄不清博弈论！"

斯顿大学经济系"颇有几分憎恨奥斯卡（摩根斯特恩）"。[9]摩根斯特恩自己也曾抱怨，他最得意的巨著没有引起其他同事的关注。在1945年访问哈佛大学后，他发现"没有任何一个人"对博弈论感兴趣。[10]他于1947年写道，一个叫瑞普克（Roepke）的经济学家把博弈论称为"维也纳咖啡厅里的闲谈"。㊀1950年，他在鹿特丹拜访了一些知名经济学家，然后发现他们"根本不想知道关于博弈论的任何事，仿佛这个理论只会打扰他们"。

尽管摩根斯特恩热衷于在经济学分析中运用数学，但他看不起凯恩斯对于期望的不严谨使用，并且把凯恩斯的《就业、利息和货币通论》描述为"简直可怕"。摩根斯特恩总是抱怨说，冯·诺依曼诱导他阅读很多最新的研究，给他带来很多烦扰。[11]在他们两个合作的整个过程中，摩根斯特恩都对冯·诺依曼充满敬畏。"他是个谜一样的人"，摩根斯特恩曾经写道，"一旦他接触到某方面的科学，他就变得极度热忱、思路清晰、充满活力。然后他陷进去，开始空想，说一些肤浅的话，真是一种奇怪的混合体……一个无法猜透的人。"

::

把冷静推导的博弈论和张力十足的经济学结合起来，似乎特别适合这对组合：一位热衷于经济学的数学家，和一位热衷于数学的经济学家。但按照摩根斯特恩的说法，把两者结合起来的动因，是他与冯·诺依曼有共同的感觉，那就是：数学在经济学里的运用在过去处于一种"非常令人失望的状态"。[12]

另外也有一个重要动机，那就是要把数学作为分析人类社会的首要工具，就像它被用在自然科学中那样。这样的想法在今日能够受到

㊀ 瑞普克也是一个基督徒。比起摩根斯特恩，他离开纳粹德国的原因更值得同情。

社会科学家的欢迎，但在 19 世纪 40 年代后期，当博弈论刚开始被广泛引入之时，这也许就是它被抵制的主要原因。当时凯恩斯统治着学术界，他拒绝用任何一种数学方式描述人类行为。

《博弈论与经济行为》一书通篇都在呼吁数学在经济决策中的应用。冯·诺依曼和摩根斯特恩反对那种认为经济学中的人性和心理因素会阻碍数学运用的观点，认为这种观点犯了"根本性的错误"。他们指出：在 16 世纪前，物理学中也缺少数学的使用；在 18 世纪前，化学与生物学中也很少用到数学。数学在这些学科的早期发展中的运用，与 19 世纪 40 年代在经济学中的状况，经必要修正（mutatis mutandis）后相比，很难说就更为光明。[13]

有异议认为，冯·诺依曼和摩根斯特恩严格的数学方式和对数字计量的强调是不现实的，因为"一个普通人……其行为往往是在信息模糊的情况下做出的"。[14] 但冯·诺依曼和摩根斯特恩不接受此类异议。毕竟，人们对于光和热的反应，也是模糊而不精确的。他俩写道：

> "出于创立物理学的目的，类似光和热这样的现象必须要能被测量。随后，包括在日常生活中，人们就开始使用这些测量的结果——无论是直接的还是间接的。将来某一天，这种情况也会出现在经济学中。一旦某种使用测量方式的理论，能够洞悉人类的行为，那么人们的生活将出现重大改变。因此，研究这些问题并非没有必要，并没有偏题。"[15]

∴

《博弈论与经济行为》最初从一个简单案例开始分析，在案例中个人将面临两个选择，就如同在赌硬币游戏中猜正反面一样。但这一次，冯·诺依曼和摩根斯特恩更为深入地分析了决策的本质。他们假设个人所面对的不是两项单一的可能性,而是两个各种事件的组合。

他们举例说,某人喜欢咖啡胜过茶,喜欢茶胜过牛奶。[16] 我们如果问他这样一个问题,"你喜欢一小杯咖啡,还是一大杯牛奶或者茶,牛奶和茶的可能性是 50—50",他肯定选一小杯咖啡。

那如果把某人喜欢的顺序换一下,再问同样的问题,又会怎样呢?这一次变成他仍然喜欢咖啡胜过茶,但是他最喜欢的是牛奶。跟上一次相比,这一次到底是选择确定的咖啡,还是 50—50 可能性的牛奶或茶,就变得不那么明显了。因为这次这个不确定的选择中,包含了他非常喜欢的(牛奶),也包含了他不那么喜欢的(茶)。通过不断改变牛奶对茶的概率,再询问此人到哪个数字,他觉得咖啡的确定性和牛奶的不确定性都能够接受,我们就能建立一项可量化的估算,用一个具体的数字来衡量他对于牛奶和咖啡的偏好程度,以及对于咖啡和茶的偏好程度。

如果我们把这个例子作为方法,用来测量另一案例中的效用(效用表示满意的程度),那就更具有现实性了。在这个案例中,我们把占有 1 美元的效用和占有第二个 1 美元的效用相比较。上一个例子中的某人,最喜欢的选择必然是 2 美元,也就相当于选择上一个例子中的牛奶;最不喜欢的肯定是 0 元,相当于最不喜欢的茶;而 1 美元就像上个例子中的咖啡,属于中间选择。

我们还是再次来提问,是选择确定的结果还是赌一把。在这个案例中,是选择确定的 1 美元,还是赌一把要么 2 美元,要么没钱。我们把概率设为 50% 的机会获得 2 美元,50% 的机会得不到钱,这样的话数学期望刚好是 1 美元。如果某人说对于获得确定的 1 美元还是赌一把,他是无所谓的,那就是说他对于这个小小赌局的风险偏好是中性的。根据冯·诺依曼和摩根斯特恩提出的公式，其对于最喜好的概率——在这个案例中最喜欢的是得到 2 美元——定义了其对于 1 美元比起 0 美元的喜好，相较于其对于 2 美元比起 1 美元的喜好，程度到底有多深。因而此处的 50% 就是指其对于 1 美元比起 0 美元的喜好程度，相当于其对于 2 美元比起 0 美元的喜好的一半。在此种情况下，2 美元的效用就是 1 美元的两倍。

对于其他人或在其他场合中，可能会有不同的反应。让我们来设想一下，当我们增加钱的数量并且改变赌局中的概率时，情况会怎样。现在我们假设，这个人无所谓是获得确定性的 100 美元，还是有 67% 的概率得到 200 美元或 33% 的概率什么都没有。此时这个赌局的数学期望是 133 美元，也就是说，比起这个赌局只有几美元时，此时这个人有更为强烈的偏好选择确定性——也就是必然得到 100 美元。67% 的概率获得 200 美元，就是说他对于 100 美元比起 0 元的喜好程度，相当于他对于 200 美元比起 0 美元的喜好程度的 2/3。第一个 100 美元的效用比第二个 100 美元的效用更大。当具有风险性的金钱数量，从个位数变成 3 位数时，这些钱数的效用会减少。

这确实看上去挺熟悉的。此处的逻辑与计算"确定性当量"时一模一样。从伯努利的基本原则中我们获知，财富增量的效用，随着财富存量的增大而减少。这就反映了风险厌恶（risk aversion）的本质：当我们的决策会使其他人相应做出决策，从而令我们受损时，我们还会有多大程度愿意如此决策。这一系列分析，使得冯·诺依曼和摩根斯特恩的研究严格地符合理性分析的经典模型，因为理性的人都会清楚了解自己的偏好，持续按自己的偏好做出选择，并且以此处所述的方式体现自己的偏好。

∷

艾伦·布林德（Alan Blinder）在普林斯顿大学经济系任职多年，与人合著了一本广受欢迎的经济学教科书，并且在1994至1996年担任美国联邦储备委员会（Federal Reserve Board）副主席。在一篇1982年发表的论文中，[17]他为博弈论提供了一个有趣的案例。这篇论文的主题是负责控制短期利率和货币供应量的货币政策，与负责平衡联邦政府支出与税收的财政政策，它们之间的协同是否是可行的，甚至是值得期待的。

这个博弈中的双方是，美联储（Federal Reserve System）的货币政策制定者，以及决定财政支出和税收的政客们。美联储官员认为他们的首要任务是控制通胀，因此比起经济扩张，他们更乐见经济紧缩。美联储官员的任期长达14年，美联储主席更是可以连任至退休，所以他们面对政治压力更容易保持独立性。与之相反，政客需要定期参与竞选，他们更希望经济扩张，而不是经济紧缩。

这个博弈的目的是一方迫使另一方做出其不乐意的决定。美联储更希望税收能够大于财政支出，而不是政府陷入财政赤字的泥潭。财政盈余通常利于控制通胀，因而可以使联储官员们避免背上骂名。而担忧能否赢得选举的政客们，则希望美联储保持低利率和充足的货币供应，这样的宽松政策能够刺激商业活动和就业，从而减轻国会与总统来自财政赤字的压力。因此，联储官员和政客中的任何一方，都不会做出对方期望的决策。

布林德建立了一个矩阵图，用来呈现一方对于另一方决策的偏好，共包括三种类型——收缩、中性、扩张。图14-1内对角线上方的数字，表明联储官员的偏好次序，对角线下方的数字，表明政客的偏好次序。

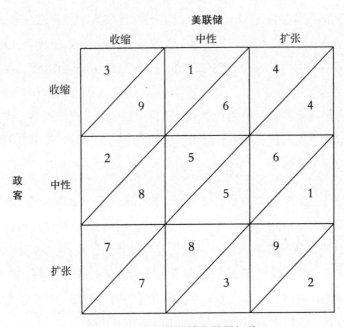

图 14-1 布林德的博弈结果矩阵

资料来源：*Alan S. Blinder, 1982, "Issues in the Coordination of Monetary and Fiscal Policies,"* in Monetary Policy Issues in the 1980s, *Kansas City, Missouri: Federal Reserve Bank of Kansas City, pp 3-34.*

美联储偏好顺序靠前的（1、2 和 3）出现在矩阵的左上角，在那里至少一方是希望紧缩而另一方是赞同或者中性的。美联储的官员显然很愿意政客们来帮他们做工作。政客们偏好顺序靠前的在矩阵的右下角，在那里至少有一方是偏好扩张而另一方是赞同或中性的。政客们显然希望美联储采用扩张性货币政策，自己则保持中性或什么都不用做。政客们排序靠后的偏好出现在左侧那列，而美联储排序靠后的偏好出现在底部那列。因此，这里展现给我们的是一种不太可能出现协同的情形。

那么，这样的博弈何时会终结？想到美联储与政客的关系是不可能存在合作与协调的，博弈的结果最后会落到图表的左下角，此时货币政策是收缩性的，而财政政策是扩张性的。而这正是里根政府早期时的情况，布林德正是在那时写了这篇论文。

为什么是这个结果而不是其他呢？双方在此时都展现了他们的底色：谨小慎微的美联储和大手大脚的政客。在我们的预想中，美联储不可能说服政客实现预算盈余，而政客们也无法说服美联储保持低利率。任何一方都不愿改变自己的意愿偏好，也不敢仅仅简单地保持中性。

让我们从这个包含两个 7 的格子往上看或者往右看。对角线下方的数字（代表政客的偏好）沿着最左面这列纵向往上看，没有数字是低于 7 的。对角线上方的数字（代表美联储的偏好）沿着最底下这行横向往右看，也没有数字是低于 7 的。但凡是美联储要紧缩而政客要扩张，最后双方就只能达成这样一个差中选优的结果。

这不是图 14-1 右上角的情况，在那里货币政策相对宽松而财政预算有盈余。如果我们横向往左看斜线上的数字，我们发现其余两个数字代表的偏好次序都比 4 要好；在财政盈余的情形下，美联储可以什么都不做甚至更紧缩，也好过支持商业扩张最后导致通胀。反过来看政客们也一样。从右上角纵向往下看，没有数字高于 4：在美联储采用扩张性政策的情形下，政客们同样会选择什么都不做甚至制造财政赤字，如果他们采用紧缩政策导致其选民失业，那么他们自己的工作也就玩完了。

这种情形以约翰·纳什（John Nash）来命名，被称为"纳什均衡"（Nash equilibrium）。纳什也来自普林斯顿大学，他在 1994 年由于对博弈论的贡献而获得诺贝尔奖。[18] 在纳什均衡下，最后的结果虽然稳定，却不是最优的。很明显双方都会更喜欢其他的结果而不是这个，但现在他们却无法达成更好的协议，除非他们抛弃对立的立场，共同合作推出一项符合双方利益的政策，在其中扮演建设性或者至少相对中性的角色，而不是各走各路。1994年就出现过此类完全不符合政治常规的例子。当时美联储实行紧缩性政策，但政客们一反常态地自愿配合而没有施加干预。

布林德举例的博弈，让我们能够敏锐地洞察华盛顿政治角力的方式，但它其实可以扩展到其他很多情形中去：轰炸、中立，还是寻求和平；降价，维持价格不变，还是涨价；打扑克时，用概率来赌一把你对手的牌，弃牌，还是虚张声势吓唬对手让他弃牌。

在布林德的例子中玩家知道对方的意图，但现实中这样的情形很少。它也无法包含消费者、雇员和企业家的偏好进去，而这些参与方又都与产出相关。如果我们把参与方的数量扩大，或者限制参与方所能获知的信息，那么最后我们还是要依靠高等数学来解决问题，就如冯·诺依曼和摩根斯特恩所指出的："……社会学理论模型的复杂程度实在难以想象。"

∴

1993年8月，美国联邦通信委员会（Fed Comunications Commission）决定拍卖无线通信权，覆盖全国51个不同地区，每个地区发放两张牌照。单个应标者在某一地区只能竞标一张牌照。此类拍卖以往常规的程序是要求应标者提供密封递价（sealed bid），然后报价最高者中标。但这一次，联邦通信委员会听从了斯坦福大学教授保罗·米尔格罗姆（Paul Milgrom）的建议，他们选择运用博弈论举行竞标，把它称为"频谱拍卖"（spectrum auction）。

首先,所有的投标都是公开的,所以每个参与投标的人都清楚其他人是怎么干的。其次,将会有多轮次的拍卖,直到没有参与者愿意报出比他们上一次出价更高的价格。最后,每一个轮次的间隙,参与者可以撤回对某个地区的报价,而换成对另一地区出价,或者同时对两个相邻的区域出价。因为持有两个相邻区域的牌照能获得规模经济优势,所以如果一张牌照对于某个参与者来说有特殊的优势,相比另外的参与者来说,它对这个参与者可能就更值钱。简而言之,任何一个决策都会建立在已知其他参与者决策的基础上。

参与投标的竞争者们发现,在此种情形下做决策不再是轻而易举的事了。每个参与者都需要猜测其他竞争者的意图,研究他们过往的行事风格是否激进,他们的财务状况如何,以及他们现有牌照的结构。某些情况下,参与者可以通过适当的报价,向其他竞争者彰显其意图,从而避免对于某些特定的牌照反复进行竞争性投标报价。太平洋电信(Pacific Telesis)聘请了保罗·米尔格罗姆作为竞标顾问。他们甚至还在有潜在竞争对手的城市刊登巨幅海报,用以向对手表明其对于该地区牌照志在必得。有些竞争者还采用抱团方式来防止对于同一张牌照产生过高的竞标报价。

此次拍卖一共进行了 112 个轮次,历时 3 个月,最终给政府带来了 77 亿美元的牌照授权收入。尽管也有人认为,政府如果禁止投标方建立联盟的话,也许可以获得更多的收入,但是在授权经营的经济性方面,最终显示相比传统的招投标,用这种频谱拍卖方式分配牌照会更有效率。

避免出现两败俱伤的竞争性报价的动机是可以理解的。传统招投标中出最高价的参与者往往会遭受所谓的"赢家诅咒"(winner's curse),即为了获胜而支付高于原计划的价格。赢家诅咒并不一定只会出现在拍卖中——这样的诅咒也会降临到一个听信了小道消息而急急忙忙买股票的投资者身上。为了避免赢家诅咒,交易有时候以类似多层次竞标拍卖的方式,出现在电脑屏幕上。通常那些大机构,如退休基金或者公募基金,是匿名的,但它们所有报出的买价与卖价,连同市场最优价一起,都会被显示在屏幕上。市场最优价是指,在这个价格之上,没有人会买入,而低于这个价格时,没有人会卖出。

1995 年 1 月出版的杂志《养老金与投资》(*Pensions and Investments*)刊登了另一个在进行投资时运用博弈论的案例。芝加哥的 ANB 投资管理与信托公司(ANB Investment Management & Trust)为了规避赢家诅咒而引入了一种策略。公司的首席投资官尼尔·赖特(Neil Wright)声称,其策略的基础是纳什均衡。他认为,赢家诅咒通常出现在一些报价区间异常宽的股票上,股票出现此类情形就表明"在公司如何运作上存在太多的不确定性"。一个很宽的报价区间还意味着流动性的不足,只要相对少量的买盘或者卖盘就可以对股价造成显著的冲击。赖特因而选择报价区间窄的股票来建立他的投资组合。窄幅震荡意味着股价基本符合市场主流观点,卖盘和买盘也多多少少是能够匹配的。有一个假设就是,对于这些窄幅震荡的股票,基本可以按照公认估值买入。

::

冯·诺依曼和摩根斯特恩将他们的《博弈论与经济行为》建立在人类行为的一个重要因素的基础上。这个因素就是,如果某人能够最大化他的效用——在博弈论的限制条件下,在所有的可选项中挑出最好的——那么他能赢到多少钱取决于他"若'理性'地行动,能获得多少"。这个"能获得"（他所能期望赢到的钱）当然首先会被假设为是个最小值，而当其他人犯错（行为不理性）时，他可以赢得更多。[19]

对批评家来说，这样的设定存在着重大的问题。连丹尼尔·埃尔斯伯格（Daniel Ellsberg）和理查德·塞勒（Richard Thaler）这样著名的行为心理学家，也都在批评者之列。对于塞勒，我们在后面的章节中还会提到。历史学家菲利普·米洛斯基（Philip Mirowsky）在1991年发表了一篇批判性极高的文章。在其中他断言："在博弈论的世界里，所有的事物都有问题——每一个假设都有缺陷——我们不能再无视其中那些反常的特征了。"[20] 他引用了包括亨利·西蒙（Henry Simon）、肯尼斯·阿罗和保罗·萨缪尔森等诺贝尔奖得主的批评。他认为，如果不是冯·诺依曼说服了军方采纳博弈论，那么博弈论将一钱不值。他甚至进一步猜测，"有些人甚至认为，就是博弈论直接带动了核武器的升级。"[21] 事实上，米洛斯基觉得摩根斯特恩好似上天派来帮助冯·诺依曼的。在无人对博弈论感兴趣的时候，正是摩根斯特恩建议经济学家们了解一下博弈论。米洛斯基批评说，令人遗憾的是，大家都在滥用"理性"这个词，把它搞得像"一份奇怪的法国浓汤"似的。[22] 他们对于理性的定义过于天真和简单了。

然而，博弈论中的理性行为假设，以及冯·诺依曼和摩根斯特恩所梦想的，理性行为可以被测量并且用数字来表述，最终还是形成了一股爆发的洪流，涌现出众多令人兴奋的理论和富有实际意义的应用。正如我举的例子已经清晰地表明，其影响远远超出了军用的范畴。

在19世纪五六十年代，人们为扩展理性分析做了很多努力，特别是在经济和金融领域。当时某些先进的观点在今天看来可能缺乏一定事实基础，我们会在本书第16、17章对这些观点进行批判分析。

但我们必须理解，直到 1970 年左右，很多对理性、对测量、对使用数学进行预测的热情，只是源于获得第二次世界大战伟大胜利之后所形成的乐观情绪。

和平重新回归，预示着我们有机会去运用从过往多年的萧条和战争中学到的经验教训。也许全体人类最终可以实现启蒙运动和维多利亚时代的梦想。凯恩斯主义经济学被用作控制经济周期和促进充分就业的工具。布雷顿森林体系的目的是重归 19 世纪金本位（gold standard）时代的稳定。我们建立了国际货币基金组织（International Monetary Fund）和世界银行（World Bank），来协助全世界落后地区的人民发展经济。与此同时，还建立了联合国来维护各国间的和平共处。

在此情形下，维多利亚时代的理性行为概念重新流行开来。测量始终控制着本能：理性的人依靠信息来决策，而不是凭着心血来潮、情感或者习惯做决定。一旦他们分析了所有已知信息，他们将依据明确的偏好做决策。他们偏好更多的财富而不是更少，并力争效用最大化。但他们同样是风险厌恶者。如同伯努利学派所说，增量财富的效用与存量财富的数额呈反向关系。

∷

随着理性的概念在知识界被如此精确地定义并广泛地接受，人们基于它来制定规则、进行风险管理和使效用最大化，也就必然会影响财富的投资与管理。这样的情节很完美。

由此所带来的成就，使那些天才学者们囊获了诺贝尔奖。而风险的定义及其实际运用，对诸多方面形成了革命性的改变，包括投资管理、市场架构、投资者所使用的金融工具，以及服务于这个体系的数以百万计的人的行为。

第 15 章

匿名股票经纪人的奇异案例

本章专门讲述在做证券投资时如何测量风险。尽管听上去不太可能，但在全球化投资的今天，量化投资风险是一个运行良好且一直被专业投资者使用的方法。通用汽车的退休基金有着 500 亿美元的资产管理规模，该基金的董事总经理查尔斯·钱皮恩（Charles Tschampion）日前评价说："投资既不是艺术，也不是科学，而是工程……我们的工作是对金融投资的风险进行管理和工程化。"按照钱皮恩的说法，通用汽车面临的首要挑战是"不要为了期望的收益而承受高于其对价的风险"。[1] 他的这句话蕴含了极高的哲学和数学认知。

在整个股票市场的历史中——在美国大约是 200 年，在欧洲某些国家更久些——从未有人使用数字来定义风险。股票是有风险的，有些股票可能风险更高，但是人们一般都顺其自然。风险是本来就有的，不依靠数字。对于激进的投资者来说，目标就是最大化投资回报。对于保守的投资者来说，投资于储蓄和高等级债券就足够了。

有关风险的最权威的声明出现在 1830 年，而且被刻意地模糊化处理。[2] 它出现在一起诉讼的法官判词中。这是关于波士顿的约翰·麦克雷恩（John McLean）遗产管理的诉讼。麦克雷恩于 1823 年 10 月 23 日去世，留下 5 万美元的信托基金，由其妻子收取"信托的增值收益以及分红与利息收入"，直至她去世。其妻子死后，信托需要将一半的财产捐赠给哈佛学院（Harvard College），另外一半信托财产则捐赠给麻省总医院（Massachusetts General Hospital）。当麦克雷恩夫人 1928 年去世时，遗产的估值仅剩 29 450 美元。于是哈佛学院和麻省总医院发起了对信托管理人的诉讼。

塞缪尔·普特南（Samuel Putnam）法官在宣判时认定，信托管理人"在运作信托财产时，从当时情况看，是诚信、审慎、尽责的"。他裁决信托管理人不需要为资产的损失承担责任，因为那不是"由于他们故意犯错……如果信托管理人全都要为资产的损失负责，那还有谁愿意承担如此高危的职责？"他接着写了下面这段名言，奠定了"谨慎人原则"（Prudential Man Rule）：

> "如果管理人恣意妄为，资本就会面临危险……对信托管理人在投资时所有能够要求的，就是他必须诚信行事，做出审慎的决断。他应该如一个严谨、慎重、智慧的人管理自己的事务那样从事信托的管理，不是从投机的角度出发，而是从基金长期运作的角度出发，兼顾投资资产的潜在收益和必要的安全性。"

此后的 122 年里，这件事就这么确定下来了。

::

1952 年 6 月，金融领域的顶级学术期刊《金融杂志》（*Journal*

of Finance）上发表了一篇14页的论文，标题为《投资组合选择》（*Portfolio Selection*）。[3] 论文的作者是25岁的哈里·马科维茨（Harry Markowitz），当时他还只是芝加哥大学一名默默无闻的研究生。这篇论文在多个层次都做出了创新，最终无论在理论还是实践层面，都产生了巨大的影响力，从而为马科维茨赢得了1990年的诺贝尔经济学奖。

马科维茨选择了股票投资作为论文的主题。在当时各类严肃刊物看来，这样的主题对于正统的学术分析来说太前沿、太冒险了。更为激进的是，马科维茨描述的是如何管理投资者的全部财富，也就是组合。他的主要观点是，证券组合与持有单个资产是完全不同的。

马科维茨没有兴趣针砭那些描写股市的文学作品中所表现出来的愚蠢，例如一位芭蕾舞演员投资股市成为百万富翁的经验，或者如何成为市场预测的权威等。[4] 他在阐述自己的观点时，不用那种大多数有关股市的文章所采用的简单语句。当时在经济学特别是金融学中，很少使用数学方法。杰文斯和冯·诺依曼也删减了很多与数学相关的内容，比他们原来预想要表述的少很多。而马科维茨的14页论文中，有10页充斥着数学公式或复杂图表。

马科维茨甚少提供脚注和参考书目。在当时，很多学术专家衡量论文作者的成就时，主要看脚注的数量，而马科维茨只有三处引用了其他作者。这种很少引述其学术前辈的做法很有意思：马科维茨的方法论其实是众多思想的大集合，涵盖了帕斯卡、棣莫弗、贝叶斯、拉普拉斯、高斯、高尔顿、丹尼尔·伯努利、杰文斯、冯·诺依曼和摩根斯特恩的思想。它包含了概率论、抽样统计、钟形曲线、均值回归以及效用理论等。马科维茨曾跟我说，他了解所有这些理论观点，但是他并不熟悉这些理论观点的作者，即使他曾花了大量时间来研究冯·诺依曼和摩根斯特恩关于经济行为和效用的著作。

马科维茨坚定地站在认为人类是理性决策者的一方。他的探索蕴含着第二次世界大战刚结束时的精神，当时很多社会学家正重拾维多利亚时代对于测量的信心，相信世间一切问题都能够被解决。

奇怪的是，在马科维茨最初把注意力放到"投资组合选择"上时，他并没有对股票投资产生任何兴趣。作为一个自我标榜为"书呆子"的学生，他主要研究线性规划（linear programming）这个当时的新兴领域。线性规划属于学术创新，冯·诺依曼对此做出了很多重要的贡献。使用线性规划这一工具，可以建立数学模型，用以解决恒定产出条件下成本的最小化问题，或者恒定成本条件下产出的最大化问题。这样的技术对于解决某些方面的问题特别重要，例如航空公司需要飞尽可能多的目的地，让尽可能多的飞机上天，而又要维持尽量少的飞机数量。

有一天，马科维茨正在等待见导师讨论他论文的主题，在等候室里他遇见了一位股票经纪人。聊天中，那位经纪人强烈建议他用线性规划来帮助股市投资者解决问题。马科维茨的教授也十分赞成经纪人的建议，但教授对于股市所知甚少，因此无法告诉马科维茨从哪里入手、如何开展研究。他为马科维茨介绍了商学院院长，觉得商学院院长应该会知道得更多一些。

院长告诉马科维茨可以看看约翰·布尔·威廉姆斯（John Burr Williams）写的书，书名是《投资价值理论》（*The Theory of Investment Value*）。这是一本在金融和商业管理方面颇有影响的书。威廉姆斯是一个不修边幅、不太有耐心的人。他在20世纪20年代成功开启了股票经纪人的职业生涯，但在1932年重回哈佛念书，希望找出导致大萧条的原因（显然他没成功）。《投资价值理论》发表于1938年，是威廉姆斯的博士论文。

马科维茨乖乖地去图书馆找到书来读。书上开篇第一句话就把他吸引进去了:"在当前市场价格条件下,没有买家会觉得所有股票具有同等吸引力……恰恰相反,买家找的是'当前价格条件下最好的股票'。"[5]多年以后,马科维茨告诉我他当时的反应,他回忆说:"我当时一下子被书里的话震动了。它告诉我们不仅要关注收益,还要关注风险。"

那些在20世纪90年代看起来平淡无奇的"表述",在1952年甚至马科维茨论文发表后的20年内,同样没有引起多少关注。那时候评价证券表现主要看赚了或者亏了多少钱,而与风险无关。然后到了20世纪60年代,那些激进的、以业绩为导向的共同基金经理成了民族英雄。例如管理曼哈顿基金(Manhattan Fund)的杰里·蔡(Gerry Tsai,中文名蔡志勇,"那个华人在干吗"是当时华尔街的流行语)以及管理哈特威尔与坎普贝尔成长基金(Hartwell & Campbell Growth Fund)的约翰·哈特威尔(John Hartwell)。(以业绩为导向指追求在较长的时间段内持续超越平均水平。)[6]

直到1973～1974年股灾时,投资者才发现这些股市奇才不过是在牛市中豪赌而已,而对于投资者来说,需要在关注收益的同时给予风险同样的关注度。标准普尔500指数在1972年12月至1974年9月期间下跌了43%。与此同时,曼哈顿基金和哈特威尔与坎普贝尔成长基金分别下跌了60%和55%。

这是个至暗时刻,一系列的坏事情接踵而至:水门事件;油价飙升;通胀压力持续;布雷顿森林体系崩溃;美元受到冲击,汇率下跌了50%。

1973～1974年的熊市对财富的毁灭效应是惊人的,就连那些自认为保守的投资者也损失惨重。经通胀调整的股市市值自峰顶至谷底的跌幅高达50%，也是除1929～1931年之外，有史以来最惨痛的下跌。更糟糕的是，在20世纪30年代好歹债券投资者还是赚钱的，但是从1972起至1974年见底时，长期国债下跌了28%，而当时每年的通胀率高达11%。

从这样的大溃败中，投资者收获的教训是"业绩表现"只是幻觉。资本市场不是一台可以随时提款、为人们制造财富的机器。除了少量例外，比如除了持有零息票据或者固定利率大额存单之外，股票或者债券的投资者是不能控制他们能收获多少投资收益的。就连储蓄账户的利率，也是依银行意愿来定的，反映的是市场利率的变化。每位投资者的收益，取决于其他投资者愿意为某项资产在不确定的将来某个时点支付怎样的价格，而市场上有无数个这样的其他投资者，他们的行为是无法控制的，甚至是无法可靠预测的。

投资者是能够管理他们所要承担的风险的。高风险应能适时产生高回报，但它们仅适合能够承担这样高风险的投资者。当这一事实伴随着20世纪70年代的教训越来越显现出来时，马科维茨的名字也在职业投资人和他们的客户当中变得家喻户晓。

∷

马科维茨"投资组合选择"的目标是使用风险这一表述，来为某类投资者建立投资组合。这类投资者"把预期收益当成有利的，并且把收益的变动（方差）当成不利的"。这个联系了收益和方差的词"并且"是马科维茨建立其案例的根基。[7]

马科维茨在描述其投资策略时，从没有提及"风险"一词。他只是简单地把收益的变动（方差）作为投资者想要最小化的"不利的东西"。风险和方差因此成了同义词。冯·诺依曼和摩根斯特恩数量化了效用，而马科维茨则数量化了投资风险。

方差是一个统计学名词，用以衡量某项资产的收益，围绕其平均值有多大幅度的波动。这个概念在数学上与标准差相关；事实上，这两个词是可替换使用的。围绕均值的方差或者标准差越大，用均值来衡量回报的可靠性就越差。高方差的情形就好比把你的头放进烤箱而把你的脚放进冰箱。

马科维茨反对威廉姆斯所说的投资就是一个简单的、投资者下注"当前价格条件下最好的股票"的过程。投资者会把他们的投资分散化，因为分散化投资是对付收益方差的最佳手段。马科维茨说道，"分散化投资既是可见的，也是明智的；不包含以分散化作为优先级的行为规则，无论是作为假说还是公理都必须被否定。"

分散化的战略地位是马科维茨最主要的洞见。如庞加莱所指出的，一个系统若只包含几个部分且各部分相互的关联性很强，那么这个系统的行为将是不可预测的。这样的系统会用一把大赌注，让你发一笔横财，但也可以让你把底裤输掉。与此相反，在一个分散化的投资组合中，即使在有些资产的价格处于下跌时，还会有一些资产的价格是上涨的，至少说这些资产的回报率是不同的。每个人都天生是偏好确定性而非不确定性收益的风险厌恶者，因此用分散化来降低波动率是十分有吸引力的。大多数投资者会选择用一个分散化的投资组合赚取低一些的收益，即使有时候孤注一掷或许可以带来更高的收益。

尽管马科维茨从未提及博弈论，但分散化和冯·诺依曼的博弈策略有极为相似之处。在此时，一个参与方是投资者，而另一个是股票市场——一个足够强悍又猜不透其意图的对手。想要战胜这样的对手看起来是天方夜谭。通过差中选优——也就是通过分散化投资而不是指望一击即中——投资者至少可以最大化在投资活动中存活的概率。

分散化投资中的数学方法也可以说明它的吸引力。当一个分散化组合的收益等于组合中每一项资产收益率的平均数时，组合的波动率会小于每一项资产波动率的平均数。这就是说，分散化好比免费的午餐，让你无需成本就可以把一组高收益的风险资产打包成相对低风险的组合，只要你把单个证券收益之间的协方差（或者说相关系数）最小化就可以了。

举例来说，直到20世纪90年代，大多数美国投资者还觉得海外证券投机性强，难以管理，不是合适的投资品种。所以他们把所有的钱都留在国内。接下来的数据会证明，这类狭隘的观点反而是会造成损失的。

1970～1993年，标准普尔500指数连同股息和资本增值，为投资者提供了大约11.7%的年化收益率。其收益的波动率，以标准差来衡量的话，大约是每年15.6%。这就是说，大约有三分之二的年收益率会落在-3.9%至27.3%的区间。区间高端是11.7% + 15.6% = 27.3%，区间低端是11.7% - 15.6% = -3.9%。

美国以外的主要市场通常由摩根士丹利（Morgan Stanley & Company）发布的指数来追踪，包括欧洲、澳大利亚和远东，这个指数的缩写是EAFE。相比标准普尔500指数的11.7%，以美元计价的EAFE在1970～1993年的平均回报率为14.3%，但EAFE的波动率也更高。主要原因就是，日本市场的波动率高，以及境外市场的收益换算成美元时，需要承受外汇市场美元汇率的波动。EAFE的标准差是17.5%，比标准普尔500指数的波动率高2个百分点。

EAFE和美国市场通常不会同涨同跌，因而国际化的分散投资是有道理的。如果一位投资者自1970年开始持有一个组合，其中25%

的资产为 EAFE，75% 的资产为标准普尔 500 指数，那么组合的标准差是 14.3%，比标准普尔 500 指数和 EAFE 的波动率都要低，而组合的收益率将战胜标准普尔 500 指数年均 0.6 个百分点。

图 15-1 能够更深刻地表明分散化投资的好处。该图显示了位于欧洲、拉丁美洲和亚洲的 13 个所谓"新兴股票市场"自 1992 年 1 月至 1994 年 6 月的业绩记录。纵轴表示每个市场收益率的月平均数，横轴表示标准差的月平均数。该图也显示了同一时期 13 个市场等权重加权值和标准普尔 500 指数的表现。

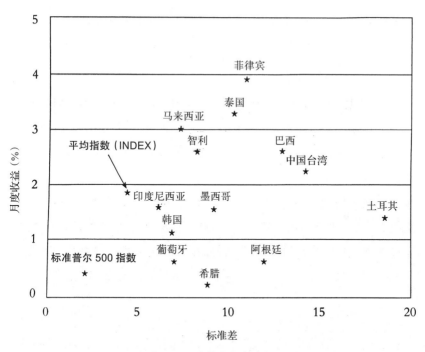

图 15-1　分散化投资的好处

注：13 个新兴股票市场与平均指数（13 个市场的平均）及标准普尔 500 指数的比较，时间跨度为 1992 年 1 月至 1994 年 6 月，数据形式为月度百分比。

尽管很多投资者认为新兴市场是同质化的，但图 15-1 显示这 13 个市场更接近于相互独立、互不相关。马来西亚、泰国以及菲律宾的市场指数每个月有 3% 甚至更高的收益，而葡萄牙、阿根廷以及希腊的市场指数只是稍稍好于零收益。各个市场每月的波动率从 6% 至 20% 不等。这个"烤箱"可真是够热的了。

这些市场相互之间没有相关性，或者说协方差很低，从而使得这个新兴市场指数的标准差低于 13 个市场中任何一个单一市场的标准差。对 13⊖个市场的月度标准差做简单的数学平均是 10%，而整个市场分散化组合的真实标准差仅有 4.7%。分散化确实在起作用。

要知道，新兴市场在这 18 个月时间段内风险比美国股市高得多，当然它们的收益也比美国股市高很多。这也解释了投资者当时为什么如此热衷于投资这些市场。

我们只需要把研究的时间段往后延续仅仅 8 个月，这些市场的风险就显露无遗了。如果我们分析到 1995 年 2 月，则 1994 年年底墨西哥股市的大跌就会被囊括其中——它从 1994 年 6 月至 1995 年 2 月共下跌了 60%。如果从 1992 年 1 月算至 1995 年 2 月，则这 13 个市场的月均收益仅微微超过 1%，而之前图表所涉及的时间段内月均收益则是 2%；标准差会从每月 5% 以下跳升至 6%；投资于墨西哥和阿根廷的投资者将面临亏损。⊖表现最好的是菲律宾市场，收益从月均 4% 降到了 3%。但与此同时，标准普尔 500 指数的表现几无变化。

::

通过用统计学方式替代简单的直觉来描述风险，马科维茨将传

⊖ 原书为 12，疑有误。——译者注
⊖ 当时墨西哥股市的标准差从每月 8% 跳升至 10%（是标准普尔 500 指数月标准差的 4 倍），但仍好于 1995 年上半年的 15%。

统的挑选股票转变为一个选择"有效"组合的过程。有效一词来源于工程学术语，被经济学家和统计学家用来表示相对一定投入来最大化产出，或者相对一定产出来最小化投入。有效组合把方差这个"不利的东西"最小化，同时又把赚钱这个"有利的东西"最大化。这一过程促成了30年后的钱皮恩把通用汽车养老基金的投资经理称为"工程师"。

投资者总是希望所持有的证券是"在当前价格条件下最好的证券"。一个用这样的证券建立的组合，其预期收益将会是其中所有单只证券预期收益的平均数。但那些原本预期收益最高的证券，最后的表现往往令人失望，而其他证券则可能超越投资者先前的最高预期。马科维茨假设一个真实组合的收益高于或者低于平均数的概率，将服从一个优美的、对称的高斯正态分布曲线。

曲线从亏损到盈利之间围绕均值波动的幅度，反映在组合的方差上。那是一个各种可能结果的区间，反映组合实际收益与预期收益存在多大可能的不同。这就是马科维茨的用意所在：通过引入方差的概念来测量风险，或者说收益的不确定性。对专业投资者和学者而言，将风险与收益通盘考虑通常就是指将均值/方差最优化。与90天就将到期的美国国库券相比，普通股票潜在收益的范围要大很多。90天期国库券的收益几乎没有不确定性，因为投资者很快就能等到还本付息。

马科维茨把"有效"这个术语专门留给某些特定的组合。它们既有当前价格下最优的持仓，又有最小的方差，专业术语叫作"最优化"。这一方法结合了早先投资者就知道的老话：不承担风险，就得不到回报，但你也不要把所有鸡蛋放在一个篮子里。

有一点特别重要，就是我们必须意识到没有一个有效组合会比其他所有的组合都更有效率。借助于线性规划的方法，马科维茨可以构建出有效组合的菜单。它和其他菜单一样有两头，一头是你想要什么，另一头是你想要的东西成本是多少。预期收益越高，就有越大的风险蕴含其中。但菜单中的每一个有效组合，都代表着在特定风险水平上最高的预期收益，或者在特定预期收益水平上最低的风险。

理性的投资者会选择一个最符合他们投资口味的组合，无论是激进型目标还是保守型目标。用冯·诺依曼和摩根斯特恩的话来说，就是该体系为每个投资者提供了效用最大化的方法。这是马科维茨的体系中唯一由主观决定的地方，其他都是数量化测算的。

∴

"投资组合选择"理论变革了投资管理，将风险提升到了与收益同等重要的地位。《投资组合选择》这篇论文，也包括1959年马科维茨所著同名图书，是之后金融领域理论研究的基石。随着时间的推移，它们也为众多的实际运用提供支持，从股票的选择和股票与债券在组合中的配置比例，到为期权以及更复杂的衍生产品进行定价和管理。

尽管"投资组合选择"的重要性不言而喻，但对其的批判却将马科维茨的成果变成了沙袋。攻击来自四面八方，用来支撑该理论的全部假设的每一个方面，都成了攻击对象。有些攻击提出的问题，更多是机械的或者技术上的，而非实质性的，因此很快被解决。有些问题则持续地引发争议。

第一个问题是，投资者是否足够理性，可以在决策时采用马科维茨教给他们的方法。如果投资时本能战胜了数量化测量，那么整个投资组合选择的工作都是白费时间，用它来解释市场行为如何产生也是有缺陷的。

第二个问题是，方差是不是一个合适的风险度量指标。在这一点上，结论并不明确。如果投资者把风险当成有别于方差的其他事物，那么其他的测量手段也许会同样有用，并且还能支持马科维茨最优化风险和收益的方法。当然，也可能并不存在这样的手段。

第三个问题是，马科维茨假设风险与收益是正相关的，但如果这个假设被实证检验证伪了，那又会怎样呢？如果高收益系统性地存在于低风险的证券上，或者你原本以为低风险的证券让你陷入困境，那么就必须回过头来重新规划投资。

我们接下来先简要说一些技术性的问题，然后花更多篇幅来详述以方差作为风险度量指标有多适合这个问题。投资者的理性是非常重要的因素，我们将用16章和17章两章来讨论它。无论如何，投资者作为从事特定活动的人，终究还是人，所以与人类理性有关的全部问题都会涉及。

技术性问题源自马科维茨的假设。他假设投资者不难估算其模型所需输入的变量——预期收益、方差以及所有持仓相互间的协方差。但如同凯恩斯在《概率论》及之后的著作中所强调的，使用过往的数据是十分危险的。我们对过往数据的信任度并不总是能够换来精确的测量值，特别是无法达到马科维茨的方法所需要的精确度。作为一项实际应用，马科维茨的大多数方法运用起来都混合了过往的经验和对未来的预测，尽管投资者也明白这样的算法会使计算结果存在相当可观的边际误差（margin of error）。此外，计算过程中对变量值大小估算的不同，也会增加计算结果的不确定性。

最难的步骤是在计算中需要测量每一只单个股票或债券，相对于组合中其他任意单个股票或债券的价格变动。威廉·鲍莫尔写了一篇关于生产力的长期趋势如何回归至均值的论文。1966年，也就是《投资组合选择》发表14年后，他计算出使用计算机来做有效组合选择的单次费用是150～350美元，这还是在假设所有输入的变量都十分精确的前提下。更复杂一些的计算则要花费数千美元。[8]

马科维茨自己也很关注其理论在实际应用中的困难。他通过与威廉·夏普（William Sharpe）合作（夏普当时还只是个研究生，但日后他与马科维茨分享了诺贝尔奖），找到了跳过计算全部持仓证券之间协方差的办法。他的办法是计算每一只证券相对于市场变动而发生的变化，这样就简单多了。这个方法后来引导夏普发展出了著名的资本资产定价模型（Capital Asset Pricing Model），该模型可以在投资者完全遵循马科维茨构建组合的建议时，对金融资产的定价进行分析。资本资产定价模型常被称作CAPM，它用"贝塔"（Beta）来描述在特定时间段内，相对于市场整体，单个股票或其他资产的平均波动率。举例来说，我们在第12章中提到的AIM星座基金在1983～1995年的Beta值是1.36。也就是说，当标准普尔500指数上涨或下跌1%时，基金相应的涨幅或跌幅大致为1.36%；当市场下跌10%时，基金将大致相应地下跌13.6%，以此类推。敏感度更低的美国共同基金的Beta值是0.80，说明它的波动性明显小于标准普尔500指数。

另一个数学上的问题源自组合或者证券市场本身，只能用两个数值来描述：预期收益和方差。当且仅当证券收益符合高斯正态分布这样的钟形曲线时，纯粹依靠这两个数值才是合适的。因而在此种情况下，不允许有离群值存在，围绕均值两边所有结果的排列必须是呈对称分布的。

当数据并非正态分布时，方差无法百分之百地反映组合的不确定性。现实世界里没有什么是完美的，所以这里确实存在问题。但这也仅对部分投资者是个问题，对其他投资者则未必。对很多人来说，数据已经足够接近正态分布来帮助他们进行组合构建的决策和风险的计算。对其他一些人来说，这种不完美也促使他们开发更多新的策略。这些策略我们将在之后谈到。

::

用数字来定义风险是非常关键的。除非投资者能够把他们所面临的风险划分等级，否则他们怎么能够决定承担多少风险呢？

BZW 全球投资公司（BZW Global Investors，前身为富国日兴投资公司（Wells Fargo-Nikko Investment Advisors））的组合投资经理们曾经用一个有趣的故事来描述这个两难的情况。一组在野外徒步的旅行者来到一座桥前，这座桥能够大大缩短他们回基地的路程。他们发现桥又高又窄，也不结实，于是他们在过桥之前准备了绳索、安全带，以及其他很多的保护措施。等到他们终于来到桥的另一头，他们发现有一头饥饿的狮子正在耐心地等待着他们到来。[9]

我的直觉是，专注于研究波动率的马科维茨，一定会被这头狮子惊到。肯尼斯·阿罗则从不同角度思考风险，并且能够理解数量化与混乱性的区别，他更有可能考虑到桥那边会有狮子或者其他危险。

无论如何，用波动率或者方差作为风险指标，在直觉上是有吸引力的。统计分析也证实了这种直觉：大多数情况下，波动率的上升会伴随着资产价格的下降。[10]更进一步来说，我们主观地意识到，不确定性与某些价格出现巨幅波动的事物密切相关。很多资产在价格暴涨之后都会出现同样程度的暴跌。如果要你对以下资产依风险大小进行排序，那么结果是显而易见的：巴西基金公司（Brazil Fund）的股票、通用电气公司（General Electric）的股票、30年期美国国债、90天期美国国库券。这四只证券的波动率的排序也会是同样的。在用于设计避险工具时，波动率的重要性十分明显。这些避险工具被称为衍生品，包括期权、掉期以及其他根据投资者需求定制的金融工具。

位于芝加哥的晨星公司（Morning Star）专门分析共同基金的表现。它提供了一个有趣的例子来说明波动率作为衡量风险的指标如何有用。[11]晨星公司1995年5月发表报告说，如果债券型基金是收取营销费用的（所谓的12b-1费用，由基金投资者支付），那么它们业绩表现的标准差会比那些不收取营销费用的基金高出约10%。晨星公司因此得出结论："至少对债券型基金来说，12b-1费用不仅略微降低了收益，而且大幅提高了投资风险……这是将营销费用计入投资考量的必然结果。"

到目前为止，对于什么导致了波动率变化甚至什么是导致其产生的原因，还没有定论。我们可以说，当没有预期到的事情发生时，就会有波动。但这个说法其实毫无用处，因为从定义上讲，没有人能知道如何预测这些预期不到的事情。

并非所有人都担心波动。即使风险是指相对于预期会发生的事情，发生了其他更多的事情（这个定义已经抓住了波动率的核心），这句话也仍然没有明确时间维度。一旦我们引入时间因素，风险与波动率的联系就减弱了。时间可以用多种方式改变风险，而不仅是风险与波动率的关系。

我妻子已故的姨妈，一位成天乐呵呵的女士，曾经吹嘘说她是娘家人中唯一没有问过我股市走势的人。至于原因，她是这样解释的："我买入股票不是为了卖出。"如果你不准备卖出股票，那么股票价格的波动和你有什么关系呢？对于像沃伦·巴菲特这样一小部分真正的长期投资者来说，他们可以对短期波动视而不见，并且毫不怀疑股价跌下去了还会涨回来——波动率代表着机会而不是风险，至少波动率高的股票往往比起走势平稳的股票，能够提供更高的回报。

罗伯特·杰弗瑞（Robert Jeffrey）曾经是一家制造企业的高管，现在管理着一个大型的家族信托。他对于上述观点有着更为正式的表达方式："波动率若与天气、与组合投资收益、与早上报纸送来的时间联系起来，其本质只是一个较佳的统计因子而无法告知我们任何关于风险的事情，除非其能够与结果相关联。"[12] 波动的结果对于我妻子的姨妈来说毫无用处，但对于一位明天就要大举杀入股市的投资者来说极为重要。杰弗瑞对此总结如下："持有一个组合的风险在于，它可能无法提供给投资者在大额投入之后所期望的那种现金回报，无论是在投资期间，还是某个固定到期日，或者两者都是。"

杰弗瑞发现，只有当与投资者的负债相关联时，不同资产的内生风险才是有意义的。这个对于风险的定义会以不同的面貌出现，而它们全都很有用。其中核心观点就是，对于波动的研究，需要配合着投资者必须超越的某个业绩基准或者最低收益率一起进行。

在对这个方法的最简单描述中，风险就是指亏钱的机会。据此观点，名义零收益就是个业绩基准，投资者应建立一个能够在一定时间段内使亏损概率最小化的资产组合。

这一观点已与马科维茨相去甚远，我们可以举下面这个例子来说明。假设有两位投资者，其中一位在1955年年初百分百投资于标准普尔500指数并持有了40年，另一位投资了30年期的美国国债。为了保持30年的到期期限，这位投资者需要在每年年末卖出原来的国债（这时候原来国债的到期期限已经变为 29 年了），再重新买入一笔新的 30 年期国债。

根据马科维茨测量风险的方法，第二位投资者投资债券的风险小于第一位投资者投资股票组合的风险，投资债券的标准差是 10.4%，而投资股票的标准差是 15.3%。但股票组合的总收益（股息与资本增值相加后）高于债券的总收益——前者年平均有 12.2%，后者年平均只有 6.1%。股票组合的高收益远远超出了对其高波动的补偿。股票组合当年收益为零的概率是 22%，而债券投资者当年收获负收益的概率有 28%。上述时间段内，三分之二的年份里，股票组合的收益超越了债券的平均收益。到底哪一位投资者承担了更高的风险呢？

再看一下之前我提到过的 13 个新兴市场。自 1989 年年底至 1994 年 2 月，它们的波动率是标准普尔 500 指数的 3 倍，但持有新兴市场组合的投资者亏损的月份更少，持续地比投资标准普尔 500 指数更赚钱。即使经历了 1994 年年底的大跌，最后的盈利还是在标准普尔 500 指数的 3 倍以上。到底哪种投资风险更高，是标准普尔 500 指数还是新兴市场指数？

换句话来说，一个具有波动性的组合到底风险有多大，取决于我们用什么来跟它做比较。部分投资者，以及很多组合投资经理，不会认为一个组合是有风险的，如果最后这个组合的收益不太可能低于某个特定业绩基准的话。㊀那个业绩基准无须被设定为零。它可以是一个动态目标，例如可以是让企业维持其退休基金运转的最低收益要求，或者是一个指数或是标准组合（好比标准普尔 500 指数）的收益，或者是一个慈善基金资产规模的 5%，因为规定了慈善基金每年至少

㊀ 欲了解更多有关此话题的讨论，可参考 1994 年秋季的《投资学》期刊（*The Journal of Investing*）。

要花掉这么多。晨星公司在对共同基金按风险排名时，衡量的标准是基金收益低于90天期国库券的频率。

当然，用收益低于业绩基准的概率来测量风险，并不会使得马科维茨关于组合管理的建议失效。收益仍然是好的，风险仍然是需要规避的；预期收益需要最大化，而与此同时风险需要最小化；波动率仍然预示着达不成预期目标的可能性。在这些前提条件下进行最优化，与马科维茨所想的并没有什么差别。马科维茨的方法还将继续成立，即便风险被看成一个多维度概念。构成这个概念的因素包括：资产对于主要经济变量的敏感度，例如对于商业活动、通胀和利率的敏感度，以及资产对于其所在市场整体波动的敏感度。

现在风险可用另外一种概率为基础来测量了，而且只需要依靠过往的经验。假设一位投资者是通过捕捉市场时机赚钱的市场择机者（market-timer），尝试在价格上升之前买入，在价格下跌之前卖出。这样一个市场择机策略能够成立，并且战胜简单的买入并持有策略（buy-and-hold）的边际误差会有多大？

市场择机策略的一个风险是当市场出现大涨的时候没能跟上市场。假设一位采用市场择机策略的投资者在1970年5月26日至1994年4月29日期间，在3500个交易日中5个最好的交易日里获利了结。他一开始可能觉得很不错，因为相较于初始投资额将近翻倍了（税前）。但如果再比较一下，他可能就不会这么想了，他不需要这么折腾，完全可以简单地在期初买入并持有。因为买入并持有策略会让他的投资增长两倍。市场择机策略是个危险的策略！

如果参数是变化的而不是固定的，那么度量风险会变得更为复杂。波动率本身就不会随着时间推移而一成不变。标准普尔500指数月度收益的年标准差自 1984 年年底开始上升，直到 1990 年年底最高达 17.7%，但之后的 4 年里，年标准差只有 10.6%。债券市场同样出现过类似的遽然变化。一个广泛分散的市场指数都会出现如此之大的变化，那么对于单个股票或者债券来说，波动率出现这种变化的可能性肯定要高得多了。

问题还不止于此。小部分人在他们每天的生活中，对于风险也有类似的感觉。随着我们变老，变聪明，变富有或变贫穷，我们对于风险的认知和厌恶程度也会变化，有时变得更厌恶风险，有时则往偏好风险的方向转变。投资者作为一个群体，他们对于风险的态度也在变化，因而对于股票和债券所预期提供的未来收入，他们如何进行估值，也会发生重大的变化。

威廉·夏普是马科维茨的学生，也是他的助手，并与他分享了诺贝尔奖。夏普为这种可能性找到了一种巧妙的方法。1990 年，夏普发表了一篇论文，分析了财富的变化与投资者持有风险资产的意愿，这两者之间存在的关系。[13] 尽管依据伯努利和杰文斯的观点，富裕人群相对而言可能更厌恶风险，但夏普假设的是财富的变化同样会改变投资者对风险的厌恶程度。财富增加使得投资者有了更高的安全垫来承担亏损，而亏损将会使安全垫变薄。其结果就是财富的增加会强化对风险的偏好，而亏损则会弱化这种偏好。夏普提出，风险厌恶程度上的变化，能够解释为什么在牛市或者熊市中会出现超涨超跌的极端情况，但是最后总是会向均值回归，因为持相反立场的投资者们会意识到这种反应过度，从而修正之前累积起来的估值错误。

∷

尽管对于"投资组合选择"理论存在一些批评，但马科维茨的贡献无疑是巨大的。他的工作为自 1952 年以来的众多理论研究建立了基础框架，引发了诸多占据投资领域主导地位的实际应用。事实上，分散化投资在投资者中成了坚定不移的信仰。甚至于对马科维茨理论的攻击，也引发了新的概念和新的应用。没有马科维茨的创新贡献，这些新事物不可能发生。

然而，马科维茨的大部分成就，以及他所建立的研究框架基础，都取决于投资者是否理性这个有争议的命题。当《华尔街日报》(*Wall Street*) 开始使用这些新的投资理论时，不同的声音也开始浮现。大多数对于理性行为的重要研究起源于混乱的 20 世纪 70 年代早期。它们与乐观对待理性行为的观点分道扬镳，而这些乐观观点是 20 世纪五六十年代研究创新的主要特征。时代发展到了开始攻击丹尼尔·伯努利、杰文斯和冯·诺依曼的模型，对传统经济理论的核心假设说"不"了。

这些对于信奉理性行为神圣原则的猛烈攻击，最初都还是试探性的。部分原因是学者们并不总是清晰表达他们的观点，还有一部分原因是围绕决策与选择理论已经累积了巨大的既得利益。然而 20 世纪 70 年代黯淡的宏观环境引发了能量、创造力和常识的迸发，在这种迸发中产生了很多新的观点，并最终成为学术研究的前沿，同时也引起了实践家们的关注。报纸杂志上现在充斥着对于理性行为和风险厌恶这些概念的攻击。

丹尼尔·伯努利在他的论文中承认，对于他的提议可能存在"非常罕见的例外"。他显然大大低估了，面对他所提议的笔直而又狭窄的路径，人类偏离其路径的频率。最新研究揭示，很多偏离理性行为这个既定常态的情况都是系统性的。

还有另外一种可能性。也许人们并非不理性的，只不过传统的理性行为模型对于行为类型的描述，只抓住了理性人类进行决策的众多因素中的一部分。如果是那样的话，那么出问题的就不是人类本身，而是理性行为理论了。如果人们的选择既是符合逻辑的也是可预知的，那么即便偏好可能有变化而非恒定的，或者偏好不一定完全满足理性行为的严格规范，人类行为也仍然是可以用数学工具来建模分析的。除了理性行为理论所限定的以外，逻辑性也可以遵循其他多种路径。

越来越多的研究表明，人们在做决策的整个过程中，会受制于前后矛盾、短视以及其他各种形式的行为扭曲。如果这是用在玩老虎机或者挑选彩票数字使自己美梦成真上面，那也无伤大雅。但有证据表明，在一些可能带来更严重后果的场合，这些错误反而更为明显。

用"不理性"这个词来描述这些行为也许太严重了，因为不理性包含了发疯的意思，而大多数人并不是疯子。芝加哥大学的经济学家理查德·塞勒观察到，人类既非"完全的白痴"，也非"绝对理性的机器"。[14] 显然，塞勒对于人们在实际生活中究竟如何做出选择的前沿性研究，所揭示的实际情况与伯努利和马科维茨的理论之间存在着严重的偏离。

这是一个非常吸引人的领域，一个自我发现的过程。我们对此研究得越多，就越发现我们每一个人，都通不过传统理性行为的测试。我们甚至都从未想到过这些情况。冯·诺依曼尽管具有非凡的洞见，但他还是忽略了故事中很多重要的部分。

置信程度
对不确定性的探究

AGAINST
THE
GODS

第 16 章

不变性的失效

我们所有人都把自己当成理性的生物,即便遇到危机时,也会运用冷静的、数量化的概率法则来分析我们所面临的抉择。我们都认为自己有超越常人的能力、智商、远见、经验、教养和领导力。谁会承认自己是一个蹩脚的司机、一个空谈的辩手、一个愚蠢的投资者,或是一个衣着品位低下的人呢?

那么,我们这样的自我画像有多少是真实的呢?不是任何人都可以超越平均水平的,更不用说大部分重要决定都需要在复杂的、模糊的、充满疑惑的或者担惊受怕的情形下做出。这就使得我们不会有太多时间去求助于概率法则。人生不是玩 balla 游戏,而是经常被肯尼斯·阿罗所说的混沌不清的状态拖着走。

其实,大多数人并非是完全不理智的。他们不会不假思索就去冒险,也不会在焦虑不安时躲进衣柜。有证据表明,我们是根据某个基本体系来做出决定的,这种体系让我们可以进行推断,并且在大多数情况下系统化地来行事。问题在于,实际情况下我们做出的决策会在多大程度上偏离伯努利、杰文斯和冯·诺依曼的理性行为模型。心理学家们研究了这种偏离的本质和原因，已获初步成果。

理性行为的经典模型——博弈论和马科维茨大部分理论概念的基础——教导人们面对风险应该如何决策，以及如果人人都按着这种教导行为的话，世界将会是什么样子。然而，大量的研究和实验显示，对于理性行为模型的偏离，比起大多数愿意承认的，还要频繁得多。在接下来的很多例子中，你都会发现自己也身处其中。

∷

关于人们如何管理风险和确定性的最重要的研究，由两位以色列的心理学家丹尼尔·卡尼曼（Daniel Kahneman）和阿莫斯·特沃斯基（Amos Tversky）所引领。这两位学者目前都居住在美国，一个在普林斯顿，一个在斯坦福。但在 20 世纪 50 年代，他们都曾经在以色列军队服役。卡尼曼设计了一套用于新兵招募的心理检视系统，这套系统目前还在以色列军队使用。特沃斯基则是一名伞兵部队的上尉，曾因作战英勇而获嘉奖。他们两人合作了将近 30 年的时间，最终在今时今日被金融投资领域的学者和实践者所膜拜，因为金融领域内每一项决策都会受到不确定性的影响。[1]

卡尼曼和特沃斯基把他们的理论称为前景理论（Prospect Theory）。在研究了前景理论并与卡尼曼和特沃斯基当面交流之后，我很奇怪为什么这个理论的名字和主题没什么关系。我于是问卡尼曼为什么要取这个名字，他说："我们只是想要取一个引人注目并且容易记住的名字而已。"

他们两人的合作始于 20 世纪 60 年代，当时他们都在耶路撒冷的希伯来大学（Hebrew University）当助理教授。有一次卡尼曼跟特沃斯基讲了一段他给飞行教官上心理课程的经历。当时他希望通过借鉴对鸽子行为的研究，告诉他的教官学员们奖励比惩罚更有效。突然有一个学员大声说道："先生，我无意冒犯您，您所说的只会对鸽子有用……我个人的经验则刚好相反。"[2]那位飞行教官解释说，每一次他表扬他的飞行学员后，学员下一次总是比这次飞得糟糕；而每一次他批评学员飞得差之后，学员下一次飞行的表现都会改善。

卡尼曼明白，这正是弗朗西斯·高尔顿所预言的情形。就像大粒豌豆繁衍出小粒豌豆，或者相反，小粒豌豆繁衍出大粒豌豆，任何一种事物的表现都不可能无限制地一直变好或者变坏。我们做所有事情都是一会儿好一会儿差，不断地向我们的平均水平回归。飞行学员下一次驾机降落的好坏，与是否有人告诉过他上一次飞得好不好，其实是毫无关系的。

卡尼曼向特沃斯基指出："一旦你对此敏感起来，你会发现回归无处不在。"[3]不管你的孩子是否做了你要求他们做的，不管某个篮球运动员是否在今晚的比赛中手感火热，不管某个投资经理是否在这个季度业绩下滑，他们未来的表现最可能的是向他们的平均水平回归，与是否奖励或者惩罚他们过去的表现无关。

他们两个很快就开始推测，在人们基于过去的事实而预测未来时，没有考虑到均值回归的影响，可能并不是人们所犯的唯一错误。于是他们设计展开了一系列精巧的实验，以便发现人们在面临不确定的结果时，是如何进行选择的。两人的合作因此而硕果累累。

前景理论所揭示的行为模式，在过去从未被理性决策的倡导者们意识到。卡尼曼和特沃斯基把这些行为归结为两个人性的弱点。第一，情绪化常常毁掉自制力，而自制力对于理性决策是最关键的。第二，人们常常并未充分了解他们所要做的事情，也就是心理学家所说的认知困难。

我们所遇到的困难当中，核心的问题是抽样。正像莱布尼茨提醒丹尼尔·伯努利的，大自然如此千变万化、错综复杂，对我们观察到的事物做有效的概括归纳是很难的。我们寻找捷径，却误入歧途得到错误的感知。我们总是指望较小的样本能够作为大样本的代表。

结果，我们倾向于更为主观性的测量：在我们决策时，我们更多采用凯恩斯的"置信度"来计算，而不是帕斯卡三角形，甚至当我们以为我们在数量化测量时，其实是由我们的主观意识决定的。想想700万人和一头大象！

某种情形下面临选择时，我们是风险厌恶者，换成另外一种情形下面临同样的选择，我们却有可能成为风险爱好者。我们往往会忽略一个问题中具有共性的部分，而割裂地去关注每一个单独的部分——这也是马科维茨的投资组合理论问世后过了很久才被接受的原因。我们不太容易分清获取多少信息就足够了，而获取多少信息是过量了。我们对于小概率但高度戏剧化的事件关注过多，却对日常普遍发生的事情不予理会。即便成本和无法弥补的损失这两个事情，对于财富的影响是一样的，但我们对待它们的方式却是不同的。我们最初想用纯粹的理性决策来管理风险，接着要凭借好运气来做推断。最终的结果是，我们忘记了凡事会向均值回归，而过度留恋先前的状态，并陷入困境。

这里有一个例子，卡尼曼和特沃斯基用它来展示直觉判断是如何误导我们的。问问你自己，字母"K"是出现在英文单词首字母的情况多，还是出现在英文单词第三个字母的情况比较多。你可能会本能地回答看起来是首字母的情况多。但事实上，以"K"作为第三个字母的单词数量比作为首字母的要多一倍。为什么会出现这样的错误？因为相比较而言，我们更容易想到以某个字母开头的单词，而非这个字母在其他位置的单词。

::

前景理论认为，我们在对待盈利和亏损时，做决策的方式是不对等的。这是前景理论最出众的发现，也是最实用的发现之一。

当涉及的金额较大时，人们通常会拒绝一个公平的赔率而选择确定性的收益，例如确定地获得10万美元好于有50—50的概率获得20万美元。换句话说，此时我们是风险厌恶者。

但如果涉及的是亏损呢？卡尼曼和特沃斯基第一篇关于前景理论的论文发表于1979年。论文所描述的一个实验表明，在面对不利的结果时，我们所做的决定，与在面对有利的结果时所做的决定，刚好是镜像的关系。[4] 在实验中，他们先让实验对象做这样的选择：选项一是80%的概率得到4000美元以及20%什么都得不到，而选项二是100%的概率得到3000美元。即使风险更高的选项一同样具有更高的数学期望——3200美元，80%的实验对象也还是选择了确定地获得3000美元。这些人是风险厌恶者，与伯努利所预言的一样。

接下来，卡尼曼和特沃斯基提供了这样的选项：选项一是80%的概率损失4000美元以及20%的概率不损失，选项二是100%的概率损失3000美元。尽管选项一的数学期望3200美元高于确定损失3000美元，仍然有92%的实验对象选择赌一把。可见，在不利的结果中做选择时，我们成了风险爱好者，而不再是风险厌恶者了。

卡尼曼、特沃斯基还有很多他们的同行，在大量不同类型的实验当中，都持续发现了这种不对等的情形。例如在之后一个场合，卡尼曼和特沃斯基提出了这样一个问题。[5]假设有一种罕见的疾病在社区内爆发，预计将夺去600人的生命。现在有两个治疗方案可应对疾病的威胁。若采用方案A，则将有200人获救；若采用方案B，则有33%的概率所有600人都将获救，但也有67%的概率没有人能获救。

你会选择哪个方案？如果我们大多数人都是风险厌恶者的话，就应该理性地选择方案A去救200人，而不是用方案B去赌一把，因为方案B虽然有同样的数学期望，但是要承担有67%的概率600人全都死去的风险。在实验中，有72%的实验对象选择了风险厌恶型的方案A。

现在，还是同一个问题，但我们换一种提问题的方式。如果方案C被采用，那么600人中的400人会死去；而采用方案D，则有33%的概率没有人会死，以及67%的概率600人全都死去。请注意，之前的方案A现在被表述为有400人死去，而不是有200人获救；而之前的方案B被表述为有33%的机会无人会死。卡尼曼和特沃斯基发表的实验报告显示，78%的实验对象成了风险爱好者而选择赌一把——他们无法容忍确定地失去400条生命。

这些行为尽管完全是可以理解的，却和理性行为的假设背道而驰。按理说，同一个问题，无论采用什么样的提问方式，对它的回答应该是一致的。但卡尼曼和特沃斯基认为，根据他们实验所反馈的证据，人类并非是风险厌恶者：在他们认为适合的时候，他们完全愿意选择去赌一把。那么，如果他们不是风险厌恶者，他们又是什么呢？"主要的推动力是损失厌恶性，"特沃斯基写道，"人们并不是那么讨厌不确定性——他们只不过是讨厌损失。"⁶ 比起盈利，损失总是显得更突出。确实，久悬不决的损失——例如失去一个孩子或者大额理赔的申请得不到解决——非常容易形成强烈的、非理性的、长时间的风险厌恶心理。⁷

特沃斯基对这个奇怪的行为做了个很有趣的推测：

"也许人体的快乐机制中最重要和普遍的特质就是，相比正面的刺激，它对于负面的刺激更敏感……假想一下今天你觉得还不错，然后试着再想想还有什么事情可以让你能够感觉更好……或许能让你感觉更好的事情并不太多，但是能让你感觉不好的事情，可以有一大堆。"⁸

从此项研究中，我们发现了一件事情，那就是伯努利所宣称的观点并不正确。伯努利认为："财富的任何微小增量都会产生效用，而产生的效用的大小与拥有的财富存量成反比。"伯努利相信，当人们在衡量是否要承担风险从而变得更富有时，是他们已经拥有的财富的数量决定了这个风险机会有多大价值。然而卡尼曼和特沃斯基发现，人们衡量风险机会的价值，更加着眼于参考这个风险机会可能会产生多少收益或损失，远胜于它最终的资产价值是多少。刺激你做决策的不是你的财富状况，而是这个决策到底会使你更富有还是更贫穷。与之相应地，正如特沃斯基所警告过的："如果能改变着眼点的话，我们的偏好……会很容易被操纵。"⁹

他列举了这样一个调查。调查对象需要在两项政策中做选择，是选择高就业加高通胀呢，还是选择低就业加低通胀？当设定的条件是10%的失业率或者5%的失业率时，投票结果很明显是选择接受高通胀以降低失业率。如果把设定的条件换一种表述，变成90%的就业率或者 95% 的就业率，低通胀率看起来就比增加 5 个百分点的就业更为重要了。

理查德·塞勒也用了一个初始财富的实验来证实特沃斯基的警告。[10] 塞勒告诉班级里的学生，他们手头刚刚赢了 30 美元，现在他们有如下选择：赌一把硬币，正面赢 9 美元，反面输 9 美元，或者选择不赌。70% 的学生选择了赌一把。塞勒给下一个班级的学生这样的条件：目前他们手头没有钱，是否要赌一把硬币，正面赢 39 美元，反面输 21 美元，或者选择不赌直接拿走 30 美元。这时只有 43% 的学生选择赌一把。

塞勒把这个情形称为"赌场盈利"效应（"house money" effect）。尽管两个选择的回报是一样的——不管起始的钱是多少，实验对象最终的回报要么是确定的 30 美元，要么是 39 美元对 21 美元——但有 30 美元起始资金的会选择赌一把，而起始资金为 0 的则不会去赌。换作伯努利的话，他会预言决策的依据是 39 美元、30 美元、21 美元的数额大小，但实际上学生们的参考点是起始资金额——30 美元、0 美元。

对行为实验颇有兴趣的经济学家爱德华·米勒（Edward Miller）报告了很多此类实验主题的变体。尽管伯努利使用的词语是"任何微小的财富增量"，但他隐含的意思是无论财富增加多少。[11] 米勒则援引了很多心理学的研究，来说明盈利大小会招来极为不同的反应。偶然性的大额盈利会比持续的小额盈利更能引起投资者和赌徒的兴趣。这是一些投资者的典型反应。这些投资者会把投资当成游戏而不去做分散化投资，分散化是很无聊的。有经验的投资者则会采用分散化投资的方式，因为他们不会把投资当成一种娱乐。

卡尼曼和特沃斯基用了"不变性的失效"（failure of invariance）来描述这种选择上的不一致性（但未必是不正确的）。当同一个问题以不同面貌出现时，我们会做出不同的选择。不变性是指，当我们偏好 A 胜于 B，偏好 B 胜于 C，那么理性人一定会偏好 A 胜于 C。这也是冯·诺依曼和摩根斯特恩进行效用分析的核心。回到之前那个案例，如果说拯救 200 人的生命，在第一个场景下是理性的决策，那么在第二个场景中，理性的决策应该还是拯救 200 人的生命。

但研究结果显示并非如此：

> 不变性的失效是普遍的、根深蒂固的。不管实验对象是老手还是新手，它的存在都是普遍现象……实验对象对于他们自相矛盾的选择，往往会觉得很困惑。即使把问题选项再仔细读一遍，他们还是会在'拯救生命'的场景下成为风险厌恶者，而在'抛弃生命'的场景下成为风险爱好者，尽管他们也希望保持不变性，在两个不同场景下给出同样的选择。
>
> 这些结果的道德寓意确实很令人困惑。不变性从规范行为的角度来说是必不可少的（我们应该怎么做），从感官直觉的层面来说是不可抗拒的，但是在真实心理活动中又是难以实现的。[12]

不变性的失效，比我们所认识到的情况要普遍得多。广告中很多提问的方式能够促使顾客去购买商品，尽管广告所宣扬的内容，若是换一种提问的方式，可能就会抑制客户的购买欲。民意调查时，对于同一个问题，如果用不同的转折语气，往往会导致相反的调查结果。

卡尼曼和特沃斯基描述了一个与医生有关的案例。医生们担心的是，病人需要面对生与死的风险，因而在不同治疗方案中做选择时，最好不要受到医生的影响。[13] 在治疗肺癌时，可以选择放疗或者手术。假设这个医院的医疗数据显示，没有病人在接受放疗时死亡，而手术需要承担死亡的风险，但是相比接受手术并存活的病人，放疗病人在术后存活的时间较短。由于没有足够多预期寿命的数据可供判别两种情形的好坏，所以当病人被询问是否愿意承担手术死亡的风险时，40%的病人愿意接受放疗；而当病人被询问是否愿意接受较短的预期寿命时，只有20%的病人愿意接受放疗。

有一句华尔街的老话，可以说是最广为人知的关于"不变性的失效"的证据："你永远不会因为获利了结而变穷。"照理来说，止损也同样是个好办法，但投资者往往讨厌止损，因为就算不考虑税务上的问题，止损也意味着承认之前犯了错误。损失厌恶加上自负，使得投资者偏爱于抱住自己的错误不放，指望着有一天市场能够再回过来证明他们是正确的，让他们能全身而退。冯·诺依曼是不会同意他们这么做的。

不变性的失效经常以所谓"心理账户"（mental accounting）的形式出现。心理账户是指我们会把整体拆分成各个部分进行分别估算的过程。在此过程中，我们没能意识到，影响某个部分的决策，也会对整体的情况造成影响。心理账户就好比把注意力放在了甜甜圈中间那个空心的孔，而不是甜甜圈本身。它常常使人对于同一个问题给出自相矛盾的回答。

卡尼曼和特沃斯基提出了这样一个问题。假想在去百老汇看戏的路上，你已经花了40美元买这场戏的票。[14] 当你到达戏院时，你发现票丢了。你会再花40美元去买一张票吗？

现在再假设你是准备到戏院买票的。你到了戏院售票处，发现钱包里比你出门时少了 40 美元。这时你还会愿意去买票吗？

在上面两种情形下，不管你是丢了价值 40 美元的门票还是 40 美元现金，如果你决定还是要看这场戏的话，你都要总共花费 80 美元。而如果你决定不看戏回家的话，你也只会仅仅损失 40 美元。卡尼曼和特沃斯基发现，大多数人在第一种情形下都不会再花 40 美元去买票看戏，但在第二种情形下，差不多有同样多数的人，会选择再花 40 美元买票看戏，尽管他们原来准备买票的 40 美元丢了。

这是一个不变性失效的明显例子。如果 80 美元超过了你原来看戏的预算，那么你无论在第一种情形下还是第二种情形下都不应该再买票了。反之，如果你觉得花 80 美元看戏是值得的，那么你就应该再花 40 美元去买票。除了在会计核算上略有不同，成本和损失是没有什么区别的。

前景理论认为，在选择上出现不一致的反应，源自两个不同的心理账户：一个是去戏院，另一个是把 40 美元用于其他花销——例如下个月的午餐费。在你早前花 40 美元买票时，戏院的心理账户已经被花光了，所以戏票丢失后，你不会再花 40 美元去买票了。而丢失的 40 美元现金可以被视作来自于下月午餐费的心理账户，因此与看戏无关，而且毕竟是可以将来再说的事情，所以戏院账户的 40 美元还在，还可以被用来买票。

关于心理账户，塞勒还列举了一个有趣的实例。[15] 他认识的一位金融学教授，有一个很聪明的办法来应对小额的意外损失。每年年初，这个教授会预备为他中意的慈善基金捐赠一大笔钱。一年中任何意外发生——超速罚单，重新购买丢失的物品，家里有穷亲戚来借钱等——就从这个慈善账户里扣除。这个账户一年下来最后还剩下多少钱就捐献多少给慈善基金。这样一来，意外损失就不那么令人痛苦了，因为感觉是慈善基金在为这些意外付钱。塞勒提名他朋友为全球首位"注册心理账户会计师"（Certified Mental Accountant）。

卡尼曼在接受杂志采访时承认，他自己同样会受到心理账户的影响。他在与特沃斯基做研究时发现，他对于在一笔大额损失基础上再增加一些损失，要更能够接受一些，单独一笔损失看起来更令他痛苦：在已经丢了100美元后再丢失100美元，比起在另外场合单独丢失100美元，前者的痛苦感更轻一些。因为在搬新家时也记着心理账户的概念，卡尼曼和他妻子在买房以后的1周之内，就把所有的新家具都买好了。他们觉得，如果过一段时间再用一个单独的心理账户购买家具，可能会觉得那是一笔相当大的支出，就会因此少买几件家具，不能满足他们的日常需要。[16]

∷

我们会倾向于把信息作为进行理性决策时所必需的因素，并且相信掌握的信息越多，就越能够管理好我们所面对的风险。然而心理学家指出了很多种情形，额外的信息会扭曲我们的决策，导致不变性失效，并且让当权者有机会进行操控，把风险装扮成人们愿意接受的类型。

两位医学研究人员，大卫·瑞德梅尔（David Redelmeier）和埃尔达·沙菲尔（Eldar Sharfir），在《美国医学会杂志》（*Journal of the American Medical Association*）发表研究报告称，发现了医生在治疗方案增多之后会如何反应。[17] 任何一种治疗决策都是有风险的，没有人能确切知道结果会怎样。在瑞德梅尔和沙菲尔的每一个实验中，增加任何一种新的治疗方案，都会提高医生选择原来方案或者干脆选择不进行治疗的概率。

在一个实验中，数百名医生被要求为一位右侧臀部患有慢性疼痛的 67 岁男性病人开处方。医生被告知有两种治疗方式：使用某种已知的药物，或"不做治疗并转诊给整形医师"。此时只有大约一半的医生反对使用药物。而当治疗方案增加为三种，包括使用一种新的药物，使用原来的药物，以及"转诊给整形医师"，则有四分之三的医生反对药物治疗而选择"转诊给整形医师"。

特沃斯基相信："对于概率的判断不是与事件本身相关联，而是与事件的描述相关联……对于某个事件概率的判断，取决于对该事件的描述到底有多清晰明确。"[18] 为了佐证这一点，他讲述了一个对 120 名斯坦福大学学生所做的实验。这些学生被要求对各类死亡原因的可能性做确认。每一位学生都需要评估两张死亡原因的列表，第一张列明了明确的死亡原因，而第二张则只是把死因笼统归类后列一个大标题，例如"自然死亡"等。

表 16-1 展示了实验中学生们估算的死亡概率。

表 16-1　死亡概率

	第一组（%）	第二组（%）	实际（%）
心脏病	22		34
癌症	18		23
其他自然死因	<u>33</u>		<u>35</u>
自然死亡总计	73	58	92
事故	32		5
自杀	10		1
其他非自然死因	<u>11</u>		<u>2</u>
非自然死亡总计	53	32	8

这些学生大大高估了事故和自杀这些非自然死亡的概率，而低估了自然死亡的概率。但是更值得关注的是，无论是针对自然死亡还是非自然死亡，列示了确切死因的第一张表所估算出的概率，都要高于只列示自然或非自然死亡大类的第二张表。

在另一个由瑞德梅尔和特沃斯基合作的医学实验中，调查了两组斯坦福大学的医生，让他们诊断一位腹痛严重的妇女。[19] 在收到详细的症状描述之后，第一组医生被要求判断，这位妇女患宫外孕、肠胃炎或者"上述都不是"的概率分别是多少。对于第二组医生，则除了第一组所列的三种病症之外，还另外增加了三种病症让他们判断。

这个实验有意思的地方是第二组医生对于"以上都不是"的判断。假设医生的平均业务水平，在这两个组中是基本相当的，那么我们可以预见，第一组医生诊断的选项中，应该会包括第二组中那三个额外的选项。这样的话，第二组医生判断这三个额外选项加上"以上都不是"的概率，应该跟第一组判断"以上都不是"的概率差不多。既然第一组判断"以上都不是"有50%的概率，那么第二组呈现的调查结果应该也是差不多这个水平。

但事实并非如此。第二组医生给予三个额外选项和"以上都不是"的概率一共是69%，而判断宫外孕及肠胃炎的概率只有31%，明显低于第一组给出的两项合计50%的概率。很显然，需要判断概率的选项越多，给予这些选项的概率就越高。

∵∵

丹尼尔·埃尔斯伯格在1961年发表的一篇论文中，定义了一种他称之为"模糊厌恶"（ambiguity aversion）的现象。[20] 模糊厌恶是指人们偏好于针对已知概率承担风险，而不愿意针对未知概率承担风险。换句话说，信息是起作用的。例如，埃尔斯伯格让好几组人来打赌，从两个罐子中抓取红球或黑球。这两个罐子每个都放入了 100 个球。实验对象被告知第一个罐子里放进了 50 个红球和 50 个黑球，而第二个罐子的情况不详。根据概率理论，第二个罐子里的红球和黑球同样会是 50—50，因为不存在其他分布的可能。然而，占据压倒性多数的实验对象选择了对第一个罐子的抓取情况下注。

特沃斯基和他的同事克雷格·福克斯（Craig Fox）对于模糊厌恶做了更深入的研究，他们发现事情比埃尔斯伯格所论述的复杂得多。[21]他们设计了一系列的实验，以便发现对于确定的偏好和模糊概率的厌恶，到底是在所有情况下都存在，还是仅仅存在于赌运气的游戏当中。

最后的结论非常明确：只有在人们感觉自己特别有竞争力或者知道特别多的情况下，他们才会对模糊概率下注。而如果他们不是这样的话，他们宁可选择赌一下运气。特沃斯基和福克斯的结论是，模糊厌恶"源于感觉自身缺乏竞争力……如果实验对象综合性地同时评估清晰和模糊前景，模糊厌恶就会出现。而如果评估对象单独地分别评估清晰和模糊前景，则模糊厌恶就会大大减弱甚至消失"。[22]

举例来说，玩掷飞镖游戏的人，会选择掷飞镖而不是玩赌运气的游戏，尽管赌运气的游戏中，赢的概率是可以通过数学计算事先知道的，而掷飞镖能否获胜是没有清晰的概率的。熟悉政治但不懂足球的人，在赌政治事件和以相同的赔率赌运气这两件事情上，会偏好前者；但同样情况下，在赌球和赌运气这两件事情上，他却会偏好后者。

∷

卡尼曼和特沃斯基在 1992 年发表了一篇总结前景理论发展情况的论文，他们在论文中这样写道："选择的理论顶多也就是近似的和不完善的……选择是一个不断推进并随机应变的过程。当面临复杂的局面时，人们会……算计如何算取巧，并不断修正实际操作。"[23] 本章所提及的各个例证，只是总结了众多文献资料中的一小部分。这些例证已经足够揭示在人类面对不确定性进行决策和选择的过程中，所呈现的各种类型的不理性、不一致以及能力不足。

那么，我们是否必须放弃伯努利、边沁、杰文斯和冯·诺依曼的理论呢？不是。尽管我们所定义的理性频繁地缺失，但我们没有理由认为，这种缺失就必然造成麦克白（Macbeth）所说的"人生只是一个愚人所讲的故事"㊀。

虽然前景理论认为人性是含混非理性的，但它并不因此就成了一项悲观的理论。卡尼曼和特沃斯基所针对的是这样的假设："在竞争环境下，只有理性行为才能生存，任何摒弃理性的分析方法都会造成混乱难以处理。"他们的研究表明，即便人们免不了有种种怪异的行为，因而无法达到伯努利所要求的那种理性水平，但大多数人还是可以在竞争环境下生存下来。"更为重要的是，"特沃斯基和卡尼曼提道，"有证据表明，虽然人类不是总能达到传统意义上的理性，但他们做选择的方式还是有规律可循的。"[24] 塞勒进一步补充说："这种准理性的状态既非致命的，也不会立即招致自我挫败。"[25] 因为如何做决策是有迹可循且遵从一定规律的，所以我们是可以对此做出预测的。那么，我们也就不能仅仅由于人类行为达不到理论假设死板的要求，而说行为是随机和不规律的。

塞勒用另外一种方式表达了同样的观点。如果我们总是能够做出理性决策，那么我们就不再需要精心设计什么机制来加强各方面的自

㊀ 本句翻译取自朱生豪译《莎士比亚全集》。——译者注

控力,赛马时就不至于倾家荡产去押注,而只是小小赌一把。我们明确知道存在不确定性,所以才会购买保险,并接受支付保费这样的确定性损失。很少会有人是因为自己做错决策而住进救济院或者精神病院的。

但理性行为的信徒们还提了这样一个问题。这么多对抗理性行为的证据,都是来源于心理实验室针对年轻学生所做的实验,或者犯错之后基本没有什么惩罚的假设环境,我们怎么能够相信这些实验发现,能够真实可靠地反映人们日常做决策的方式呢?

这个问题非常重要。由理论概括归纳出来的东西和由实验概括归纳出来的东西,存在鲜明的对比。棣莫弗最早用纸笔做公式推导,发现了钟形曲线,而凯特勒是通过测量士兵的身材高度,发现了钟形曲线。高尔顿发现均值回归——这是使得钟形曲线在很多情况下具有实际操作性的重要概念——是通过研究豌豆和人类的代际变化,他的理论来源于事实观察。

实验经济学家埃尔文·罗斯(Alvin Roth)发现,早在250年前,尼古拉·伯努利就已经完成了史上已知的第一个心理实验:他引入了彼得和保罗的掷硬币游戏,从而促成他的叔叔丹尼尔发现了效用理论。[26] 冯·诺依曼和摩根斯特恩所做的实验,令他们确信:"虽然结果不如预期的那样好,但至少可以证明大方向上是正确的。"[27] 由实验推导到理论的这种研究方式是具有光辉历史的。

课堂实验里可能有人为因素,实验对象可能会说谎,也可能存在会对实验产生干扰的偏见。想要设计出实验以避免这些因素并非易事。但是为了验证理性行为理论,我们已经做了那么多类型的实验。而众多实验证据都指向人类行为的不一致,这也足够让我们印象深

刻。实验研究已经发展成为一种高级艺术形式。○

对资本市场投资者行为的研究发现,大多数由卡尼曼和特沃斯基以及他们的同事在实验室里所假设的情况,都已经逐渐被证实。而证实这些实验的,正是每天充斥着报纸金融版面的、各类投资者行为所产生的天量数据。这些实证研究已经超越了实验室研究,将过往各类实验对于决策行为的分析结果,不仅包括投资行为的,还包括人类本身作为一个整体的,给予了真正的确认。

接下来我们会看到,这些分析又引来了一个非常值得思考的问题:如果人们真的是这么愚笨不理性,那么我们这些聪明人为什么没能发财呢?

○ 卡尼曼用这样一个例子作为他介绍行为实验的引子。他的一位教授说过这样一个故事:让小孩子选择,是今天得到一个小的棒棒糖,还是明天得到一个大的棒棒糖。对于这个简单的问题,小孩子们的反应却不简单,而是跟他们日常生活的基本情况密切相关,例如家庭的收入情况,是一位家长在场还是父母都在场,以及小孩子对长辈的信任度,等等。

第 17 章

理论警察

投资者一定希望他们所承担的风险，只是偶尔给他们造成损失，而其他一切想法都是愚蠢的。但是从理论上来说，理性投资者的想法应该是不带任何偏见的。或者用专业的话来说：一位理性的投资者，可能有时候做出过高的估计，有时候又做出过低的估计，但是拉长至整个时间段来看，他们既不会高估也不会低估——甚至说大部分时间里他们都不会高估或低估。理性的投资者，既不是始终认为有半只杯子空着的悲观主义者，也不是始终认为还有半只杯子满着的乐观主义者。

没有人会真正相信，现实生活中的事例能够满足对于理性投资者的模式化描述，即投资者始终能够理性地平衡收益和风险。不确定性是令人恐慌的。尽管我们努力理智行事，但却总是受情绪的推动，要去寻找避难所来躲避不愉快的意外。我们会借助于各种诡计花招去逃避，而这些诡计花招会严重影响我们遵照理性决策的方式行事。正如丹尼尔·卡尼曼所指出的，"理性模型之所以失效，不是因为它的逻辑不对，而是因为人类大脑不让它这么做。谁又能造出来一个符合理性模型要求的大脑，可以让我们每一个人都能立刻且完整地知道和理解一切事情？"[1] 卡尼曼并不是第一个知道理性模型僵化的限制条件的人，但他是第一批解释这样的僵化会造成什么后果的人，也最早说明了完全正常的人会以何种方式打破这种僵化。

如果投资者总是倾向于打破理性模型，那么这个模型也许并不是一个非常可靠的描述资本市场行为的工具。如果真是那样的话，那么就需要有新的计量工具来衡量投资风险。

设想一下这个情景。在经历了好几周的犹豫不决之后，你在上周终于在80美元的价位把你长期持有的 IBM 股票清仓了。今天早上你发现 IBM 的卖价到了 90 美元，而你卖出 IBM 后新买入的股票则稍微跌了一些。对于这个令人失望的消息，你会如何反应呢？

你的第一反应是要不要把实际情况告诉你的另一半。或者你会咒骂自己太沉不住气了。今后在终止一笔长期投资之前，你肯定会用更长的时间考虑之后再行动，不管新的投资计划看上去有多好。你甚至于会希望 IBM 的股票在你卖出之后就从市场上消失，这样你就无从了解它接下来的表现了。

心理学家大卫·贝尔（David Bell）认为"决策后悔"（decision regret）就是在你卖出某项资产之后持续关注它的结果，而且若是你决策正确的话，你本来还会持有这项资产。[2] 贝尔用了这样一个例子，假设有两个选项：第一个是选择一张彩票，赢了得 1 万美元，没有赢则什么也得不到；第二个是选择确定获得 4000 美元。如果你选择了彩票但最后什么也没得到，你会告诉自己太贪了，因此受到了命运的惩罚，然后继续该干吗就干吗去。但是如果你选择得到 4000 美元，但随后发现彩票中了 1 万美元，那么，为了永远不知道中奖结果，你会愿意付多少钱？

决策后悔还不止出现在你卖掉股票后，看着股价一飞冲天。换成是那些你从来没买过的股票，它们当中很多都比你买入的股票表现好，又会怎样呢？虽然人人都知道不可能买的都只是表现最好的股票，但是很多投资者还是会因为没买成好股票而承受决策后悔的痛苦。我相信，相比哈里·马科维茨那些最智慧的论述，因为害怕决策后悔而产生的不安全感，更可能是人们决定分散化投资的原因——毕竟你持有的股票越多，持有大牛股的可能性也就越大。

同样的动机也促使投资者选择主动管理型基金，即便证据表明大多数主动管理型基金长期来看都不能跑赢主要市场指数。那些偶然跑赢的，也往往不能每年都保持好的表现。在美国共同基金和 AIM 星座基金的案例中，我们已经看到，要区分运气和本事会有多么困难。平均数法则告诉我们有一半的主动管理型投资经理今年可以战胜市场。你选的投资经理会身处其中吗？毕竟总有些人会胜出的嘛。

对于某些人而言，那些原本被放弃掉的资产，所产生的诱惑实在难以抗拒。就拿芭芭拉·肯沃西（Babara Kenworthy）的例子来说吧。肯沃西 1995 年 5 月时在保德信投资顾问公司（Prudential Investment Advisors）管理着 6 亿美元规模的债券组合。《华尔街日报》引述肯沃西的话说："我们都是被欲望折磨着的生物。"[3] 为了解释肯沃西的话，《华盛顿邮报》写道："尽管肯沃西女士反复分析之后，认为长期债券目前并没有太大价值，但她还是再一次买入，因为不这么做的话，立马就会落后于同行。"记者接着用带有一丝嘲讽的语气评价说："对于一位 30 年长期债券的投资人来说，此刻真是个美妙的时间窗口。"

假设你是一名投资顾问,正想要决定是给客户推荐强生公司(Johnson & Johnson),还是一家初创的生物基因公司。如果一切进展顺利,初创公司的前景十分光明,而强生公司虽然没那么诱人的前景,但是在当前价位来说,价值还是不错的。而且强生公司也是那种有着广受赞誉的管理层的"好"公司。如果你选错了,会怎样呢?如果你推荐了初创公司的第二天,就爆出它原本极具前景的新药计划被终止了,或者你推荐了强生公司,但是紧接着另一家公司就推出了新药,能够与强生公司原本最畅销的药竞争,哪个推荐会产生更小的"决策后悔",并且出问题后更容易安抚客户的情绪呢?

凯恩斯在《就业、利息和货币通论》中已经预见了类似的问题。在把一类投资者描述成有勇气"在大众眼光里表现得怪异、反传统和鲁莽"后,凯恩斯说道,他的成功只能"反映出他本人的不成熟……如果最后他的决定是失败的……他也得不到什么同情。社会经验教导我们,因为守成失败而出名,好过因为打破常规成功而出名"。[4]

前景理论通过预言你会做出何种选择,肯定了凯恩斯的结论。首先,你所选的股票有多少的绝对收益相对而言并不重要。以强生公司的股价表现为参照点,初创公司的股价表现如何,才是关键。其次,损失厌恶和焦虑会使得在初创公司上赚钱所带来的喜悦,抵不过在初创公司上赔钱所带来的痛苦。强生公司则是一项容易接受的"长期"投资,即便它常常会跑输市场。

好公司的股票未必就是好股票,但你若能够让客户赞同它们是好股票,你的工作和生活就能轻松一些。所以,你应该推荐客户去买强生公司的股票。

我并不是在随口编故事。1995年8月24日的《华尔街日报》刊文,详细讲述了职业投资经理对金融衍生工具——我们下一章的主题——避而远之,就是因为有宝洁公司、加州的奥兰治县(Orange County)以及其他诸多在衍生产品上折戟的案例。文章引述了管理着GTE公司(GTE Corporation,全称为General Telephone and Electric Co.)120亿美元退休基金的约翰·卡罗尔(John Carroll)的说法:"如果你使用衍生工具并且拿了方向正确的头寸,你可能获得少许额外的收益。但是如果你头寸拿错了方向,衍生工具能让你丢掉饭碗,大大损害你作为专业投资者的名声。"安德鲁·特纳(Andrew Turner)在一家服务于机构投资者的头部咨询公司担任董事,他补充说:"即使你保住了工作,你也不愿意被人贴上'此人上过投资银行的当'这样的标签。"另一位来自波士顿的大型货币基金的基金经理也同意这一说法:"如果你买入一些看着很顺眼的股票,例如可口可乐,你只需承担非常小的职业风险,因为如果业绩表现不好,投资者只会怪罪于市场整体表现不行。"

∴

以理查德·塞勒为代表的一批学术经济学家针对理性模型的种种缺陷,开创了一门叫作"行为金融学"的新学科。行为金融学主要分析投资者在面对承担还是放弃风险和收益时,如何艰难地寻找可行的方法,一会儿是用客观的精确的数学计算,一会儿又全凭着情绪和感觉的触动。这种理性与不那么理性混合在一起的结果,就是造就了一个无法持续符合理论模型规范的资本市场。

年近五旬的迈尔·斯塔特曼(Meir Statman)是圣塔克拉拉大学的教授,他认为行为金融学"不是传统金融学的分支,而是以更好的有关于人性的模型来替代传统金融学"。[5]我们可以把这批经济学家戏称为"理论警察",因为他们在持续地检验,投资者的行为是否遵从于伯努利、杰文斯、冯·诺依曼、摩根斯特恩和马科维茨所主张的理性行为法则。

理查德·塞勒在20世纪70年代早期就开始思考相关的问题,当时他还在罗切斯特大学(University of Rochester)做博士论文。罗切斯特大学以其强调理性行为理论而出名。[6] 塞勒的论文主题是人类生命的价值,他试图证明,对于生命价值正确的衡量方法,是人们为了挽救一个人的生命而愿意付出的成本。在研究了类似于挖矿、伐木这样的高风险职业之后,他决定把他正在做的难度极高的统计先放在一边,并开始询问人们需要有多大的价值,才能够让他们牺牲自己的生命。

他先从两个问题开始。你愿意花费多少钱来消除有千分之一的概率会死亡。你又愿意得到多少钱来接受有千分之一的概率会死亡。塞勒报告说:"对于这两个问题的回答,其差异程度十分令人吃惊。"一个典型的回答是:"我不会愿意花超过200美元来消除已有的千分之一的死亡风险,但要我接受额外的千分之一的死亡风险,至少要给我5万美元。"塞勒由此得出结论说:"买价和卖价之间如此大的差异,真的非常有意思。"

然后他决定列一个他所谓的"非正常行为"清单——也就是那些违反标准理性行为模型的行为。这个清单中就包括了人们对于同一样东西,有着不同的买价和卖价。它还包括了没办法辨别沉没成本——沉没成本是指已经花出去并且无法再收回的钱(成本)——例如前一章中提到的那张40美元的戏票。很多人对于塞勒的调研,都回复说"选择不会后悔的选择"。1976年,塞勒以这个清单为基础写了一篇未正式发表的论文,并把它拿给好朋友以及他"想要去滋扰的同事"传阅。

不久之后,塞勒在一个关于风险的研讨会上,遇见了两位年轻的研究员。他们已经完全信服于卡尼曼和特沃斯基的观点:所谓的非正常行为通常在现实中是正常行为,遵守理性行为标准的反而才是例外。他们其中一人后来给塞勒寄了一篇卡尼曼和特沃斯基写的论文,论文的题目是《在不确定性下做判断》。塞勒读完论文后是这样评价的:"它让我难以自制。"[7]一年后他遇到卡尼曼和特沃斯基,然后就开始沿着研究非正常行为的道路奋勇前行了。

∷

迈尔·斯塔特曼还是一个攻读经济学的学生时,就发现人们看问题时喜欢从一个一个局部看,而不是从整体出发,由此他对非理性行为理论产生了兴趣。即便是学术专家在著名期刊上的论文也常常会犯类似的错误。他们的文章得出错误的结论,是因为没有认识到,事物的整体并不是各部分的简单叠加,而是存在相互关联的各部分共同作用的结果——也就是马科维茨所说的协方差。斯塔特曼很快意识到由心理账户所造成的扭曲,绝不仅仅只存在于普通大众当中。

斯塔特曼列举了他从一本期刊里找到的例子。这篇论文是关于购房者在固定利率和浮动利率按揭贷款之间如何进行选择的。[8]论文计算了按揭付款金额和购房者收入的协方差,然后得出结论认为,当购房者收入可以跟上通胀的时候,选择浮动利率较为合适,而当购房者收入相对固定的时候,则选择固定利率较好。但斯塔特曼指出,这篇文章忽视了房屋总价与上述两个因素之间的协方差。比方说,因为通胀而带来的房价上涨,可能足以缓和浮动利率贷款利率上浮所带来的负担，而此时购房者收入的高低并没什么影响。

在 1981 年时，斯塔特曼在圣塔克拉拉大学的同事赫什·舍夫林（Hersh Shefrin），给斯塔特曼看了一篇他与塞勒合作的论文《自我控制的经济学理论》(An Economic Theory of Self-Control)。[9]论文提出了这样一个观点，不能很好地自我控制的人，会有意识地限制他们自己的选择。例如体重有问题的人，会有意识地让蛋糕远离自己。论文中也提到人们一般都不理会他们按揭付款与作为按揭抵押品的房屋价格之间的正相关性；他们把房子当成一个不能打开的储蓄罐，尽管他们一直可以选择借出来更多的钱，因为可以使用房屋所有权贷款，但真正会这么做的人很少。读完这篇论文之后，斯塔特曼也开始沿着研究非正常行为的道路奋勇前行了。㊀

一年以后，舍夫林和斯塔特曼合作撰写了一篇极富启发性的行为金融学论文。论文的题目是《对于投资者偏好现金红利的解释分析》(Explaining Investor Preference for Cash Dividends)，[10]并刊载于 1984 年的《金融经济学期刊》(Journal of Financial Economics)上。

企业为什么要分红，是一个长期以来始终困扰着经济学家的问题。企业为什么要把资产分给股东，特别是它们还同时在进行融资？自 1959 年至 1994 年，美国的非金融企业一共进行了 2 万多亿美元的融资，而与此同时又总计分发了 1.8 万亿美元的红利。㊁如果企业不分

㊀ 在 1995 年的全国地产商协会的演讲中，当时的美联储主席艾伦·格林斯潘也肯定了那个关于"储蓄罐"的比喻。他说："房价走势对于消费者心理和行为的重要性，无法被高估……消费者通常将房产权益作为某种安全垫或保护毯，可用来消除未来的困难。"

㊁ 我们没有把金融机构的融资包括在内，以避免重复计算。因为银行以及其他金融机构会把企业存进来的钱（银行存款相当于银行的融资）又通过贷款再出借给企业。

红，那么它们可以减少将近 90% 的融资。

从 1959 年到 1994 年，个人投资者从金融企业和非金融企业累计获得分红 2.2 万亿美元，而每一美元的分红都是要缴税的。如果企业不采用分红，而是用这些分红的钱回购股票的话，那么每股收益就会增加，已发行股票数量就会下降，股价就会走高。剩余股份的持股者，如果因为消费需求要用钱，可以把增值后的股份卖掉，就好比是给自己发红利一样。这样的操作在大多数时间里，都只需要承担更低的资本利得税。两相比较，股东在第二种情况下应该能更赚钱。

为了解释这个难题，舍夫林和斯塔特曼用到了心理账户、自我控制、决策后悔以及损失厌恶等概念。本着亚当·斯密"公正的旁观者"和西格蒙德·弗洛伊德"超我"的精神，投资者选择这些偏离理性决策的方式，主要是因为他们相信把消费支出限制在股息收入的限额之内是正确的，而用卖出股票来为消费行为买单是绝对不行的。

舍夫林和斯塔特曼假设人类在心理上会被一分为二。人性的一面是具有长期愿景的内部计划者，强调未来的利益重于现在。而人性的另一面则寻求即时满足感。这是始终存在着冲突的两面。

有少部分场合，计划者仅需通过强调自我否定的好处而获胜。只要有消费需求的时候，计划者总是会建议使用股票分红的钱。就好比隐藏在壁灯后面的酒瓶，可以借由灯光的掩饰，逃过酒鬼朦胧的醉眼不被发现；股息也同样可以把用于即时满足的钱"隐藏"起来。通过反复告诫自己，花掉股票分红是可以接受的，把股票卖掉，用投资本金去消费是罪恶的，内部计划者给消费支出加上了限额。

一旦这种告诫植入投资者的内心，那么投资者就会坚持，他们持有的股票应该有稳定的分红，并且分红数额应该定期有所增长。只要没有分红，就不能花钱消费。不许有其他选择。从理论上来说，卖掉少量股票用于消费和收到分红以后再消费，它们相互之间是可以完美替代的——甚至说卖股票的方式还更省税——但是经过自我控制的精心设计之后，在实际操作中就无法用卖股票来完全替代分红了。

舍夫林和斯塔特曼让读者考虑这样两种情形。第一种，你用600美元的股息收入买了一台电视机。第二种，你卖掉600美元的股票去买了一台电视机，过了一周，这家公司因为成了收购对象而股价飙升。哪种情形下你会更后悔？理论上来说，你应该是无所谓的。因为你应该用那600美元的分红去买更多的股票，而不是去买电视机。所以，无论是用分红去买电视机，还是卖了股票去买电视机，他们同样都让你错失了赚钱的机会。不管是用哪一种方式买了电视机，你都失去了600美元市值的股票所带来的增值。

但是，削减股息得有多可怕！1974年，当油价翻了两番之后，爱迪生联合电气公司（Consolidated Edison）不得不决定终止已经持续了89年未间断的分红政策，由此使得股东们在股东大会上歇斯底里地大爆发了。丢给公司董事会主席的最典型的提问就是："我们要怎么办？你不知道什么时候可以重新付股息。那么谁来给我付房租？虽然我有丈夫，但现在爱迪生联合电气必须成为我的丈夫。"这个投资者从来没有想过，在出现亏损的情况下继续支付股息，只会更加削弱公司的实力，并可能最终导致公司破产。到那时还能有什么样的丈夫呢？但是卖掉一些股票去支付租金不在她的考虑范围之内，分红收入和可用资金被她放在了不同的口袋里。就好比在一个美满的婚姻里，离婚是绝对不能接受的。

在与舍夫林和斯塔特曼的讨论过程中，理性行为理论重量级的捍卫者、诺贝尔奖得主、芝加哥大学的默顿·米勒（Merton Miller）对

于投资者为什么不遵从专业人士的建议,做了如下分析:

> 对于这些投资者而言,股票通常不仅仅是来源于我们经济模型的抽象的"打包收入"。每一个持股者背后,都可能有一个故事,家族生意、家庭纷争、遗产继承,或者离婚协议……跟我们的投资组合理论几乎毫无关系。我们在建立模型时略过这些故事,并不是因为这些故事不有趣,而是因为它们太有趣了,将分散我们对于市场主要推动力的注意力,而市场主要推动力才应该是我们需要关注的。[11]

∵

在第 10 章里,我提到过一篇文章《股市是否反应过度》,是理查德·塞勒和他的学生沃纳·德邦特在美国金融协会 1985 年的年会上提交的论文。当时,这篇论文被作为均值回归的案例,但它其实也可以在这里被用作理性行为理论失效的案例。

在塞勒和德邦特陈述观点的环节,我也参加了当时的讨论。我的开场白是这样说的:"学术界的研究成果,总算是赶上了投资者们早就知道的事实。"[12] 而他们对于这个标题问题(股市是否反应过来)的回答是一个无保留的"是"。

作为前景理论的一个案例,塞勒和德邦特论证说,当新的信息产生时,投资者会调整他们的预期,但不是根据贝叶斯所设定的客观标准,而是高估这些新的信息,并且低估过去的信息和长期的信息。也就是说,他们衡量事件结果可能性的基础是"印象的分布"(distribution of impression),而不是基于历史概率分布的客观数学计算。结果就是股价要么涨过头,要么跌过头,所有股价回归是可以预期的,而这些与收益、股息或者其他任何的客观因素全无关系。

这篇论文引发了不少来自讨论现场听众的异议，这些听众对于论文所呈现的非理性定价的证据非常震惊。关于这篇论文的争论之后持续了数年，争论的焦点主要是塞勒和德邦特收集和测试数据的方式。其中一个问题与日历日期有关：绝大部分的盈利都来源于在每年的 1 月份这一个月里面，卖出业绩跑赢大市的股票并且买入跑输大市的股票；而剩下的 11 个月里面，所有交易的盈亏加在一起基本打平。而换成不同的人用不同的方式做测试，也往往产生彼此相冲突的测试结果。

1993 年 5 月，一篇名为《反向投资、外推法以及风险》的文章（Contrarian Investment, Extrapolation, and Risk）由美国国家经济研究局（National Bureau of Economic Research）赞助发表。[13] 三位学术专家，约瑟夫·拉可尼舍科（Josef Lakonishok）、安德烈·施莱弗（André Shleifer）、罗伯特·威士尼（Robert Vishny）用一个十分巧妙的统计分析，证实了所谓的"价值"股——即相对公司的盈利、分红或资产而言，市场卖出价偏低的股票——往往能够比估值高的股票有更好的表现，即使经过了波动率或者其他风险测量工具的调整之后也是如此。

这篇文章被大量引述，既不是由于它所得出的结论——因为这个结论无论如何都算不上原创——也不是由于它对数据统计的完整分析和有效提炼。它的重要性在于，它验证了塞勒和德邦特对于类似实验结果的行为学解释。部分原因是担心决策后悔，部分原因是目光短浅，投资者往往对于短时间内遇到困难的公司定价过低，而长期来看，当发生均值回归时大部分公司通常都能回到正轨。与此同理，投资者往往对于出现短期利好的公司定价过高，而没有意识到任何公司都不可能无止境地不断超越预期。

拉可尼舍科、施莱弗和威士尼的论文显然已经说服了他们自己。1995 年他们成立了自己的公司，运用他们的反向投资模型来做资产管理。

∷

塞勒始终着迷于研究人们对于同一个标的会有不同的买价和卖价这个"非常有趣"的问题。他创造了一个词"禀赋效应"（endowment effect），用来描述我们倾向于对我们拥有的东西（禀赋）给出较高的卖价，而对于我们没有的东西给出较低的买价。㊀

1990 年，塞勒与丹尼尔·卡尼曼和另一位同事杰克·尼奇（Jack Knetsch）合作发表论文，给出了用以测试禀赋效应是否普遍的一系列课堂实验的测试结果。[14] 在其中一个实验里，他给了一些学生印有康奈尔大学标记的咖啡杯，并告诉他们可以把杯子带回家。他还给学生看了一系列杯子的价格区间，并要求他们制定一个他们愿意把咖啡杯卖掉的最低价格。另一些学生则被要求给出他们愿意购买这个杯子的最高价格。拥有咖啡杯的学生给出的愿意卖出杯子的最低价格，平均下来是 5.25 美元，而没有杯子的学生给出的最高买价，平均下来只有 2.25 美元。其他一系列的实验也都得出了一致的结果。

禀赋效应对于投资而言有着非常重要的影响。正统金融理论认为，因为理性投资者对投资价值的看法是一致的，所以他们都会持有相同的风险资产组合，例如股票投资组合。如果投资者觉得这个组合风险高，那么他可以把一部分股票替换为现金，如果投资者还想追求

㊀ 莎士比亚一如既往地走在了我们前面。在《雅典的泰门》（Timon of Athens）第一幕第一场第 168～171 行，犹太人对泰门说："大爷，它的价格是按照市价估定的；可是您知道，同样价值的东西，往往因为主人的喜恶而分别高下。"（引自朱生豪译文。）

更高的风险，那么他可以把组合内的股票质押，借钱去买入更多的股票。

但现实世界并非如此。诚然，大型机构投资者可能会持有相对比较一致的投资组合，因为它们的资金量大，因此就限制它们只能去投资高市值的股票，例如通用电气或者埃克森美孚的股票。但普通投资者能够有更多的选择。很少能够找到两个普通投资者有一模一样的投资组合，或者大部分相同的组合。一旦持有了某个股票，投资者就一般不会轻易卖出，并不在乎这个股票客观的估值是多少。

举例来说，股票发行人的国籍所带来的禀赋效应就会对估值产生重大的影响。虽然国际化分散投资已经逐渐增多，但美国投资者大多数还是持有美国公司的股票，而日本投资者也会大多持有日本公司的股票。要知道，在写作此书时，美国股市仅占全球股市份额的35%，日本股市则仅占30%。

对于这种现象的一个解释是，从境外市场获取信息的成本比较高，而从境内市场获取信息会相对容易。但这个说法不足以解释境内和境外股票持仓上的巨大差别。肯定还有更深层次的原因，导致投资者不愿意去触碰剩余65%或者70%的股票市场。

关于国际投资中的禀赋效应，后来转去耶鲁任职的芝加哥大学教授肯尼斯·弗伦奇（Kenneth French）和麻省理工的詹姆斯·波特巴（James Poterba）在1989年时有过重量级的研究分析。[15] 他们的研究项目是日本和美国投资者跨境投资的缺失。当时日本投资者持有美国股票的市值，仅占美国股市的1%，而美国投资者持有日本股票的市值，还不到日本股市的1%。虽然有不少日本投资者买卖美国股票，但净买入实际上非常少。美国投资者这边也是同样的情况。

出现这样的状况是投资者误解了两个市场的估值。弗伦奇和波特巴经过计算发现，只有当美国股市经过通胀调整后的实际收益率达到 8.5% 而日本股市实际收益率能够有 5.1%，美国投资者持有如此之少的日本公司股票，才能说得通。而要解释日本投资者持有如此少量的美国公司股票，则日本股市的收益率要达到 8.2%，而美国股市的收益率要达到 3.9%。无论从税收上还是机构投资限制上都不能解释这么大的差别。这差别都大到可以让冯·诺依曼气得从坟墓里跳出来了。○理性投资决策的理论同样也解释不了这个问题。那么，禀赋效应一定是这个问题的答案。○

::

本章中述及的这么多证据，只是为了表明，理论警察做出很多努力，来提醒人们那些违反了理性行为印象的现实。有关此类现实的研究著作数量已经很庞大了，并且还在不断增加，研究类型也日益多种多样。

现在我们来说一下最不正常的情况。尽管数以百万计的投资者已经准备承认违反了理性行为信条，但市场本身——也是理性行为理论真正的精髓——却看似正在以理性的方式运行。

所谓"理性行为理论真正的精髓"到底是什么呢？如果真是那样的话，又该如何管理风险呢？

凯恩斯对"理性行为理论真正的精髓"给出了精确的定义。在《就业、利息和货币通论》中有一篇非常著名的文章，凯恩斯在文中

○ 塞勒曾经宣称冯·诺依曼和摩根斯特恩的效用理论经不起心理实验的测试。
○ 这个大胆的论断应该有更广泛的解释。跨文化的问题以及对于本国经济是否正常运行的关注，有利于本国证券得到更高的估值，而不利于外国证券的估值。

对股票市场做了一些比喻:"……对牌游戏㊀,或者魔法婆婆牌戏㊁,或者抢座位游戏(musical chairs)——胜利者既不能太晚也不能太早喊出'一对',或者要在游戏结束前把魔法婆婆传出去,或者要确保音乐停止时自己占到一个座位。"[16]

凯恩斯的比喻其实是说,测试市场是否理性。即对于理性行为理论真正重要的是:如果非理性行为普遍存在,则理性投资者在跟被理论警察缉拿的非理性投资者对赌时,可以有无数的机会去说"一对",把魔法婆婆传出去,以及先抢到座位。如果没有这样的机会,或者这些机会不足以给理性投资者带来什么优势,我们也许应该认为市场是理性的,即便我们从中可以发现很多的非理性行为。"理性行为理论真正的精髓"是,能够通过跟非理性投资者对赌而获利的机会非常少,即便有很多证据证明存在非理性的行为。也就是说,"理性行为理论真正的精髓"是,市场行为本身是符合理性行为模型的。

如果所有投资者都是一致按照理性模型行事的,那么对于同一时点掌握相同信息的投资者来说,预期收益和风险调整也就会是相同的。如果在很个别的情况下,有少量投资者出现非理性的行为,他们就会遭遇高买低卖,因为掌握更多信息的投资者会把证券价格重新推动至理性的价位。否则的话,只有当新的信息以随机的方式出现时,价格才会出现变动。

这是一个完全理性的市场自我运行的方式。没有人可以有超越市

㊀ 对牌游戏,snap,游戏者轮流下牌,出现相同的牌时要抢先喊"一对"。——译者注

㊁ 魔法婆婆牌戏,old maid,国内类似的叫法是"憋王八"或"抽乌龟"。——译者注

场整体的表现。所有的机会都已经被利用。对应任何一个风险等级，给到投资者的收益率都是一样的。

在现实中，投资者很难以某种持续的、可信的方式来战胜其他投资者。今天的英雄到了明天很可能就成了狗熊。长期来看，主动管理型投资经理——就是那些自称为选股专家，因而持有不同于市场整体组成的投资组合的投资者——他们的业绩表现似乎都落后于标准普尔500这样的市场指数，甚至可能还比不过类似威尔逊5000（Wilshire 5000）或者罗素3000（Russell 3000）这样一些范围更广泛的市场指数。举例来说，在过去数十年里，78%的主动管理型股票基金跑输了追踪标准普尔500的先锋500指数（Vanguard Index 500）基金。更早前的数据虽然不那么清楚，但标准普尔指数确实在很长时期内都始终是赢家。

这不是什么新鲜事。早在1933年，作为一位富有的投资者同时也是一位杰出的业余学者，阿尔弗雷德·考尔斯（Alfred Cowles）就发表了一篇研究报告。报告中包含了大量金融服务信息资料，以及排名前20位的火灾保险公司在4年里的每一笔交易。考尔斯得出结论说，用从一叠牌中抽牌的方式来进行预测，其效果与我们所做的众多实际预测中最好的相比，一点也不差。而保险公司的投资业绩"通过随机选择股票的方式，也能够达成"[17]。现如今，因为有众多大型、专业化、掌握更多信息的机构投资者主导市场的投资活动，想要跑在市场反应之前并且保持领先，比以往难太多了。

如果投资者不能可靠地猜出其他投资者的意图，那么也许计算机可以利用市场的理性行为：机器不会有什么禀赋效应、目光短浅、决策后悔之类的人性上的缺陷。到目前为止，用机器指令进行交易——

其他投资者恐惧时买入,其他投资者过于自信时卖出——所产生的交易结果有好有坏,并不规律。投资者会变得比计算机所预计的更加恐惧或者更加过于自信,或者他们的行为方式根本不在计算机模型的预测范围之内。但计算机程式化交易存在诸多需要进一步研究并将取得丰硕研究成果的领域,我们很快就会看到这一点。

时不时都会有业绩表现出彩的人类投资者,但即便我们把他们的成绩归功于能力而不是运气,还是会存在两个问题。

第一个问题在于,过去的业绩对于未来的表现没有什么指导作用。回顾过去我们可以明确知道哪些投资者表现得好,但是我们没有什么可靠的方法能让我们提前确定哪些投资者下一年会有好表现。投资的时机也很重要。就算是本杰明·格雷厄姆或者沃伦·巴菲特这样成功的投资者,也有过足以让其他投资经理瞠目结舌的长时间的业绩表现不佳。其他投资者可能会因为一两次辉煌的交易记录而备受关注,但当追随他们的人多了之后,他们的业绩也就变得平庸了。没有人知道什么时候他们会再一次辉煌,如果还会有再一次的话。

被动型的市场指数虽然有良好的表现,但这也容易遭受批评,因为我们同样无法用它们过去的业绩去预测未来,这跟无法借助于主动管理型投资经理的过往业绩是一样的。市场指数确实比起其他任何组合,更能够显著地反映所有正在市场上发生的狂热或者非理性行为。当然一个用来追踪标准普尔500指数的市场投资组合,与主动管理型的投资组合相比,还是有明显优势的。由于这样的组合只是在指数调整成分股时,才会发生换仓交易,因此组合需要承担的交易成本和资本利得税可以保持在最低水平。此外,指数基金的管理费只有大约

0.1%，而主动管理型基金的管理费通常要 1% 甚至更高。指数基金这些固有的优势并非源自运气或者仅在某些特定时刻有效，而是在任何时间内都对投资者有好处。

第二个问题在于，那些优异的投资策略往往都是短命的。今时今日资本市场的活跃性和流动性如此之高，使得我们处于高度竞争的环境下，因此用过往的数据来测试策略，往往很难在实际运作中进行复制或者持续有效。很多聪明的投资者没能通过好的投资策略赚到钱，是因为会有一大群不那么聪明的投资者很快跟随他们的策略进行交易，从而扼杀了这些策略原本要建立起来的交易优势。

由于一个成功的交易策略面临着被其他投资者搭便车的风险，因此有些能够持续获得良好业绩的投资者，就非常注重保护他们的策略不让人知晓。诺贝尔奖得主保罗·萨缪尔森是市场理性假设坚定而雄辩的捍卫者，他也承认存在这种可能性："人们可以身高不同、长相不同、酸碱度不同，那么他们的 PQ（performance quotient，绩效商数）当然也可以是不同的。"但他继续说道，那些具有高 PQ 的人是不会把他们的天赋"借给福特基金会或者本地银行的信托部门的。他们的智商太高了，不会干这种蠢事"。[18] 你不会看到这些投资者出现在《华尔街周刊》(*Wall \$treet Week*) 或者《时代杂志》(*Time*) 的封面上，或者给金融期刊投稿投资组合理论的文章。

他们只会运作一个私人合伙性质的基金，限制基金投资人的数量，并且要求至少 7 位数的认购金额。因为他们既能获得业绩分成，也收取管理费，所以接受其他人的资金与自己的资金一起运作，也等于是给他们的 PQ 加了杠杆。也许他们中的有些人可以成为对牌游戏的冠军。

在第 19 章我们会看到这些投资者在尝试做什么。他们的策略融合了理论和实证的概念，这些概念可以溯源至概率起源和德·梅尔骑士他本人。但这些策略也加入了更为复杂的对于市场理性的看法，其复杂程度超过了我在本书中的描述。如果风险等于机会这个表述有可能正确，那么这些人所做的就是在证明这个表述的正确性。

无论如何，私人合伙制基金并非市场主流。大多数投资者不会有那么多钱参与认购基金，而换成大型退休基金的话，它们的资金量又太大了，因此没办法把占据一定比例的资金投入到这些基金里去。此外，由于担忧这些非传统投资一旦出现问题，就会有决策后悔效应，这也阻止了退休基金参与认购。无论如何，这类大型投资者开始试验非标准化的量化投资概念时，必须注意不要相互干扰。

∷

所有这些对于风险管理而言会产生什么样的结果呢？非理性行为的存在，是否把投资变得更为危险？要回答这个问题，我们需要把它放到历史背景中去看。

资本市场总是波动很大的，因为他们所交易的不是其他别的什么，而是对未来下注。对未来下注总是会充满意外的。股票是没有到期日的，所以买进股票是一门有风险的生意。投资者想要把手里股票清盘的唯一途径就是卖给其他投资者：每个人都希望其他人对股票的期望和购买力能够给自己卖出股票提供帮助。对于债券而言，这样的情况也存在，因为债券只是在将来到期时才会把本金还给债券持有者。

这样的情况成了非理性行为发生的温床：不确定性让人害怕。如果非理性的参与者在数量和资金量上压过了理性参与者，资产的价格就会偏离均衡水平，而且会持续相当长的时间，常常长到足以消磨掉理性投资者的耐心。所以，市场就会比大家都符合理性模型时更为波动，不然卡尼曼和特沃斯基就只能找其他领域做研究了。[19]

不管怎么说，单独关注投资风险以及在风险与收益之间建立等量关系，相对而言还是比较新的观念。直到1952年马科维茨才首次提出基本观点，虽然或许很早以前就有类似的看法，但它确实是姗姗来迟的有关市场行为的最新表述。但马科维茨关注的是投资组合选择的风险，这在20世纪50年代早期的大牛市行情下，并没有引起什么人注意。20世纪60年代起学术方面的研究开始加速，但直到1974年之后，才真正引起市场实践者的关注。

引起这样一种延迟反应的原因是市场波动性的变化。1926年至1945年期间发生了股市大崩盘、经济大萧条和第二次世界大战等，股票投资的年平均收益（包括资本增值和分红收入）只有7%，而年收益的标准差则高达37%。这绝对是一门高风险的生意！

投资者在20世纪40年代晚期直至20世纪50年代仍然无法消除如此痛苦的记忆。一朝被蛇咬，十年怕井绳。对于投机的热情以及无节制的乐观情绪一直都没怎么恢复，即使道琼斯工业指数从1945年的200点涨到了1966年的1000点。1946～1969年，尽管年收益超过12%，并且1961年时也曾短暂出现过一些投机情绪，但这期间的标准差只有1926～1945年时的三分之一。

这样的记忆也被带到了20世纪70年代。在这么一个市场里，谁会担忧风险呢？事实上，每个人都应该要担忧。自1969年年底至1975年年底，标准普尔500指数的收益，只有1946～1969年时的一半，而年收益的标准差则翻了一番，达到22%。在这期间的24个日历季度中，有12个季度投资者反而是持有国库券更合算。

那些在1969年时，把客户投资组合的股票占比推升至70%的专业投资经理，此时看起来就是大傻瓜。而他们的客户对他们的看法其实更为苛责。《投资组合管理期刊》（*Journal of Portfolio Management*）在1974年秋季的创刊号上登载了一篇富国银行高管写的头条文章，这位高管在文中承认了这一痛苦的事实：

> "专业化投资和它的实践者们并不是始终如一的，而是不可预知、深陷困境……客户畏惧我们，而我们所使用的投资方式，最后给客户带来的对于损失的恐惧，也许与客户对于股票投资的恐惧一样厉害，或者更甚……这个行业非常需要变革其闭门造车式的运作方式。"[20]

由此风险管理首次成为行业内最重要的事情。分散化开始成为主要的关注点，不仅仅针对股票投资，更是针对整个投资组合，从股票到债券直至现金资产都是如此。分散化投资也迫使投资者考察新的投资领域，并且研发合理的投资管理技术。比如说传统的买入并持有到期的长期债券投资方式，被积极的、基于计算机技术的固定收益投资取代。分散化的压力也促使投资者把眼光放到海外市场。国际化投资不仅有分散化的好处，还给投资者带来了获得高收益的机会。

但是即便寻求新的风险管理技术已经变得越来越普遍，在20世纪七八十年代，还是出现了很多新的不确定。对于世界观主要形成于战后良好环境的投资者来说，这样的不确定是前所未有的。各种灾祸接连不断，包括油价狂飙，由水门事件和尼克松辞职引发的宪法危机，德黑兰的人质危机，以及切尔诺贝利核电站造成的灾难性损失。

它们对投资者的认知所造成的颠覆,与第一次世界大战对于维多利亚时代或者爱德华时代人们的认知颠覆,并无二致。

伴随着金融监管的放松和一路高升的通胀,由此造成的利率、汇率和大宗商品价格的大幅波动,若是换到之前30年是难以想象的。传统的风险管理技术对于一个如此之新、如此之不稳定、如此之恐怖的世界,实在是无能为力。

这样的情形恰恰就是埃尔斯伯格模糊厌恶的最好例证。我们要想针对实际情况计算概率,只有当类似情形反复发生,直到与运气型游戏的特征相类似时才行。在阴天不带着雨伞外出有风险,但是我们已经看过足够多的阴天,也听过足够多的天气预报,所以我们多多少少能够以一定的准确度判断下雨的概率。但如果事件是特殊的,例如云的形状和颜色我们从来没看到过,则模糊厌恶就会起作用,而风险溢价也就会大幅飙高。你要么待在家里,要么带着伞出门,不论这两者会给你带来多大的不方便。这也正是20世纪70年代时所发生的事情,当时股票与债券的估值,相比20世纪60年代都被极度地压低了。

另外一个选项是发现某种方法,可以消除意外所带来的冲击,可以管理未知事物的风险。尽管分散化投资从未失去其重要性,但专业投资者早已经认识到,它作为一种风险管理工具仍存在着不足,用来应对新的波动性和不确定性环境也显得太过于原始。

也许是幸运吧,重大风险管理技术的革新刚好赶上了对于风险管理新方法的迫切需求。随着对于风险的担忧与日俱增,计算机技术被引入到投资管理中。它们带来的新鲜感和强大的运算能力在当时让人们感觉很科幻,但它们确实大幅提升了数据处理和执行复杂策略的能力。

如果前景理论所提出的那么多违反理性行为的例证，确实是投资者的敌人的话，那么现在需要找到比决策后悔、目光短浅或者禀赋效应更有意义的相关保护措施。风险管理的新时代即将开启，将有更多的新概念、新技术、新方法出现。它们利用了金融体系的研究，但使用对象的广泛程度，却远远超过了资本市场这个狭隘的范畴。

从迷信跨越到超级计算机的决定性一步即将要迈出了。

第 18 章

单边下注的奇妙机制

衍生品是金融工具中最复杂、最难以理解、最神秘,甚至也是最危险的品种。它绝对属于20世纪90年代的词语,而且对于很多人来说,它也是一个坏词。

《时代杂志》在1994年4月刊的封面故事中,是这样说的:

> "这个可以单边下注的奇妙系统,并非出自老套的人类直觉,而是由计算机专家借助于深奥的数学公式,进行设计和监控,通过计算得到的……它是由所谓的宽客(quant)研发出来的,宽客就是量化投资分析师的简写。"

我们已经看过了由人类直觉造就的单边下注的奇妙系统,现在我们来看看宽客们创造的这个奇妙系统。

尽管近些年这些衍生工具带来不少神秘感,但它们其实并没有什么特别现代化的地方。衍生品很早就出现了,以至于都找不到明确的发明者:不是卡尔达诺,也不是伯努利、格朗特或者高斯。衍生品的使用源于要降低不确定性，而这明显不是什么新事物。

衍生品是自身没有价值的金融工具。这听上去有些奇怪，但又确实是其所有的秘密所在。它们之所以被称为衍生品，就是因为它们的价值是从别的资产的价值上面衍生出来的。正因如此，使得它们能够很好地对冲意外的价格波动所造成的风险。它们可以对冲持有各种资产的风险——小麦、法国法郎、政府债券以及普通股——简而言之，任何价格具有波动性的资产。

弗兰克·奈特曾经评论道："每一项生产活动都是一次投机，所生产的商品相对于货币的价值的投机。"[1] 衍生品不能够降低持有某项具有波动性资产的风险，但它可以确定谁在规避这项风险，谁又在对这项风险做投机。

今天的衍生品与它们的早期形式相比，只在以下部分有所不同：它们以数学方法进行估值，而不是凭经验；它们需要应对的风险更为复杂；它们由计算机设计和管理；它们会被用到更多的地方，有更新的用法。这当中没有一项是衍生品被广泛使用以及吸引公众眼球的根本原因。

衍生品只有在具有波动性的环境下才有价值。它们的大量出现是对我们这个时代的最好说明。在过去20年中，波动性和不确定性在很多原本被认为长期稳定的领域出现。直至20世纪70年代早期，汇率基本是固定的，石油价格只在一个很窄的范围内波动，而整体物价水平每年顶多上涨4%。这些长期稳定的领域，突然出现新的风险，激发大家去寻找新的、更为有效的风险管理工具。衍生品是经济与金融市场的症状，而不是波动性产生的原因，虽然波动性引起了如此多的焦虑。

::

衍生品以两种形式出现：一种是期货（在未来以某一特定的价格对资产进行交割），另一种是期权（给予一方以事先确定的价格向另一方买入或者卖出资产的机会）。尽管今天它们以时髦且复杂的面目出现在我们面前，但它们在风险管理中所扮演的角色，其实早在几个世纪之前就在农场出现了。交易要素可能会不断变化，但是农场主对于控制风险的基本需求始终没变。农场主不能容忍风险的存在，因为他们一直都处于负债中。他们对于土地、设备、种子和肥料的库存，需要进行大量的投资，因此不可避免地要向银行融资。在农场主看到他的钱到账之前，他需要为这些生产要素付钱，把农作物种下去，然后持续地为洪水、旱灾、虫害担惊受怕，等上好几个月才能迎来收获。而他最大的不确定性是最后一步，收割农作物并拿去市场上出售。如果农产品的售价低于他的生产成本，那么他可能就无法偿还他的债务，进而可能失去所有的一切。

对于天气和虫害的风险，农场主也许无能为力，但是他至少可以规避最终售价的不确定性。他可以在把农作物播种之时，就跟买家定好一个未来交割时的价格。如果未来价格上涨，他可能会因此损失一些利润，但期货合同保护了他不受价格下跌的影响。他把跌价的风险传递给了其他人。

其他人通常是食品加工商，他们面临着与农场主相反的风险——在农作物收获之前，如果价格下降，他们会获利；但如果价格上涨，他们就会遇上麻烦，因为这意味着他们的原材料成本上涨了。接受农场主的合约，食品加工商就让农场主承担了价格上涨的风险。这样的交易，虽然对两个交易对手而言都包含了风险，但实质上降低了经济中整体的风险。

有时候，交易的对手方可能是一个投机者——某些愿意从其他人那里接收不确定性的人，他们确信事情会朝着他们预期的方向发展。至少理论上来说，大宗商品的投机者从长期来看是可以赚到钱的，因为有太多人的财务状况在面对波动性风险时是十分脆弱的。因此，波动率往往被定价过低，特别是在大宗商品市场，生产者的损失厌恶能给投机者带来固有的优势。这一现象有一个非常奇怪的名称——"贴水"（backwardation）。

在12世纪，中世纪市场上的卖家会签署一个所谓"承诺书"（lettres de faire）的合约，承诺他们所售物品会在未来交割。在17世纪前10年，日本的封建领主会在一个称为"账合米"（Cho-ai-mai）的市场上把未来交割的大米提前卖出，以此来保护他们免受坏天气或者战争的影响。很多年以来，在诸如金属、外汇、农产品等市场上，或者更近一些的股票和债券市场上，使用未来交割的合约来避免价格波动的风险，是一项常规操作。类似于小麦、猪肉和铜这样的大宗商品期货合约，自从1865年起就在芝加哥商品交易所（Chicago Board of Trade）开展交易了。

期权同样有很长的历史。亚里士多德（Aristotle）在《政治学》（Politics）第一卷中，将期权描述为"一种金融工具，包含了最广泛应用的原理"。17世纪著名的荷兰郁金香泡沫，大部分都是期权交易，而不是郁金香本身的交易，当时交易的复杂程度与我们现在的期权交易没什么区别。当郁金香交易商希望确保他们在未来价格上涨时可以增加存货，他们买入认购期权（calls，也称为看涨期权）。这样的期权使得交易商有权，但没有义务，让交易对手以事先确定的价格，交付郁金香。郁金香的种植者则要寻求对于价格下跌的保护，因此他们买入认沽期权（puts，也称为看跌期权）。这样的期权使他们有权以事先确定的价格向交易对手卖出郁金香。这些期权的对手方，也就是期权的卖方，通过承担价格上涨或下跌的风险，而从期权的买方获得期权金（premium，也称为期权费或者权利金）。对于认购期权的卖方而言，期权金应该能够补偿价格上涨的风险；而对于认沽期权的卖方而言，期权金应该能够补偿价格下跌的风险。

顺便提一下，最新的研究显示，期权可能对于臭名昭著的17世纪荷兰郁金香热潮，起到了推波助澜的作用。事实上，期权看起来给了那些原本无法进入郁金香市场的人参与郁金香交易的机会。在郁金香泡沫时期，对于期权的非议其实来自于那些既得利益者，他们憎恨期权让别人有机会侵占他们原来的地盘。[2]

期权在美国很早就出现了。早在18世纪90年代，也就是成为纽约交易所开端的梧桐树协议（Button Wood Agreement）订立之后不久，经纪人就开始交易认购期权和认沽期权了。

1863年6月1日出现了一个极为创新的风险管理合约。当时南方各州组建的邦联（Confederate States of America）由于缺乏信用度又急需要用钱，发行了所谓的"7%棉花贷款"（7 Per Cent Cotton Loan）。这项贷款有一些很特别的条款，使得它与衍生工具颇为类似。[3]

贷款的本金既不是用南方邦联政府发行的美元，也不是在南方邦联的首都——弗吉尼亚的里士满交割，而是确定支付300万英镑或者7500万法国法郎，以每半年付款一次的方式，一共付40次。而资金交割地点可以是伦敦、巴黎、阿姆斯特丹或者法兰克福，任由债券持有人自行选择。而且债券持有人有权按照每磅㊀棉花 6 便士的价格，要求南方邦联政府用棉花而不是货币来偿还贷款，"在交战双方签署和平协议之后 6 个月内的任意时刻"都可以要求执行。

焦头烂额的南方邦联政府尝试用这样一个复杂的风险管理工具来吸引英国和法国的投资者，以便筹措他们急需的外汇资金去海外购买武器装备。与此同时，这也能够在海外建立一种与南方邦联生存相绑定的利益关系。通过选择英镑或者法国法郎还款，投资人可以规避南方邦联政府所发行的美元的贬值风险。㊁而选择本金用棉花偿还，则能够规避通胀的风险。同时，6 便士每磅的价格也提升了贷款对于投资者的吸引力，因为当时在欧洲每磅棉花的价格普遍在 24 便士左右。此外，因为贷款可以在"任何时刻"以棉花来偿还，所以这个期权也给予了出借人足够的灵活性，能够在南方邦联政府垮台之前把棉花拿回来，因此也就能够对冲战争的风险。

南方邦联政府是这些期权的卖方：他们承担了具有不确定性的负债，因为那个时候他们别无选择。如果想用他们自己发行的美元偿还贷款，那么只能成为信贷市场的笑话，或者要承受两位数的利率。他们从出借人那里获得的期权金就是利率上的优惠：7% 的利率只比当时美国联邦政府的长期借款利率高了大约 1 个百分点。他们通过引入期权，将不确定性本身作为交易内生的一部分，而完成了这笔交易。

这些债券的历史很有意思。1863 年 3 月这些债券开放认购，但为了与当时的发行惯例保持一致，债券的认购资金要直到当年的 9

㊀ 1 磅 = 453.592 37 克。
㊁ 该债券甚至还为英镑对法国法郎的汇率提供了保护，即 1 英镑兑换 25 法国法郎。因为法国人在 1870 年时黄金储备不足，因此 1 英镑在当时可以换到的法国法郎要比 25 法国法郎多得多。

月才会到账。债券在 3 月份发行之后的一小段时间里曾经卖出过溢价，但之后债券价格急转直下，因为市场上在流传南方邦联总统杰弗逊·戴维斯（Jefferson Davis）可能与一些违约的密西西比州债券有关。由于担心认购债券的投资者到了 9 月份可能会就是否划付认购资金重新谈判，南方邦联政府的财政部于是入市购买债券以支持债券价格，总计买入了 300 万英镑中的将近 140 万英镑。南方邦联政府支撑住了 1863 年 9 月的付款以及 1964 年内那两次半年期付款，然后一切就都结束了。只有大约面值 37 万英镑的债券最后用棉花来偿付。

很多人都愿意买入期权，却又是稀里糊涂的买方。每一个签了有提前还款权的按揭协议的人，其实都拥有了一个期权。在这里，是借款人——也就是购房者／房屋产权人——而不是出借人，有权决定提前还款的情况。那么这个期权的价格是多少呢？按揭贷款如果包含提前还款权，那么它的利率要高于不含提前还款权的。如果贷款市场利率下跌，借款人可以把原来的按揭贷款提前还清，然后借一笔利率更低的新贷款。这样银行就会面临损失，因为利率较高的老贷款被替换为新的、利率更低的贷款了。这个期权现如今是一个常规条款，有时甚至是强制条款，然而大部分借款人却根本不知道他们为了这个特权支付了更高的利率——甚至大多数银行家也不知道！⊖

我们所能看到的衍生品，远不止棉花债券、农场主的期货合约、郁金香期权以及提前还款权。大多数生意或者金融交易都是买方希望买到更低价，而卖方希望卖到更高价。总有一方注定是要失望的。风

⊖ 此处为了表述基本观点做了过度简化。很多个人房屋贷款都是与其他贷款打包在一起后，再到公开市场上卖给广大的投资者。实际上，银行家们把提前还贷的风险交易给了市场上更愿意承担这一风险的投资者；这些抵押支持证券（mortgage-based security）对于业余投资者来说既复杂，波动性又高，风险太大。

险管理工具则不一样。它们之所以存在，不是因为谁想要获利，而是因为存在需求，要将风险从风险厌恶的一方，转移到愿意承担风险的另一方。在棉花贷款的案例中，南方邦联政府承担了外汇风险，甚至还包括赢得战争的风险，以求能够节省7%与潜在的两位数利率之间的利息成本；甚至说，如果不是提供这些期权，他们可能根本无法通过发债募集资金。借款人，即南方邦联政府债券的认购人，通过买入期权降低了风险，足以抵补他们因此而获得的低利率以及南方邦联政府输掉战争的风险。通过交易不确定性，双方都成了赢家。

::

一项期权到底价值几何？郁金香期权的交易者，如何决定为一个认购期权或者认沽期权支付多少钱？为什么这些期权的价格始终在变动？凭什么借款给南方邦联政府的投资人，认为有权选择收到英镑、法国法郎或者棉花的还款，足够对冲贷款的风险？购房者为了提前还款权又额外支付了多少给银行家呢？

这些问题的答案，也许在我们看过一个股票期权的实际交易案例之后就比较清楚了。1995年6月6日，当日AT&T（美国电话电报公司）股票的卖出价是50美元。现在有一个期权可以让投资者有权在1995年10月15日之前，以50.25美元的价格买入AT&T的股票。此时股票的卖出价格是低于50.25美元这个执行价（strike price）的。如果在期权有效期内股价始终低于执行价，那么这个期权就毫无价值，而期权的买方也会损失全部的期权金。当然，期权金也是期权买方所需要承担的所有风险了，同时也是期权卖方能够获得的全部收益。如果AT&T的股价在10月15日之前上升至执行价以上，并且差价高于期权金，那么这个期权就能产生盈利，而潜在的盈利将会是无限的。

1995 年 6 月 6 日，这个 AT&T 股票期权的卖出价格是 2.5 美元。为什么是 2.5 美元呢？

解决帕乔利未尽的 balla 游戏，跟这个问题比起来简直是小儿科！我们只能猜想，像帕斯卡和费马这样的两个宽客，能否给出问题的答案——或者，他们为什么连试都不试一下。荷兰郁金香泡沫是"老套的人类直觉"占据主导的最显著的例子，而这仅仅发生在他们提出概率理论原则的 20 年之前；在他们开始他们的历史创举时，一定还对这个例子记忆犹新。也许他们没有尝试去给期权定价，是因为这个问题的关键在于不确定性的价格是什么。这对于我们当下这个时代来说也许好理解，但在他们那个时代，应该还没有给不确定性定价这样的概念。

倒推至 1900 年，路易·巴舍利耶首次尝试用数学方法来为期权估值定价。20 世纪五六十年代，包括保罗·萨缪尔森在内的少数学者也做过相关尝试。

如何给期权定价这个谜题，最终在 20 世纪 60 年代末期，由一个特别的三人组合理解决了，而这三个人在合作开始时都还不到 30 岁。[4] 费希尔·布莱克是一位物理学家兼数学家，从哈佛大学博士毕业，并且从未上过任何经济或者金融课程。他发现纯学术的研究过于抽象，不合他自己的口味，于是就加入了理特管理顾问（Arthur D Little），一家总部位于波士顿的管理咨询公司。迈伦·斯科尔斯（Myron Scholes）刚刚从芝加哥大学商学院拿到了金融学博士学位，为了逃避家族印刷生意而到麻省理工任职。罗伯特·默顿（Robert C Merton）发表的第一篇论文名为《斯威夫特飞岛的不动之动》（*The Motionless Motion of Swift's Flying Island*）。他拿的是哥伦比亚大学数学工程的学士学位，但却作为萨缪尔森的助教，在麻省理工教经济学。当时他甚至还没拿到博士学位。

布莱克于 1995 年去世，享年 57 岁。他平日里话不多，一副沉着冷静的样子；他在 1985 年担任美国经济学会主席的就职演说，用时还不到 15 分钟，而演讲的题目就是一个单音节的单词"噪声"（Noise）。斯科尔斯肤色黝黑，爱憎分明，又十分健谈。默顿待人和善，而且精力旺盛。除开他们对于期权理论的贡献，这三人在金融领域还有很多其他的创新。

这个故事起始于 1965 年，当时布莱克和他的同事杰克·特雷诺（Jack Treynor）成了朋友。特雷诺当时刚刚走上金融研究的道路，而这条道路将引领他成为这个领域的理论巨匠。当时他正在麻省理工的弗兰科·莫迪利亚尼（Franko Modigliani）的指导下学习经济学。莫迪利亚尼后来拿了诺贝尔经济学奖。特雷诺给布莱克看了他刚着手建立的一个关于金融市场如何交换风险和收益的模型，布莱克一下子就被迷住了。作为一个自由市场理论的忠实信徒，布莱克决定把特雷诺的想法运用于期权定价，并且为了能够帮助自己理解金融，他听从了特雷诺的建议，参加了每周四在麻省理工的金融研讨会。

三年后，布莱克还是只能对着那些公式干瞪眼，没办法找出答案。特雷诺关于市场波动如何影响单个证券估值的分析，并没能够帮到他解决这个问题。"就在此时，迈伦·斯科尔斯开始跟我一起合作了。"布莱克回忆说。他们是在每周四的研讨会上认识的，而布莱克发现斯科尔斯也正因为想用同样的步骤解决同一个问题而踌躇不前。他们对于那些公式研究得越多，越觉得期权定价这个问题的答案，与特雷诺的风险与收益模型没有什么关系。

1970 年春天时，斯科尔斯把他和布莱克遇到的困难告诉了默顿。

默顿立刻就对此产生了兴趣。他很快帮助他们脱离了困境。他指出，斯科尔斯他们已经找到了正确的方法，只是他们没有意识到而已。于是模型很快就完成了。

虽然模型的数学形式比较复杂，但是其背后的基本思想却很容易理解。期权的价值取决于四个因素：时间、执行价、利率和波动率。这些因素无论对于认购期权还是认沽期权都是适用的。接下来我会解释它们如何用于认购期权，也就是买方有权以某个约定的价格购买股票。

第一个因素是时间，也就是这个期权多久到期（expire，也称失效）；到期时间久的期权，其价值会高于到期时间短的。第二个因素是股票当前交易的价格与期权的执行价之间的差额——执行价就是期权买方可以在将来买入或者卖出股票的价格；对于认购期权来说，执行价低于交易价格时的期权价值，高于执行价高于交易价格时的期权价值。第三个因素是利率，期权的价值也取决于买方在等待期权最终执行期间，那部分原本要付出去的交易价款所产生的利息。同样对于卖方而言，也包括期权对应的底层资产在此期间由利息或者分红收入所产生的利息。但真正重要的是第四个因素：底层资产的预期波动率。比如上述 AT&T 股票的例子，当时股票交易价格为 50 美元，而买方有权以 50.25 美元的价格在 6 月 6 日至 10 月 15 日期间购买股票。

AT&T 股价上涨或者下跌的概率，与期权定价并无关系。唯一起作用的，是股价会变动多少，而与涨跌方向无关。在股价变化方向与期权价值无关这一点上，违背了我们惯常的认识，这也部分解释了布莱克和斯科尔斯为什么这么长时间才找到解决定价问题的答案——即便答案已经放在他们面前了。但这也解开了期权定价之谜，因为期权自身就是天然具有非对称性的：期权投资人的潜在损失不会超过期权金，而潜在的收益可以是无限的。

如果在期权到期之前，AT&T 股票下跌至 45 美元、40 美元甚至 20 美元，期权的买方也就至多损失 2.5 美元。股价在 50.25 美元至 52.75 美元之间时，期权买方执行期权所获得的收入小于 2.5 美元，他还没有赚回他的期权金。而当股价超过 52.75 美元，则其潜在的盈利是无限的——至少理论上是无限的。把所有的变量放到布莱克—斯科尔斯模型里之后，模型会显示，AT&T 这个股票期权在 1995 年 6 月时价值 2.5 美元，是因为投资者们预期，未来在期权到期前的 4 个月内，AT&T 股票的价格波动区间在 10% 左右，或者说可能上涨或下跌 5 美元。

波动率始终是最主要的决定性因素。我们拿软件业的龙头微软（Microsoft）与 AT&T 来做对比。同一天微软股票的卖出价是 83.125 美元，执行价为 90 美元的 4 个月期认购期权的价格则为 4.5 美元。这个期权价格差不多高出 AT&T 期权价格的 80%，而微软股票的价格却只高出 AT&T 股票价格的 60%。微软当时的股价大约偏离这个期权的执行价 7 美元，而 AT&T 股票期权的执行价仅仅高出交易价格 0.25 美元。很明显，市场认为微软的股价比 AT&T 的股价波动性更高。依据布莱克—斯科尔斯模型计算，预计在接下来的 4 个月内，微软股价的波动率将是 AT&T 的 2 倍。

微软的股票比 AT&T 的风险更高。1995 年时，AT&T 的营收达 900 亿美元，有 230 万股东，顾客遍布国内每一个家庭、每一家企业。AT&T 虽然垄断地位有所削弱，但仍然是行业内强有力的垄断者，并且，从不中断支付股息也已有很长的历史了。微软在 1982 年才向公众发行股票，1995 年时的营收才 60 亿美元，客户基础也比 AT&T 小很多，在软件行业也有能够打破其垄断的其他大公司，而且微软从来没有分过红。

期权交易者们明白这当中的区别。任何能够导致股价变动的因素都会对期权有影响，因为股价如果跌得快，往往也会涨得快。期权的买方希望股价变动大，而期权的卖方则希望股价保持不变。如果微软的股价涨到 100 美元，则期权买方有权执行期权，以 90 美元的价格从卖方那里买入微软的股票，此时期权的卖方将每股损失 10 美元。但如果微软的股价在当前的交易价格，也就是 83 美元附近徘徊，则期权的卖方就可以获得全部的 4.5 美元期权金的收益。同理，提前偿还按揭贷款的权利，在利率跳升时的价值肯定要高于利率平稳的时候。

期权与保单具有非常类似的背景，期权的买卖也经常是与保险出于同样的原因。事实上，如果保单能够被转换成可以在市场上交易的证券，那么它们在市场上的定价方式恰恰会跟期权的定价是一样的。在保险期间，投保人如期支付保费，就能有权向保险公司卖出某些东西——他那被焚毁的房子、撞毁的汽车、医疗账单，甚至是他自己的尸体——而保险公司则有义务按照之前约定好的价格为他的这些损失付款。如果保单持有人的房子没有被烧毁，汽车没有发生事故，他始终活得很健康，或者他活得比预期寿命更久，那么他就会损失他的保费而什么都拿不回来。保费本身也取决于每一项事件发生的不确定性的高低——房屋的结构、汽车的年限（以及驾驶员的年龄）、保单持有人的医疗记录，以及这个人究竟是矿工还是计算机操作员。通过扩展能够提供保险的风险种类，利用期权这类衍生品，能够建立一个肯尼斯·阿罗理想中的世界，也就是所有的风险都能得到保障。

衍生品不是针对股票或者利率的交易，也不针对人的生命、房子的火灾损失，或者房屋抵押贷款。衍生品交易的标的就是不确定性本身。这也就是为什么微软的股票期权价格要高于 AT&T 的，为什么加利福尼亚州的地震险保费要比缅因州的高，为什么南方邦联政府的借款人能够谈下来这么有利于自己的条款，为什么银行家对于按揭贷款利率的下跌如此焦虑。

∵

布莱克和斯科尔斯把他们关于期权估值的想法写成文章后，在 1970 年 10 月寄给了《政治经济学期刊》（*The Journal of Political Economy*）。这本由芝加哥大学出版发行的杂志享有很高的学术声誉。但杂志编辑很快就做了退稿，因为觉得作者在文章里讲了太多的金融，而有关经济的内容太少了。哈佛大学的《经济与统计评论》（*Review of Economics and Statistics*）也用差不多短的时间就做了退稿。这两家杂志甚至都没有找专家审稿。最终经过芝加哥大学两位教授的游说，这篇论文才在《政治经济学》期刊 1973 年 5/6 的月刊中得见天日。而这篇论文最后也成为期刊所发表的金融和经济类文章中，最重量级的那篇。

此处又有一个非常有意思的巧合，就在布莱克—斯科尔斯论文发表前一个月，也就是 1973 年的 4 月，芝加哥期权交易所（Chicago Board Option Exchange）开业了。这个简称为 CBOE 的交易所，发端于芝加哥期货交易所的吸烟室。CBOE 首次提供给股票期权交易者标准化的合约，并且引入了做市商，由做市商随时提供买卖报价为期权交易提供流动性。CBOE 同时也承诺严格监管交易行为，并且及时地、公开地报告全部交易。

在首个交易日，一共完成了 911 笔期权，底层涉及 16 只个股。至 1978 年，交易量已攀升至每日成交 10 万笔合约。而到 1995 年中，每天的股票期权交易量高达数百万笔。此外，每天大约还有 30 万笔期权交易，在其他 4 个美国国内的交易所成交。由于每笔期权交易的底层资产都对应 100 股股票，因此期权市场的活跃度与股票市场本身的交易量之间具有极为重要的关系。

CBOE 自称是世界上具备最复杂技术的交易中心。它拥有宽敞的交易大厅，使用一个 1.5 英亩大的地下室来存放计算机，线路总长可以绕赤道两圈，而它的电话系统足以服务一个 5 万人的城市。

这里还有第二个巧合。布莱克—斯科尔斯论文发表和 CBOE 开业之际，便携式电子计算器出现了。距离布莱克—斯科尔斯模型发布不到 6 个月，德州仪器公司（Texas Instruments）在《华尔街日报》上刊登了半个版面的广告。广告写道："现在可以使用我们的计算器来计算布莱克—斯科尔斯模型了。"没过多久，期权交易者们就开始使用起诸如套期保值比例（hedge ratio）、delta⊖以及随机微分方程（stochastic differential equation）这样一些在布莱克—斯科尔斯论文中出现的术语了。风险管理的世界步入了一个新时代。

∴

1976 年 9 月的某一天，时年 35 岁的加州大学伯克利分校教授海恩·利兰（Hayne Leland）彻夜难眠，因为家庭财务状况而发愁。"生活质量受到威胁，是时候有所行动了。"利兰德讲起当时的情况是这么说的。[5]

⊖ delta，指期权的底层资产价格变化时，期权价格相应的变化幅度。——译者注

生活所需是发明创造之母：利兰德做了一个头脑风暴。他能够独立解决当时资本市场由于1973～1974年股债同时大崩溃而充斥着的强烈的风险厌恶。他着手开发出一套系统来为投资者的投资组合提供保障，就像保险公司能够在保单持有人发生意外时提供保护一样。得到保障的投资者能够用更大比例——甚至是全部——的财产去承担股票投资的风险。就像期权买方那样，他们能够保有无限盈利的可能，而只需负担不超过保险费的损失。

利兰德越想越兴奋。凌晨时分，利兰德确信自己已经想好了。他不由得大叫："有办法了！我现在知道该怎么做了！"但等到他起床面对新的一天时，他才发现还有一堆理论和技术上的难题困扰着他。他立刻跑去他在伯克利的同事马克·鲁宾斯坦（Mark Rubinstein）的办公室，因为他确信马克能为他保守秘密。鲁宾斯坦不仅是一位理论专家和严谨的学者，还曾经在太平洋股票交易所（Pacific Stock Exchange）交易过期权。

利兰德满身疲惫又迫不及待地把他的设想和盘托出。鲁宾斯坦的第一反应是："我自己怎么从来没想到这个，真是太让人吃惊了。"他与利兰德拍板，设立一家公司来营销他们的产品，而产品名称就叫作组合保险（portfolio insurance）。

按照利兰德的说法，组合保险将模拟一个拥有认沽期权——即有权在特定时间段内以事先已经确定的价格向另一方卖出资产——的组合的业绩表现。假设投资者用50美元每股的价格买了100股AT&T的股票，并同时买入执行价为45美元的AT&T股票的认沽期权，那么不论AT&T的股价跌到多低，投资者最多也就损失5美元。如果AT&T的股价在期权到期前跌至42美元，则投资者可以把股票按照

4500美元的价格卖给期权的卖方,然后在市场上用4200美元的价格买回这100股。此时这个认沽期权可以值300美元,而两相抵消,投资者的净损失不会超过500美元。

利兰德的做法是用一个所谓动态程序系统来复制一个认购期权的表现。这个系统能够向投资者发出指令,在股价下跌时卖出股票增加现金头寸。当股价跌到投资者预设的价格,比如例子中的45美元,则组合将持有100%的现金,因而不会再发生更多的损失。如果股价回头向上,组合会以同样的方法重新买入股票。如果股价始终位于初始买入的价格之上,则组合能够获取全部的增值收益。与普通认沽期权一样,动态程序系统的细节取决于初始价与预设的底价之间的差价、持股所涉及的时间以及组合的预期波动率。

初始价与底价之间的差价可以与保单中的免赔额相比较:这是投保人必须要负担的损失。保单的成本可以是一个逐步变化的过程。当市场开始下跌时,组合会逐步减仓,但仍然持有部分股票;而当市场重新上涨时,组合会逐步加仓,但仍持有部分现金。最后的结果就是在涨跌两个方向上,组合业绩都会略微表现稍低,这个稍低的业绩表现就是组合的保费。市场波动性越大,组合的保费就会越高。这跟保险标的要是不确定性大,保费也就会高,是一样的道理。

在这第一次会面的两年后,利兰德和鲁宾斯坦准备正式出发了。他们已经确信清除了所有的障碍。在这两年中,他们遇到了很多的挑战,包括一次灾难性的计算机程序错误,那次错误让他们差点认为整个设想都是不可行的。鲁宾斯坦为了给系统做实践,最开始用自己的钱进行投资,并且大获成功,还因此被《财富》(*Fortune*)杂志报道。1979年时这个产品终于开始做市场营销,但销售对于两位专业学者来说实在是勉为其难。他们于是找来约翰·奥布莱恩（John O'Brien）。奥布莱恩是一个市场营销专家，同时也精通组合理论。1980年秋天时，奥布莱恩落地了首位客户。之后没过多久，对于组合保险的需求就变得十分巨大，以至于很多巨头都加入这个市场的竞争，其中就包括富国银行旗下位于旧金山的那家头部组合管理公司。到1987年时，大约有600亿美元的股票资产使用组合保险以获取保障，其中大部分都源于大型养老金的需求。

刚开始的实施是很困难的，因为要同时处理数百只股票的买卖很复杂，成本又高。此外，养老金公司主动管理型组合的投资经理也很反感于，一个局外人在事先不给警告或者只在很短时间内给出警告，要求他们增加或者减少部分组合头寸。

这些问题在1983年标准普尔500指数期货推出后就迎刃而解了。这些期货合约跟之前提到的农场主合约类似，也是承诺在特定日期以约定的价格进行交割。但它们也有两个重要的区别。标准普尔500指数的另一面是有组织、有监管的交易所，不是个人或者企业。这也与一直在交易的商品期货类似。另外，不同于有形的商品，标准普尔指数所包含的500个成分股，在合约到期时其实是不能交割的。事实上，期货合约的持有人是依据期货成交与期货到期时指数的差价，进行现金交割的。投资者必须在交易所存放现金以保障这个差价的执行，因此任何时刻所有的合约都是有全额担保的；这也就是为什么交易所可以在投资者要买卖指数期货合约时，作为投资者的对手方。

标准普尔指数合约还有另外一个吸引人的地方。它使得投资者能够有效地以及低成本地将市场作为整体来进行交易，这样就相当于能够在有限的时间内大量地买入或者卖出证券，而投资者底层的投资组合，或者由投资经理所管理的投资组合，可以不用做调整。指数期货能够极大地简化组合保险的操作程序。

对于签约使用组合保险的客户来说，它提供了所有投资者梦寐以求的完美的风险管理形式——有机会赚钱而不用承担损失的风险。它的运作方式与认购一个认沽期权或者购买一张真正的保单，只存在一个区别。

但这样的区别过于巨大，并最终成为组合保险是否有效的关键因素。一个认沽期权是一张合约：如果 AT&T 认沽期权的买方要卖出股票，则期权的卖方有法律义务必须接受这笔卖出。CBOE 要求认购期权的卖方存放现金抵押品，以此保护潜在的期权买方。保险公司同样也是签署了保险合约，因此有义务在面临损失理赔时如约赔付。此外，保险公司还有准备金来保障这种最终的赔付。

那么，当股价下跌时，组合保险卖出股票所需的流动性又从何而来呢？从股市本身——使用了组合保险的投资者会向市场上所有其他投资者卖出股票。但那个时候并没有准备金或者抵押品来保障卖出股票时的流动性。市场没有法定义务来保证利兰德和鲁宾斯坦的客户或者其他使用组合保险的客户不产生损失。这些客户甚至对于他们即将扮演什么角色还浑然不知。利兰德头脑风暴时假设总是会有买家来购买股票，但他没有办法保证这些买家在卖家有需要的时候一定会出现。

这个利兰德和鲁宾斯坦在实验室里构造出来的发明，终于在 1987 年 10 月 19 日的那个周一尝到了苦果。之前的一周是灾难性的。道琼斯工业指数下跌了 250 点，将近 10% 的跌幅，其中有一半的跌幅出自周五那天。于是有大量的卖单在周末累积起来，等待周一开市再被执行。至周一中午时市场已跌了100点，之后两小时又跌了200点，而收盘前的一小时一刻钟里指数再大跌将近300点。与此同时，那些使用组合保险的投资经理，也正在竭尽全力卖出他们的股票，反而更加剧了市场上已经呈现压倒性趋势的卖盘压力。

当尘埃落定时，使用组合保险的投资者比起其他投资者的状况要好一些。他们已经在10月19日之前的那周里卖掉了部分股票，当时他们中的大多数人都按照预定的底价，或者略低于底价的价格平仓了。但最后卖出的价格之低还是远超预期。组合保险的动态操作程序低估了市场的波动性，同时又高估了市场的流动性。这就好比是一种可变费率的保险，而不是固定保费的保险。在可变费率的情况下，当被保险人体温逐级升高，因而提高了死亡的概率时，保险公司将有权提高保费。在这样一个狂暴的市场里，组合保险的成本最终比纸面计算所得出的结果，要高出很多。

::

即使组合保险已经退出了市场，但它所带来的不愉快的经历，并没有延缓风险管理产品需求的日益高涨。20世纪七八十年代，大幅的波动突然在各处爆发，甚至是一些从来没有出现或者从不会有实际影响的领域。当美元在1981年与黄金完全脱钩并被允许自由浮动时，外汇市场产生了巨幅波动；而在1979年至20世纪80年代中期，由于利率的上蹿下跳，原本平静的债券市场掀起了大幅波动；当油价在1973年和1978年暴涨时，大宗商品市场的波动性直线上升。

这些未预期到的波动很快就让企业界尸横遍野，同时也给了企业高管们一个严峻警告，经济环境的根本性变化已然发生。举例来说，湖人航空（Laker Airlines）原本是极为成功的经营跨大西洋航线的初创公司，为了满足高涨的需求而向麦道公司（McDonnell-Douglas）订购了最新型的飞机，反而最终因此而破产。因为湖人公司的营业收入主要是英镑，而随着美元汇率的不断攀升，公司发现营业收入再也无法偿付因订购 DC-10s 型号飞机而形成的债务。不少知名的存贷款机构也倒闭了，因为它们支付给储户的存款利率已升至高位，而它们从固定利率贷款中收取的利息却没有分毫增加。大陆航空则在海湾战争期间，由于油价创出历史新高而最终申请了破产。

由此造成的结果，就是金融市场上出现了新的一批客户——企业，它们希望把这些新的风险类型，包括汇率、利率、大宗商品价格，传递给更能够承受这些风险的投资者。企业类型客户的出现符合卡尼曼和特沃斯基的预测，但在数量上则比原来的预测要多得多。我们不难预想到，潜在损失所造成的痛苦超越了潜在盈利所造成的满足，所以风险厌恶会影响战略性决策。但是当波动性在一些原本无须担忧的领域突然爆发时，企业经理们就跟农场主一样，开始忧虑企业的生存问题，而不仅仅是担心企业的盈利不规律会令他们自己或者股东不满。

尽管企业可以在流动性和活跃度都很好的期权和期货市场进行避险操作——这些市场现在不仅可以交易大宗商品，也可以交易利率和汇率——但这些合约很明显都是为了吸引最广大的投资者而设计的。企业的风险管理需求无论是在保障范围还是时间跨度上，都太特殊了，因此很难在公开市场上找到现成的交易对手方。

华尔街永远是金融创新的温床。经纪行一旦发现可以为这些新的需求提供服务，立刻就兴奋起来。那些触角遍布全球的大型银行、保险公司以及投资银行，毫不迟疑地建立起了由专业的交易员和金融工程师组成的业务部门，专为企业客户设计定制化的风险管理产品，有与利率相关的，也有与汇率相关的，还有与原材料价格相关的。没用多久，这些合约所涉及的底层资产的价值——通常称作"合约面值或者名义价值"（notional value）——就达到了万亿（美元）级的规模，数额之巨大足以惊吓到不了解合约如何运作的普通大众。

尽管目前有大约 200 家公司从事此类业务，但这个行业高度集中化于几个头部公司。1995 年时，商业银行合计持有名义价值达 18 万亿美元的衍生品头寸，而其中有 14 万亿美元是由 6 家银行持有的：汉华银行（Chemical，由汉华实业银行与化学银行合并而来，之后经过与大通、曼哈顿、摩根等银行几次合并，最终形成了摩根大通银行）、花旗银行、摩根银行（Morgan）、信孚银行（Bankers Trust，之后被德意志银行合并）、美国银行和大通银行（Chase）。[6]

几乎所有的协议安排都与前述期货合约现金交割方式相类似。双方都有义务向另一方支付底层资产价值的变动额，而不是比之大得多的合约名义金额。如果同一家机构或者企业与某一个交易对手之间存在多个合约，则通常会把全部合约的现金交割金额轧差后进行净额支付，而不会分开为每一张合约做一笔付款。因此，实际要支付的金额比起令人震惊的名义价值，要小很多。根据国际清算银行（Bank for International Settlement）在 1995 年时所做的调查，除开交易所的衍生品交易之外，全球范围内所有未结算的衍生品合约面值达到了 41 万亿美元。但是，若计算每个参与方需要为违约而支付的金额，则全部的违约损失加起来只有 1.7 万亿美元，仅仅是名义价值的 4.3%。[7]

这些新产品实质上就是传统的期权或期货合约的组合。但若是从复杂处来说，它们包含了我提到过的所有的风险管理创新，从帕斯卡三角形到高斯的正态分布，从高尔顿的均值回归到马科维茨所强调的协方差，从雅各布·伯努利关于抽样的观点到阿罗对于无所不能的保险的探索。如何给这些复杂的交易定价，已经完全超越了布莱克、斯科尔斯和默顿的苦心研究。实际上，这三位最终都去了华尔街，来为这些新型风险管理产品的设计和定价提供帮助。

然而在公开市场上，又是谁作为对手方，在交易这些合约呢？毕竟这些定制化合约的适用范围是非常特定的。谁会扮演投机者的角色，来承担企业想要规避的波动性风险呢？很少有投机者会愿意参与这些定制化合约，成为合约的对手方。

在某些情况下，这些合约的对手方是另一家有着相反需求的企业。例如，一家石油公司想要规避油价下跌的风险，可以找到航空公司作为对手方，因为航空公司要规避的是油价上涨的风险。一家法国企业要为其美国的分支机构支付美元，由此产生的美元汇率上涨的风险，可以找一家在法国有分支机构的美国公司做对手方，这家美国公司要用美元换法国法郎支付法国的分公司，因此会担心美元下跌的风险。

但完美的匹配几乎不可能找到。在大多数情况下，设计发起交易的银行或者交易商扮演了对手方的角色，以此来赚取交易的佣金或者价差。这些银行和交易商扮演了类似于保险公司的角色：它们有能力承担企业客户千方百计想要规避的波动性风险，因为它们有数量众多的客户，服务于客户多样化的需求，因此它们能够分散化它们的风险敞口。如果它们的敞口头寸出现不匹配，它们可以去公开市场交易期权或者期货来对冲它们的头寸，或者至少可以做到部分对冲。分散化具有降低风险的特征，通过与分散化相结合，金融市场的创造力能够将新时期的波动性类型转换成企业更容易管理的风险。

::

1994年,这些看起来正确、理智、合理、有效的风险管理合约,突然有部分出现爆仓,给客户带来了高额损失,而风险管理交易商原先是假设这些风险已经被规避掉了的。让人惊讶的不是这些事件本身,而是身处其中的都是久负盛名的大公司,包括宝洁公司、吉布森礼品公司(Gibson Greetings)以及德国金属公司(German Metallgesellshaft AG)这样的巨头。[8]

避险工具给其持有人造成如此之大的损失,并不是出于什么内在的原因。正相反,避险的巨额损失意味着这些企业当初其实是下了大赌注以期获得高额回报。如果石油公司为了规避油价下跌的风险而在避险操作上输了钱,那么一定是因为油价涨了,而油价的上涨也一定会给石油公司带来业务盈利的提升。如果一家航空公司在规避油价上涨的风险时输了钱,那么一定是因为油价出现了下跌,而航空公司会因此节省燃油成本。

这些大公司之所以在衍生品交易上发生巨额损失,最简单的原因在于它们增加了对于波动性的敞口,而不是去限制这些敞口。它们把公司的资金部变成了一个利润中心。它们把小概率事件当成不会发生的事情。当它们可以在承担既定损失和赌一把之间做选择时,它们选择了赌一把。它们无视投资理论最基本的原则:不能指望着既赚大钱,又不承担大额损失的风险。

吉布森礼品公司与信孚银行一系列的衍生品交易都出了大问题,完美地验证了前景理论如何起作用。1994年的某一天,信孚银行告诉吉布森礼品公司的资金总监,当日衍生品交易的损失额已达1750万美元,但按照资金总监的说法,信孚银行同时也跟他说损失可能是"没有上限的"。[9]吉布森礼品公司立刻签署了新合约,将最大损失限定为2750万美元,而如果一切如愿,则损失可以减少到300万美元。前景理论告诉我们,当人们在面临损失时,比起接受确定的损失,他们会更愿意去赌一把。吉布森礼品公司本可以认赔这1750万美元的损失并把全部合约清算掉,但它却选择了赌一把。另一家公司的董事是这样描述这种情况的:"这基本上就是赌博。你越陷越深。而你还觉得你可以用这最后一笔交易来翻盘。"但吉布森礼品公司并没能用这最后一笔交易来翻盘,当损失接近2070万美元时,吉布森礼品公司用了另外一种方式退出:它起诉信孚银行违反了"信托关系"。

宝洁公司则被《财富》杂志的记者卡罗尔·卢米斯(Carol Loomis)描述成"(在1994年时)被具有极高杠杆和极为复杂结构的衍生品搞垮了"。这些衍生品同样来自信孚银行。该银行在商业和金融类报章上刊登整版的广告:"风险会用各种方式伪装起来。信孚的强项就是帮助您看穿伪装。"

宝洁公司的管理层步吉布森礼品公司的后尘,非常尽职地演绎了前景理论如何起效。公司资金总监雷蒙德·梅恩斯(Raymond Mains)的业绩表现好不好,不是取决于公司筹集资金时绝对利率水平的高低,而是以"你最近为公司做了什么"为基础。换句话说,公司只看雷蒙德相比上一年,为公司节省了多少钱。烤箱里已经热得发烫。对于公司所造成的灾难,诺奖得主默顿·米勒这样挖苦道:"你知道宝洁吗?阿宝(Procter)是个寡妇,而小洁(Gamble)是个孤儿。"

出问题的交易在细节上特别复杂——说起来很有趣,就像分析哈佛商学院的案例一样。交易是在 1993 年秋天时签约的，在此前的 4 年里，短期利率已经一路不回头地从大约 10% 下跌到了 3% 以下。这项交易显示，宝洁公司认为在经历过这样一个下跌过程之后，利率出现大幅上涨的可能性基本没有。很显然，公司管理层中没有人读过高尔顿的著作——他们看起来对均值回归一无所知。

在这个赌局中他们能获得适量的利息费用的节省，如果利率保持稳定或者下跌的话。交易采用信孚银行给予宝洁公司 5 年期贷款的形式，名义本金为 2 亿美元，但公司在整个贷款期间能够节省的利息，与当时的商业票据利息相比，最多也就只有 750 万美元。根据《财富》杂志的报道，如果事情反向变化——即利率并没有下跌而是上涨——那么这项敞口将把宝洁公司置于"利率地震的风险"之中。

1994 年 2 月 4 日，就在交易签约 4 个月后，美联储出乎市场意料开始加息。卢米斯报道说："在一阵狂暴之中，地震发生了。"很明显宝洁公司的管理层也没有听说过卡尼曼和特沃斯基，因为在 2 月 14 日时，在交易已经出现亏损的情况下，他们又签署了另外一份交易合约，合约是以 4.5 年期贷款的形式，名义本金为 9400 万美元，仍然赌利率会下降。

利率并没有下降。商业票据的利率从 2 月的 2.25% 升至 12 月的 6.5%，最优惠贷款利率（prime rate）从 6% 上升到了 8.5%。对于宝洁公司来说，这是个巨大的灾难。在初始合约项下，他们要以 14.5% 的利率向信孚银行支付利息直至 1998 年，而在第二份合约项下，他们要以 16.4% 的利率，支付利息同样至 1998 年。

信孚银行同样被宝洁公司起诉了，并且至写作此书时，它也没有收到过宝洁公司支付的任何利息款项。梅恩斯先生也已离开宝洁公司。

∴

我们将如何应对这一切？衍生品是魔鬼发明的自杀工具，还是风险管理的"最后一页"？㊀像宝洁和吉布森这样的大公司都深陷其中，是否代表整个金融体系都出了风险，因为有这么多人要摆脱风险，并且将风险转嫁给他人？这个"他人"又有多大本事能够承担起责任？以最基本的判断来说，在 20 世纪接近尾声之时，针对社会中对于风险的观点和即将到来的充满不确定性的未来，衍生品如此之流行又在告诉我们什么呢？对于最后这个问题，我将在下一章即本书的最后一章中给出回答。

英国《金融时报》(*Financial Times*)的专栏作家詹姆斯·摩根（James Morgan）曾经评论说："衍生品就像一把剃须刀，你可以用来给自己刮胡子……也可以用来自杀。"[10] 衍生品的使用者可以选择剃须刀，而不必用衍生品来自杀。

我们并不清楚，案例中究竟是谁劝说宝洁公司或者其他一些企业去进行交易的，但造成灾难的原因却是足够明确的：它们承担了波动性风险，而不是去规避它。它们绑架了它们稳定的现金流，来为它们预测利率的准确性买单，也因此对公司未来很长时期内的形象造成不利影响。当信孚银行或者其他衍生品交易商使用帕斯卡三角形、高斯钟形曲线以及马科维茨的协方差来管理它们的交易头寸时，企业管理者却指望于凯恩斯的置信度。在衍生品领域，显然不能像做企业时那样孤注一掷，或者去演绎什么不变性的失效。

㊀ 关于衍生品的著作有很多，但我特别推荐《应用公司金融学期刊》(*Journal of Applied Corporate Finance*) 的 1994 年秋季刊，该期刊物全都是关于衍生品的。另外也推荐史密森和史密斯关于风险管理的书（Smithson and Smith, 1995）。

投机者总是自信他们知道未来会怎样，因而去承担一旦犯错就血本无归的风险。在金融领域悠久的历史里，不乏因为豪赌而倾家荡产的故事。没有人需要通过衍生品来迅速破产。同样也没有人，会因为衍生品成为我们这个时代普遍使用的金融工具，而加速破产。工具只是工具，怎样使用取决于投资者。

1994年时那些公司发生的损失上了报章的头条，但并没有因此威胁到任何人。但如果我们设想情形是反过来的——也就是说，这些公司不是大亏而是大赚了——那又会怎样？那些交易合约的对手方会付钱吗？绝大多数定制化合约的对手方都是从事批发业务的大型银行、顶级的投资银行以及保险公司。所有这些大玩家在1994年这个意外之年，都比1993年赚得少，但是没有一家在当时遇上麻烦。举例来说，信孚银行就声称所有的损失"都在我们的资本限额之内，而且我们在任何时刻都知道风险敞口处于何种情况……我们的风险控制措施运行良好"。

这些机构的清偿能力支撑着全球经济体系的清偿能力。每天它们都要面对数百万笔交易和数万亿美元的交易量。这些都通过一个复杂的金融机制来完成，因此这个机制运作顺畅是至关重要的。留给犯错的余地是极小的。衍生品潜在的波动性是如此之高，而且所占的份额也远远高于任何一家机构的资产。此时此刻，不对规模和风险敞口的分散化进行严格控制是完全无法容忍的。

从各家机构的管理层到金融体系的监管者，所有人都清楚在此情形下存在什么样的内在危险。所谓的"系统性风险"成了这个圈子里挂在嘴边的词，同时也是世界各国央行和财政部关注的重点。对于整个体系总体风险暴露的测量正从综合化和具体化两个方面日

益深入。⊖

但是，确保绝对安全和扼杀能够降低企业现金流波动性风险的金融创新之间，仅一线之隔。对于企业而言，为了保护现金流不受市场波动性影响，可以承受更多的内部风险——投入更多用于研发。对于金融机构而言，它们本身对于利率和汇率的波动就十分敏感，为了规避波动性风险，它们可以向更广泛的客户群体释放信贷额度。

整个社会也将因此而受益。1994年11月，美联储主席艾伦·格林斯潘（Alan Greenspan）在演讲时这样说：

> "有人会认为银行监管者所要扮演的角色是减少甚至消除银行倒闭的风险，但是，我个人判断，这样的观点是错误的。有意愿承担风险对于自由市场经济而言是至关重要的……如果所有的储户和金融媒介都只投资于无风险资产，那么潜在的商业发展将永远无法实现。"[11]

⊖ 1995年7月，美联储、财政部以及联邦存款保险公司（FDIC）为一项提议征求意见。该提议将改变对于商业银行在外汇、大宗商品以及债权和股权产品交易方面的风险控制的要求。整个文件使用单倍行距也已长达130页。而所谓的巴塞尔委员会（Basel Committee）则由各个主要经济体的央行代表组成，已经发布了针对银行和证券公司衍生品交易进行监管的官方框架文件。该文件已于1995年5月16日以美联储通报的形式予以发布。

第 19 章

等待野性发作

伟大的统计学家莫里斯·肯德尔曾经写道:"人们并没有从神域接管对人类社会的统治……再将其置于机会法则的仁慈之中。"[1]在我们展望新千年之际,我们需要思考:未来怎样既管理好更多的风险,又谋求不断的发展?

要回答这个问题,就要重视莱布尼茨在 1703 年时的警告。无论是今天还是在他当年写给雅各布·伯努利时,这个警告看起来都是十分中肯的:"大自然已经制定了规律,这些规律通过事件的循环往复体现出来,但这只适用于大部分情况。"正如我在引言中指出的,在多大程度上有效,是我们整本书内容的关键。否则就没有风险了,因为所有的一切都是可以预测的;否则就不会产生任何变化,因为一切都是与过去发生的事件一模一样的;否则,生命中就没有任何神秘之处了。

大自然往往会重复自己,但并不是完全相同地重复。人们做出了很多努力,以期能够理解其中的含义,而本书中所有的英雄也正是受此激励的。尽管他们创造出很多天才的方法试图解开这个谜题，但仍然有很多问题尚待解决。不连续性、不规则性以及波动性看上去不是在减少，而是在不断增加。在金融领域，新的金融工具以让人惊叹的速度不断涌现，新的市场发展起来要比传统的市场快得多，而全球性的相互依存也使得风险管理变得愈发复杂。经济上的不安全感，尤其是对劳动力市场的不安，每天都能上报章头条。环境、健康、个人的安全，甚至是地球自身，都遭受到了攻击，而敌人却是我们之前从未遇到过的。

将人类社会从机会法则的仁慈之中夺走，到底是出于什么目的，对此我们仍然无比困惑。这是为什么呢？

∴

对于莱布尼茨而言，用样本来进行概括归纳之所以困难，不是因为大自然的捉摸不定，而是由于它的复杂性。他相信，我们想要通过一系列有限的实验来解决这个问题，还有很长的路要走。但是，与其他同时代的学者一样，莱布尼茨也确信，整个探索的过程是由上帝安排好了先后次序的。超乎他所说的"大多数情况下"的那一小部分情况，并不是随机的，而是整个结构中不可见的因素。

300年之后，阿尔伯特·爱因斯坦提出了类似的看法。在他写给同行马克斯·玻恩（Max Born）的一封信中，有一段著名的评论："你相信上帝在掷骰子，而我则相信有一个客观存在的世界，一切都遵从其法则和秩序。"[2]

伯努利和爱因斯坦也许是对的，上帝不掷骰子，但是，无论好坏，也不管我们已经做出的所有努力，人类并不见得可以去完整地了解能够定义客观世界秩序的、关于机会法则的知识。

伯努利和爱因斯坦是科学家，他们关心的是大自然的行为，但人类必须要应对的行为，则超越了大自然的行为模式：那就是人类要应对他们自身的行为。事实上，随着人类文明的不断演进，大自然的变化无常已经变得不那么重要了，反而是人类的决策变得越来越重要。

在我们来到20世纪讲述奈特和凯恩斯之前，不断加强的人与人之间的相互影响并不是本书中那些革新者的研究重点。他们大多数生活在文艺复兴晚期、启蒙运动或者维多利亚时代，他们研究的是存在于自然界的概率，并且认为人类行为会与大自然具有相同程度的规律性和可预测性。

人类的行为并不在他们的考虑之内。他们关注的是运气型游戏、疾病和预期寿命，这些都是由大自然决定的，而与人类决策无关。人类总是被假定为理性的（丹尼尔·伯努利将理性描述为"人类的天性"），如此就可以在分析时做简化，因为人类行为将与大自然一样可以被预测——也许还更容易些。这样的观点使得人们引入自然科学的术语来解释经济和社会现象。将偏好和风险厌恶这类主观事物进行量化分析被当成是理所当然的，也不会引起任何争论。在他们的举例中，单个个体的决策，对于其他个体的福利不会有任何影响。

打破这一认知的是凯恩斯和奈特，他们都是在第一次世界大战后开始著书立说的。他们对于不确定性的"卓尔不群的理念"与大自然或者爱因斯坦与玻恩之间的争论没有一丁点关系。不确定性是由奈特和凯恩斯所说的人类天性中的不规律造成的，也就是说对于决策和选择的分析，不再局限于类似《鲁宾逊漂流记》所描述的那种与世隔绝环境中的人类。即便是冯·诺依曼这样的理性行为的拥趸，在分析风险决策时,也是在一个决策相互影响的世界中:每个个体的决策会对其他个体产生影响,而且个体在决策时,必须考虑到他自己的决策可能引起其他个体什么样的反应。在此之后,不需要多久,就到了卡尼曼和特沃斯基对于不变性失效的研究和理论警察对于人类行为的调查。

尽管对于莱布尼茨洞察到的自然界神秘现象,在20世纪已经有了很多解释,但我们仍然在尝试理解一个更引人思考的谜题:人类如何进行选择以及对风险做出反应。切斯特顿(G.K. Chesterton)是科学家,但更是一位小说家和散文家,作为对莱布尼茨的回应,他以如下方式归结了现时的观点:

> "我们这个世界最大的麻烦不是它是一个非理性的世界,甚至也不是它是理性的。最常见的麻烦是它接近于理性,又不完全理性。生活并非没有逻辑性,但却给逻辑学家设置了陷阱。它看上去比它实际上更有规律,更符合数学;它的精确性在明处,而不精确性却在暗处;它的野性正在蛰伏。"[3]

在这样一个世界中,概率、均值回归还有分散化是不是无效的?是否有可能将那些用来解释大自然变化的强力工具,加以修正用来探寻造成不精确性的根源?野性是否始终处于蛰伏之中?

::

混沌理论相对于帕斯卡或者其他人来说,是另一个较新的理论。它的支持者声称已经找到了不确定性的源头。根据混沌理论学家的说法,不确定性来源于一种所谓"非线性"(nonlinearity)的现象。非线性是指结果与起因之间没有成比例的关系。但混沌理论与拉普雷斯、庞加莱以及爱因斯坦一样,都坚持所有结果必然有一个起因——就像一个原本平衡的倒立着的圆锥体，会由于"一个极为轻微的颤动"而倒塌。

混沌理论的信徒反对用钟形曲线的对称性来描述现实世界。他们对线性统计体系嗤之以鼻。比如说，线性统计体系认为，一项可预期的回报有多少，与为此所承担的风险有多大是有关系的，或者一般而言，取得的成就与付出的努力具有系统性的关系。也因此，混沌理论的信徒们反对传统的概率理论和金融学、经济学。对他们而言，帕斯卡的代数三角形不过是小孩的玩具，弗朗西斯·高尔顿是个大傻瓜，而凯特勒心爱的钟形曲线不过是现实世界的简笔画。

对混沌理论有着清晰的认识和评论的迪米特里斯·肖拉法（Dimitris Chorafas）将混沌描述为"……对初始情况有着十分敏感的依赖的时间演变"。[4]这个概念最为人所知的例子，就是夏威夷的一只蝴蝶扇动一下翅膀，最终引起了加勒比海的一场飓风。按照肖拉法的说法，混沌理论学家将世界看成是"……一种充满活力的状态，以混乱和波动为特征"。[5]在这个世界里，对于常态的偏离，并不是像高斯正态分布所说的那样，聚集在平均值的某一边；这是一个波澜起伏的世界，高尔顿的均值回归毫无意义，因为均值本身一直处于变化之中。在混沌理论里，没有常态这样的概念。

混沌理论通过否定非连续性的概念，将庞加莱"因果关系普遍适用"的特性发展到了其逻辑的极致。看上去不连续的情况，不是与过去突然间断，而是由过去事件造成的合理结果。在混沌的世界里，野性始终在等待着展示自己。

实际运用混沌理论则是另外一回事了。肖拉法认为："混沌的时间序列的显著特征……是预测的准确性随着时间的不断推移而逐渐降低。"这一观点使得混沌理论的实践者们被牵扯进一个充满细微变化的世界，在这个世界，所有的信号都极其微弱，而其他的都只是噪声。

作为金融市场中关注波动率的预言家，混沌理论的实践者们积累了巨量的交易数据，从而使他们能够以一定的成功率，预测短期内证券价格和汇率的变动，以及风险的变化。[6] 他们甚至发现在玩轮盘赌的时候，轮盘产生的结果并不是完全随机的，不过这项发现的价值太微小了，并不能使任何一个赌徒发财。

到目前为止，这项理论实际的成就，并不如它所宣称的那么大。它的实践者能够抓住那只蝴蝶，但是没办法追踪蝴蝶扇动翅膀所形成的气流。当然，他们还在努力尝试中。

近些年来，出现了其他一些复杂的预测未来的创新。它们会有一些非同寻常的名字，例如基因算法（genetic algorithms）、神经网络（neutral networks）。[7] 这些方法主要专注于波动性自身的特性，它们的应用也延展了那些最强大的计算机的算力。

基因算法的目的是复制基因从一代传承到下一代的机制。那些幸存下来的基因能够建立模型，造就最坚韧最高效的后代。神经网络则被设计成能够模拟人类大脑的行为，它将过去的经验编程后，能够在下次面对类似经历时挑选最有效的。这一操作的实践者将在某一体系内发现的行为模型，运用于其他完全不同的体系，来预测这些系统会产生怎样的结果。该理论认为，诸如民主制度、技术发展路径，以及股票市场这些复杂的体系，都具有相同的行为类型和反馈。[8]

这些模型为现实的复杂性提供了重要的洞见。但是，对于金融市场其他类型出现之前，或者在轮盘赌的轮盘转动之前，就已经出现的类型，在认知上是否有因果关系，还无法证实。苏格拉底或者亚里士多德一定会质疑混沌理论和神经网络，就像混沌理论或者神经网络的理论家们也会质疑传统理论一样。

接近真相不等于得到真相。没有理论架构来解释为什么行为类型会在不同的时间内或者不同的体系中重复自身，这些创新就很难确保今天的信号一定会触发明天的事件。计算机强大的算力也只能给到我们一些意义不大的数据计算结果。因此，基于非线性模型或者电脑程序创造出来的预测工具，与传统的概率理论面临着同样的障碍：需要输入模型的原始信息仍然都只是过去的数据。

∷

过去之事没有义务告诉我们野性在未来的哪个时候会爆发。战争、经济衰退、股市的暴涨暴跌，还有种族灭绝，它们来了又去，但却总是在令人意想不到的时点出现。而当我们研究了历史之后，事实告诉我们其实野性的源头是那么明显，以至于我们很难理解为何在当时人们竟然觉察不到前方等待他们的是什么。

在金融的世界里，意外总是无处不在。比如说，20 世纪 50 年代晚期，一种 80 年来始终成立的关联关系突然被打破了。当时投资者发现投资 1000 美元到低风险、高评级的债券，竟然前所未见地比投资于有风险的普通股，产生了更高的收益。⊖20 世纪 70 年代早期，长

⊖ 从 1871 年到 1958 年，股票收益平均超越债券收益 1.3 个百分点，当中只有三次短暂的例外，最后一次是 1929 年。在《财富》杂志 1959 年 3 月刊的一篇文章中，吉尔伯特·伯克（Gilbert Burke）是这样说的："股票收益必须高于债券是日常实践中的一种信仰，一旦不是这样的话，股价就会很快下跌。"虽然 1871 年是能够取得可靠的股票市场信息的最早时间，但是我们有理由相信即使在此之前股票的收益也是高于债券的。而在 1958 年之后，债券的收益平均超越股票的收益达 3.5 个百分点。

期利率自南北战争（Civil War）以来，首次升破5%，并且竟然从那以后始终保持在5%以上。

当股票与债券的收益始终保持着特别稳定的关系，当长期利率这么多年来始终平稳，人们做梦也想不到会发生什么变化。同样地，在创造出逆周期的货币与财政政策，以及经历过只升不降而不是原本有升有降的物价水平之前，人们也不会想到。换句话说，这些非常具有典型性的变化也许不是不可预测的，但却是我们不愿意去设想的。

如果这些事件是不可预测的，我们怎能预期那些精心设计的风险管理量化工具能够进行预测呢？我们又怎么能够把我们自己都设定不了的、超越我们想象的概念，编程之后输入计算机呢？

我们没办法把未来的数据输入计算机，因为我们无法获取这些数据。所以我们要把过去的数据输入那些由我们的模型所建立的决策机制中，无论这些数据是线性的还是非线性的。这就产生了一个逻辑上的陷阱，过去的数据是实际发生的，它们存在某种连续性，无法形成一系列互不相关的独立事件，而后者又恰恰是概率法则所必需的。过往的历史只给了我们一种经济和资本市场的样本，而不是千百种独立且随机分布的样本。即便有很多经济和金融的变量，其分布接近于钟形曲线，也无法呈现完美的图形。我们再重复一遍，接近于真相不等于真相。那些极值和不完美的部分就是野性所在。

最后，风险管理这门科学，有时候在把原来的风险控制住的同时，又会带来新的风险。我们对于风险管理的信心鼓励我们去承担那些原本我们不愿意承担的风险。在大多数时候，这是有益的，但我们必须对在整个体系内增加风险保持警觉。研究显示安全带会鼓励驾驶员更为激进地驾车。其结果是虽然单个事故中受伤的严重程度降低了，但是事故的数量增加了。○衍生金融工具最初是用来对冲风险的，但它们也会诱使投资者把它们变成投机的工具，以期获得高额的收益，并且去承担任何一位企业界的风险管理经理都无法想象的风险。20世纪70年代晚期引入的组合保险鼓励人们在股票投资上比以往承担更多的风险暴露。同样地，保守的机构投资者会倾向于以广泛的分散化来为投资高风险的未知领域做辩解——但是分散化并不能保证不受损失，分散化只是保证不会一下子输光。

::

计算机屏幕能够以十分醒目的方式排列出一系列的数字、绚丽的色彩和精心编排的图表，没有什么能比这更让人感到舒缓放松并且能够劝服人做出决策了。当我们眼瞅着屏幕上的西洋镜，我们会深陷其中而常常忘记了计算机只是能够回答问题——它们并不能够提出问题。一旦我们忽视这一事实，计算机就会反过来支持我们犯概念性的错误。那些只关注数字的人会发现，在古代人们靠祭司来获得风险管理和决策的指引，而现在计算机不过是替代了当时祭司的角色。

与此同时，我们必须避免去否定数字的作用，因为它们比起本能和直觉会更加准确，而人类的本能和直觉已被卡尼曼和特沃斯基证明，通常是前后不一且缺乏远见的。伟大的数学家之一，曾任职英国皇家天文台（Britain's Royal Observatory）台长的G.B.艾瑞（G.B. Airy）在1849年时写道："我坚定地崇尚理论、假设、公式，以及其他所有由纯粹的知识性触发的，能够防止人们在面临并据实观察绊脚石和泥沼时犯错误的事物。"[9]

○ 若要进一步了解本案例的分析，请见亚当姆斯1995年的著作（Adams, 1995）。

贯穿本书整个故事的中心思想，是本书的主人公们在量化分析方面的成就，勾画出了过去 450 年来人类进步的发展轨迹。在工程、医学、科学、金融、商业甚至是政府领域，现如今涉及每个人生活的决策都是由严谨的程序来确定的，比过去全凭直觉要好太多了。因此，很多灾难性的错误判断要么被避免了，要么没有造成什么严重后果。

从文艺复兴时期的赌徒卡尔达诺，到其后的几何学家帕斯卡和律师费马，从波尔－罗亚尔修道院的僧侣到纽因顿的牧师，从格朗特到高尔顿，还有丹尼尔·伯努利和他的叔叔雅各布、内敛的高斯和健谈的凯特勒、爱开玩笑的冯·诺依曼和慢条斯理的摩根斯特恩、笃信上帝的棣莫弗和不可知论的奈特、说话简练的布莱克和滔滔不绝的斯科尔斯，以及肯尼斯·阿罗和哈里·马科维茨——他们所有人都改变了人们对风险的理解，将其从损失的可能转变为盈利的机会，从命运和天注定转变为精密的、以概率为基础的对未来的预测，以及从无助地被动接受转变为可以主动选择。

尽管凯恩斯反对概率法则的机械运用以及对不确定性进行量化分析，但他也认识到这些大体上对人类有非常深远的影响：

"概率的重要性，只能来源于在实际行动中由理性作为引导做出判断；若要衡量在实践中能否依赖概率，则只能基于一种观点，就是在实际行动中我们必须要考虑到概率。"

正因如此，概率对我们来说就是"生活指南"。正如 17 世纪英国教育家洛克（Locke）所说，"我们对于概率的顾虑，要我说的话，最主要是在于上帝只给了我们一丝黄昏的暮色，据我推测刚好适合于我们的平庸并做初步的尝试，而这样的处境也是上帝乐于安放我们之所在吧。"[10]

推荐阅读

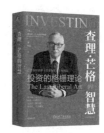

序号	中文书名	定价
1	股市趋势技术分析（原书第11版）	198
2	沃伦·巴菲特：终极金钱心智	79
3	超越巴菲特的伯克希尔：股神企业帝国的过去与未来	119
4	不为人知的金融怪杰	108
5	比尔·米勒投资之道	80
6	巴菲特的嘉年华：伯克希尔股东大会的故事	79
7	巴菲特之道（原书第3版）（典藏版）	79
8	短线交易秘诀（典藏版）	80
9	巴菲特的伯克希尔崛起：从1亿到10亿美金的历程	79
10	巴菲特的投资组合（典藏版）	59
11	短线狙击手：高胜率短线交易秘诀	79
12	格雷厄姆成长股投资策略	69
13	行为投资原则	69
14	趋势跟踪（原书第5版）	159
15	格雷厄姆精选集：演说、文章及纽约金融学院讲义实录	69
16	与天为敌：一部人类风险探索史（典藏版）	89
17	漫步华尔街（原书第13版）	99
18	大钱细思：优秀投资者如何思考和决断	89
19	投资策略实战分析（原书第4版·典藏版）	159
20	巴菲特的第一桶金	79
21	成长股获利之道	89
22	交易心理分析2.0：从交易训练到流程设计	99
23	金融交易圣经II：交易心智修炼	49
24	经典技术分析（原书第3版）（下）	89
25	经典技术分析（原书第3版）（上）	89
26	大熊市启示录：百年金融史中的超级恐慌与机会（原书第4版）	80
27	敢于梦想：Tiger21创始人写给创业者的40堂必修课	79
28	行为金融与投资心理学（原书第7版）	79
29	蜡烛图方法：从入门到精通（原书第2版）	60
30	期货狙击手：交易赢家的21周操盘手记	80
31	投资交易心理分析（典藏版）	69
32	有效资产管理（典藏版）	59
33	客户的游艇在哪里：华尔街奇谈（典藏版）	39
34	跨市场交易策略（典藏版）	69
35	对冲基金怪杰（典藏版）	80
36	专业投机原理（典藏版）	99
37	价值投资的秘密：小投资者战胜基金经理的长线方法	49
38	投资思想史（典藏版）	99
39	金融交易圣经：发现你的赚钱天才	69
40	证券混沌操作法：股票、期货及外汇交易的低风险获利指南（典藏版）	59
41	通向成功的交易心理学	79

推荐阅读

序号	中文书名	定价
42	击败庄家：21点的有利策略	59
43	查理·芒格的智慧：投资的格栅理论（原书第2版·纪念版）	79
44	彼得·林奇的成功投资（典藏版）	80
45	彼得·林奇教你理财（典藏版）	79
46	战胜华尔街（典藏版）	80
47	投资的原则	69
48	股票投资的24堂必修课（典藏版）	45
49	蜡烛图精解：股票和期货交易的永恒技术（典藏版）	88
50	在股市大崩溃前抛出的人：巴鲁克自传（典藏版）	69
51	约翰·聂夫的成功投资（典藏版）	69
52	投资者的未来（典藏版）	80
53	沃伦·巴菲特如是说	59
54	笑傲股市（原书第4版·典藏版）	99
55	金钱传奇：科斯托拉尼的投资哲学	69
56	证券投资课	59
57	巴菲特致股东的信：投资者和公司高管教程（原书第4版）	128
58	金融怪杰：华尔街的顶级交易员（典藏版）	80
59	日本蜡烛图技术新解（典藏版）	60
60	市场真相：看不见的手与脱缰的马	69
61	积极型资产配置指南：经济周期分析与六阶段投资时钟	69
62	麦克米伦谈期权（原书第2版）	120
63	短线大师：斯坦哈特回忆录	79
64	日本蜡烛图交易技术分析	129
65	赌神数学家：战胜拉斯维加斯和金融市场的财富公式	59
66	华尔街之舞：图解金融市场的周期与趋势	69
67	哈利·布朗的永久投资组合：无惧市场波动的不败投资法	69
68	憨夺型投资者	59
69	高胜算操盘：成功交易员完全教程	69
70	以交易为生（原书第2版）	99
71	证券投资心理学	59
72	技术分析与股市盈利预测：技术分析科学之父沙巴克经典教程	80
73	机械式交易系统：原理、构建与实战	80
74	交易择时技术分析：RSI、波浪理论、斐波纳契预测及复合指标的综合运用（原书第2版）	59
75	交易圣经	89
76	证券投机的艺术	59
77	择时与选股	45
78	技术分析（原书第5版）	100
79	缺口技术分析：让缺口变为股票的盈利	59
80	预期投资：未来投资机会分析与估值方法	79
81	超级强势股：如何投资小盘价值成长股（重译典藏版）	79
82	实证技术分析	75
83	期权投资策略（原书第5版）	169
84	赢得输家的游戏：精英投资者如何击败市场（原书第6版）	45
85	走进我的交易室	55
86	黄金屋：宏观对冲基金顶尖交易者的掘金之道（增订版）	69
87	马丁·惠特曼的价值投资方法：回归基本面	49
88	期权入门与精通：投机获利与风险管理（原书第3版）	89
89	以交易为生II：卖出的艺术（珍藏版）	129
90	逆向投资策略	59
91	向格雷厄姆学思考，向巴菲特学投资	38
92	向最伟大的股票作手学习	36
93	超级金钱（珍藏版）	79
94	股市心理博弈（珍藏版）	78
95	通向财务自由之路（珍藏版）	89

资本的游戏

书号	书名	定价	作者
978-7-111-62403-5	货币变局：洞悉国际强势货币交替	69.00	（美）巴里·艾肯格林
978-7-111-39155-5	这次不一样：八百年金融危机史（珍藏版）	59.90	（美）卡门 M. 莱茵哈特 肯尼斯 S. 罗格夫
978-7-111-62630-5	布雷顿森林货币战：美元如何统治世界（典藏版）	69.00	（美）本·斯泰尔
978-7-111-51779-5	金融危机简史：2000年来的投机、狂热与崩溃	49.00	（英）鲍勃·斯瓦卢普
978-7-111-53472-3	货币政治：汇率政策的政治经济学	49.00	（美）杰弗里 A. 弗里登
978-7-111-52984-2	货币放水的尽头：还有什么能拯救停滞的经济	39.00	（英）简世勋
978-7-111-57923-6	欧元危机：共同货币阴影下的欧洲	59.00	（美）约瑟夫 E.斯蒂格利茨
978-7-111-47393-0	巴塞尔之塔：揭秘国际清算银行主导的世界	69.00	（美）亚当·拉伯
978-7-111-53101-2	货币围城	59.00	（美）约翰·莫尔丁 乔纳森·泰珀
978-7-111-49837-7	日美金融战的真相	45.00	（日）久保田勇夫

社会经济观察

分类	书号	书名	作者	定价
大前研一作品	978-7-111-76218-8	银发经济学:老龄时代的商业机会	[日]大前研一	59.00
	978-7-111-60125-8	低欲望社会:人口老龄化的经济危机与破解之道	[日]大前研一	49.00
日本经济史	978-7-111-76228-7	日本央行的光与影:央行与失去的三十年	[日]河浪武史	59.00
	978-7-111-74125-1	汇率下跌之后:日元贬值的宏观经济启示	[日]唐镰大辅	59.00
	978-7-111-69815-9	失去的三十年:平成日本经济史	[日]野口悠纪雄	59.00
	978-7-111-69582-0	失去的二十年(十周年珍藏版)	[日]池田信夫	69.00
	978-7-111-71222-0	失去的制造业:日本制造业的败北(珍藏版)	[日]汤之上隆	69.00